21世纪高等学校
**经济管理类**规划教材
高校系列

COMPUTERIZED FINANCIAL MANAGEMENT

# 电算化财务管理
## ——Excel综合应用


✚ 刘宣杰 王敏 姬霖 主编

✚ 李秀彬 唱晓阳 崔蕾蕾 陈志 副主编

ECONOMICS AND MANAGEMENT


人民邮电出版社

北京

**图书在版编目（CIP）数据**

电算化财务管理 : Excel综合应用 / 刘宣杰, 王敏, 姬霖主编. -- 北京 : 人民邮电出版社, 2015.2（2018.1重印）
21世纪高等学校经济管理类规划教材. 高校系列
ISBN 978-7-115-37926-9

Ⅰ. ①电… Ⅱ. ①刘… ②王… ③姬… Ⅲ. ①表处理软件－应用－财务管理－高等学校－教材 Ⅳ. ①F275-39

中国版本图书馆CIP数据核字(2015)第022963号

## 内 容 提 要

本书以 Excel 2013/WPS 软件在财务管理实践工作中的应用为基础，系统地讲述了各种财务管理模型的设计。主要内容包含总论、Excel/WPS 表格的基本操作、财务图表和凭证的制作、小型记账模型的建立、流动资产管理模型的建立、销售管理模型的建立、筹资管理模型的建立、投资管理模型的建立、利润管理模型的建立和宏程序开发案例等。

本书可作为高等院校会计、财务管理等经济管理类专业的教材，也可作为财务工作人员以及其他管理决策人员的参考用书。

◆ 主　　编　刘宣杰　王　敏　姬　霖
副 主 编　李秀彬　唱晓阳　崔蕾蕾　陈　志
责任编辑　许金霞
责任印制　沈　蓉　彭志环

◆ 人民邮电出版社出版发行　　北京市丰台区成寿寺路 11 号
邮编　100164　　电子邮件　315@ptpress.com.cn
网址　http://www.ptpress.com.cn
固安县铭成印刷有限公司印刷

◆ 开本：787×1092　1/16
印张：12.5　　　　2015 年 2 月第 1 版
字数：337 千字　　　　2018 年 1 月河北第 5 次印刷

定价：32.00 元

**读者服务热线：(010) 81055256　印装质量热线：(010) 81055316**
**反盗版热线：(010) 81055315**

# 前 言 Preface

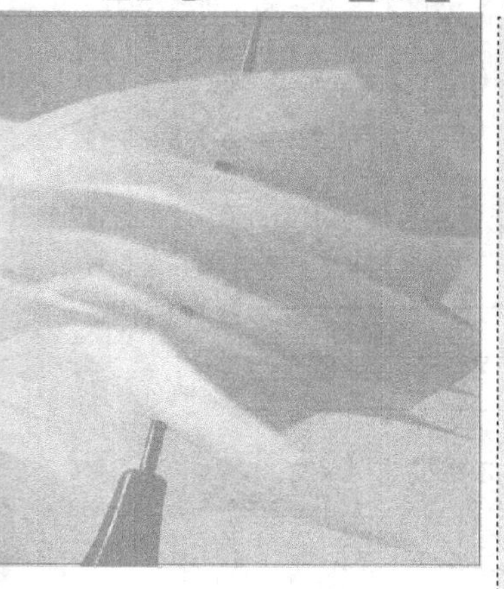

在市场经济条件下，企业管理人员必须以财务管理为中心搞好企业管理，解决企业发展和市场竞争中面临的一系列问题。而高等学校的经济管理类专业普遍将财务管理作为核心课程，并不断充实和完善着相关教程。随着计算机的普及，熟练运用计算机技术解决实际问题，已经成为企业财务人员乃至管理人员必备的能力。另外，财务管理的电算化在提高工作效率的同时也提高工作的质量。

Microsoft 公司推出的 Excel 软件和 VBA 语言、金山公司推出的 WPS 软件，具有完全的兼容能力，已经成为国内外企业财务管理人员公认的强而有力的信息分析与决策支持软件。

考虑到 Excel 软件在市场上占据的绝对优势，结合目前政府部门、国有企业等单位为了保护自身机密和国家安全，防止国外软件留有后门和大量转向国产软件的现实，本书在讲授 Excel 的同时也针对 WPS 软件在使用中的差异进行了讲解。因此，在原先习惯使用 Excel 的情况下，读者也能很快地适应 WPS 软件环境。

本书运用函数、单变量求解、规划求解、模拟运算表、数据透视表、方案管理器等工具，对国际通用的财务管理模型进行了设计，主要包括财务图表与凭证、小型记账模型、流动资产管理模型、销售管理模型、筹资管理模型、投资管理模型、利润管理模型等模型的设计。

通过近 20 年的教学实践与毕业生反馈，本课程得到了毕业生和相关企业的广泛好评，我们也实际参与解决软件公司、商业银行及企业的一些问题，大大地提高了企业的工作效率。这也更加坚定了我们编写本书的信心。

本书在写作过程中，各位作者多次到企业进行调研，几经修改最终完成本书。本书第 1 章、第 8 章、第 10 章由刘宣杰编写，第 2 章、第 3 章由王敏编写，第 4 章由姬霖编写，第 5 章由李秀彬编写，第 6 章由陈志编写，第 7 章由唱晓阳编写，第 9 章由崔蕾蕾编写，最后由刘宣杰负责统稿审定工作。

建议在机房进行本课程的讲授，使用电子教室软件，同时安装 Office 2013（或 Office 2007 之后的版本也可以）和 WPS（建议安装 WPS 专业增强版，可以使用 VB 进行开发），可用 Excel 和 WPS 将本书所附各章的电子表格进行对照讲解，讲授时以其中的一个软件为主，再对照分析两种软件的不同。

本书的参考学时为 50～60 学时，建议采用理论实践一体化教学模式，讲授一个知识点之后马上让学生动手练习，各章的参考学时见学时分配表。

学时分配表

| 项　目 | 课 程 内 容 | 学　时 |
|---|---|---|
| 第 1 章 | 总论 | 2 |
| 第 2 章 | Excel/WPS 表格的基本操作 | 4 |
| 第 3 章 | 财务图表和凭证的制作 | 6 |
| 第 4 章 | 小型记账模型的建立 | 4～6 |
| 第 5 章 | 流动资产管理模型的建立 | 6～8 |
| 第 6 章 | 销售管理模型的建立 | 6～8 |
| 第 7 章 | 筹资管理模型的建立 | 6 |
| 第 8 章 | 投资管理模型的建立 | 6～8 |
| 第 9 章 | 利润管理模型的建立 | 4 |
| 第 10 章 | 宏程序开发简例 | 6～8 |
| 课时总计 | | 50～60 |

本书在编写过程中得到了中国人民银行白山市中心支行、长春轻轨房地产开发公司、中国工商银行等单位的鼎力支持与帮助，在此一并表示感谢。

由于时间仓促，编者水平和经验有限，书中难免有欠妥和错误之处，恳请读者批评指正，作者信箱：lxjwyl@sina.com。

编　者

2014 年 12 月

# 目 录 Contents

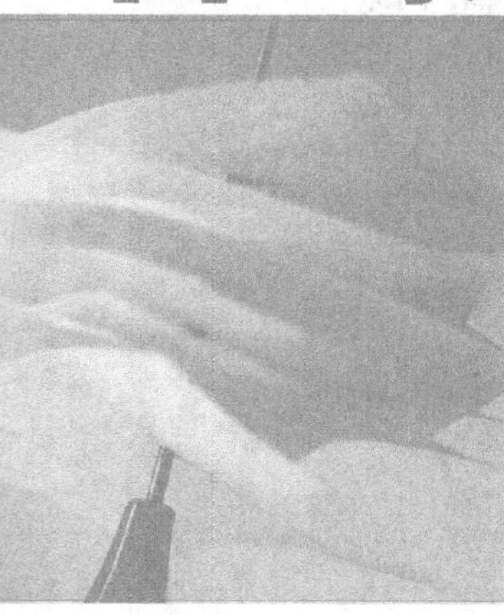

# 第1章 总论

进入 21 世纪以来，信息技术革命为人类社会的发展提供了强大的动力，影响了人类生活的方方面面。本书正是以信息技术作为技术支撑，结合财务管理有关理论和实践，探索利用信息技术为财务管理工作者提供能够快速进行定性和定量分析的工具，同时也为管理类专业的大学生提供学习的教材。目前日常的数据处理中，微软公司的 Excel 和金山公司的 WPS 表格已经成为我国经济活动中使用最为广泛的软件之一。

虽然 Office 2010 是全国计算机等级考试大纲指定的内容，但是 Excel 2007/2010/2013 在界面上没有本质上的差别。因而，学会 Excel 2013，对于掌握并使用 Excel 2007 和 Excel 2010，没有太大的差别，也不影响使用。因此，本书主要以 Excel 2013 作为主要的工具，同时兼顾在 Excel 2010 基础上的新增内容或者新的变化，在文字中予以提示。

## 1.1 Excel 简介

Excel 主要用于对数据的处理、统计分析与辅助决策操作。能够进行简单的数据库管理，绘制图表，检查与删除宏病毒，并能与 Internet 网络共享资源。此外，还能利用 Visual Basic for Application（VBA）语言开发面向特定应用的程序，非常适用于日常的小型数据处理和不规则的数据处理。目前，Excel 广泛应用于经济管理、统计财经、金融等众多领域。

### 1.1.1 Excel 的各种版本

Excel 目前已经颁布了多个版本，经历了近 30 年的发展，它已从一款小软件成为人们日常工作中必不可少的数据管理、处理软件。下面列出了从 Excel 1.01 到 Excel 2013 的多个版本，其中，有一些版本，一般人闻所未闻。专门用于 Apple Macintosh 的版本有 11 款（1985 年开始颁布各种版本），专门用于 MS-DOS 的版本有 1 款 Excel 2.0 for MS-DOS 3.0（1987 年颁布），用于 OS/2 的版本有 3 款（1989 年开始颁布），现在常见的是用于 Microsoft Windows 的各种版本，具体有：

1987 年 Excel 2.0 for Windows

1990 年 Excel 3.0

1992 年 Excel 4.0

1993 年 Excel 5.0

1995 年 Excel 95 – 也称 7.0

1997 年 Excel 97 – 也称 8.0

1999 年 Excel 2000 – 也称 9.0

2001 年 Excel XP – 也称 10.0

2003 年 Excel 2003 – 也称 11.0

2006 年 Excel 2007 – 也称 12.0

2010 年 Excel 2010 – 也称 14.0

2013 年 Excel 2013 – 也称 15.0

Excel 2013 是最新的版本，并且新增了一些功能，如面向结果的用户界面、更多行和列、Office 主题和 Excel 样式等。

### 1.1.2 Excel 的功能

经历了多年的应用与后续研发，目前流行的各种 Excel 版本具有比以往版本更加强大的功能。

1. 强大的表格处理功能

Excel 是以电子表格的方式处理数据，比较直观，便于表格的建立和编辑、查找，且容量巨大，操作方便。它能够通过其强大的工具将杂乱的数据组织成有用的信息，然后分析、交流和共享所得到的结果。它能在团队工作中表现得更为出色，并能保护和控制工作的访问。另外，它还可以使用符合行业标准的扩展标记语言（XML），更方便地连接业务程序。新建一个工作簿可以一次性生成 255 个工作表，每个工作表含有 1048576 行×16384 列个单元格。并且新建的工作簿可以在原有的 255 个工作表的基础上，继续手工插入足够的工作表，可作为小微企业的数据库使用。

目前的 Excel 版本以编辑栏上下箭头（如果调整编辑栏高度，则出现流动条）和折叠编辑栏按钮就可以完全解决编辑栏遮挡单元格区域的问题，而不再占用编辑栏下方的空间。调整编辑栏的高度，有两种方式，拖曳编辑栏底部的调整条，或双击调整条。调整编辑栏的高度时，表格也会随之下移，因此，表里的内容不会再被覆盖。同时，在调整高度时，也为这些操作添加了快捷键（Ctrl+Shift+U），以便在编辑栏的单行和多行模式间快速切换。编辑栏的左边是名称框，右边是公式栏。当前版本的名称框是可以左右活动的，即可水平方向调整名称框。用户可以通过左右拖曳名称框的分隔符（下凹圆点）来调整宽度，使其能够适应长名称。

Excel 2013 的功能区使操作更直观、更快捷，实现了质的飞跃。相对于 Office 2007/2010，Office 2013 的操作界面修改了之前操作界面略显冗长、过时的感觉，取消了打开文件时的 3D 带状图像，增加了大片的单一图像。其中的“文件”选项卡已经是一种全新的面貌，用户操作的时候更加高效。尤其是创建新文件的时候，用户有许多可预览的模板可供选择。同时，Excel 2013 还能显示用户最近所使用的文档命令，便于调用。

2. 利用丰富的函数进行数据运算

Excel 提供了大量的函数，包含财务、日期与时间、数学与三角函数、统计、查找与引用、数据库、文本、逻辑、信息、工程、多维数据集等类别。通过表格中的函数公式，用户可以确定不同单元格之间的数据逻辑关系，进行数据的跟踪和分析。

公式编辑功能足够强大：（1）公式长度限制（字符）可达 8000 个字符；（2）公式嵌套的层数可达 64 层；（3）公式中参数的个数限制为 255 个。

3. 强大的绘图功能

Excel 版本提供了多种可以选择的图表样例，如柱型图、折线图、饼图、条形图、面积图、散点图和其他图表，可以实现图、表、文的有机结合，且操作简便，运行结果更直观。同时，为了显示差别较大的不同类别数据，Excel 可以设置次坐标轴，将特殊数据单独显示。

4. 强大的外部数据导入和刷新功能

Excel 可以导入 Microsoft 公司其他数据库软件的数据以及文本数据和网站，如 VFP、Microsoft Access 数据库数据、Microsoft SQL Server 数据库数据等，还可以实时刷新数据，保证数据的时效性。

5. 强大的分析功能

Excel 提供了单变量求解、数据表、方案管理器、分类汇总、规划求解、数据透视表等工具，能够帮助企业进行科学预测，实现决策的最优化。使用 SQL 语句，可灵活地对数据进行整理、计算、汇总、查询、分析等处理。尤其在面对大量数据工作表的时候，SQL 语言能够发挥其更大的威力，快速提高办公效率。

6. 强大的宏功能

Excel 可以将企业日常操作进行记录，并进行编辑；可以将日常的数据关系定义成函数；也可以利用 VBA 进行一些开发，直接执行一些功能。VBA 是一款功能强大的工具，它使 Excel 形成了独立的编程环境。使用 VBA 和宏，可以把手工步骤自动化，VBA 也允许以创建窗体来获得用户输入的信息。但是，VBA 的自动化功能也容易导致 Excel 成为宏病毒的攻击目标。

# 1.2 WPS 表格简介

考虑到目前国外软件存在各种后门，对我国的国家安全和企业商业秘密造成了极大的威胁。因此，本书在讲授 Excel 2013 的同时采用了 WPS 表格，并进行了非常详细的比较与讲解。希望学习者尽量采用本国的软件，避免受制于人，造成极大损失，同时也鼓励开发者多开发本国软件。

## 1.2.1 WPS Office 简介

目前已经有很多政府机关、国有企业、民营企业放弃了 Microsoft Office，改用 WPS Office 办公系统，这大大降低了对国外办公软件的依赖程度。并且，金山公司对个人用户永远提供免费的服务，适用于一般的企业进行日常处理工作。

1. 发展历程

WPS Office 是由金山软件股份有限公司自主研发的一款办公软件套装，可以实现办公软件最常用的文字、表格、演示等多种功能。其具有内存占用低、运行速度快、体积小巧、强大插件平台支持、免费提供海量在线存储空间及文档模板、支持阅读和输出 PDF 文件、全面兼容微软 Office 97-2010（作者验证了 Excel 2013 的兼容性为可行）格式（doc/docx/xls/xlsx/ppt/pptx 等）的独特优势。

1994 年，WPS 用户超过千万，占领了中文文字处理市场的 90%。同年，微软 Windows 系统在中国悄然登陆。金山与微软达成协议，通过设置双方都可以互相读取对方的文件，也就是这一纸协议，成为 WPS 由胜到衰的转折点。

1998 年 8 月，联想公司注资金山，WPS 开始了新的腾飞。1999 年 3 月 22 日，金山公司在北京新世纪饭店隆重发布 WPS 2000，它集文字办公、电子表格、多媒体演示制作和图像处理等多种功能于一体。从此，WPS 走出了单一字处理软件的定位。

2001 年，WPS 2000 获国家科技进步二等奖（一等奖空缺），同时金山还推出了《WPS 2000 繁体版（香港版、台湾版）》，一经推出就大受欢迎。WPS 还凭借这个版本迅速打开了香港、台湾和澳门等使用繁体字地区的市场。

2001 年 5 月，WPS 正式采取国际办公软件通用定名方式，更名为 WPS Office。在产品功能上，WPS Office 从单模块的文字处理软件升级为以文字处理、电子表格、演示制作、电子邮件和网页制作等一系列产品为核心的多模块组件式产品。

2001 年 12 月 28 日，中国政府首次进行大规模正版软件采购。经过历时半年的甄选，WPS Office 通过采用国家机关最新公文模板，支持国家最新合同标准和编码标准 GB18030 等实实在在的“中国特色”，得到了政府部门的青睐，WPS Office 就此打响了政府采购第一枪：北京市政府采购 WPS Office 11143 套。从此，WPS Office 势如破竹，成为上至国务院 57 个部委、下至全国 31 个省市机关的标准办公平台。

2002 年，金山发出“先继承、后创新、决胜互联之巅”的铮铮誓言，WPS 开始踏上二次创业的征途。百名研发精英彻底放弃 14 年技术积累，新建产品内核，重写数十万行代码，开始了长达 3 年的卧薪尝胆。春去秋来，千余个日夜鏖战，他们终于研发出了拥有完全自主知识产权的 WPS Office 2005。

2006 年 3 月，《电脑报》“2005－2006 年度中国 IT 品牌调查”中，WPS Office 以 20.22%的市场份额继续成为国内市场占有份额最高的国产办公软件产品。2006 年，WPS Office 吹响进军海外的号角。同年 9 月，WPS 日文版（Kingsoft Office 2007）在日本东京发布。

2007 年 5 月，WPS Office 英文版在越南发布，开始进入英文市场。凭借优秀的产品品质，WPS Office 在 2007 年再次获得国家科技进步二等奖。

2008 年 7 月，WPS 又一举拿下国家电网的千万定单，为央企的正版化建设奠定了良好的基础。

2013 年 5 月 17 日发布 WPS 2013 版本。

2014 年 3 月 25 日，WPS 6.0 for Android 正式发布，其特点为：

（1）个人版永久免费，体积小、速度快；

（2）独有手机阅读模式，字体清晰，翻页流畅；

（3）完美支持微软 Office、PDF 等 23 种文档格式；

（4）文档具有漫游功能等。

2014 年 5 月 30 日，金山 WPS 正式宣布新版 Logo。

2. 软件特点

（1）兼容免费

WPS Office 个人版对个人用户永久免费，不仅包含 WPS 文字、WPS 表格、WPS 演示三大功能模块，与 MS Word、MS Excel、MS Powerpoint 一一对应，应用 XML 数据交换技术，无障碍兼容 doc.xls.ppt 等文件格式；还可以相互编辑。同时，WPS Office 还可以生成 Microsoft Office 文件。

（2）体积小

WPS 仅仅只有 MS 的 1/12，并且它在不断优化的同时，体积依然能保持小于同类软件，具有下载快、安装快、启动快的特点。

（3）多种界面切换

WPS 2013 兼具 Windows 7 主流设计风格的 2012 新界面和 metro 风格的 2013 界面，并且有两种色彩风格——清新蓝、素雅黑，加之传统的 WPS 2012 和 WPS 2003 风格，赋予你焕然一新的视觉体验。WPS 2013 充分尊重用户的选择与喜好，提供四界面切换。用户可以无障碍地在新界面与经典界面之间转换，熟悉的界面和操作习惯，使用户无须再学习。并且，老用户不仅可以保留长期积累的习惯和认知，同时也能以最小的学习成本去适应和接受新的界面与体验。

（4）“云”办公环境

使用快盘、Android 平台的移动 WPS Office，不仅可随时随地地阅读、编辑和保存文档，还可将文档共享给工作伙伴。

（5）其他特点

① 跨平台应用，不论是 Windows 还是 Linux 平台，完美应用无障碍。

② 对硬件的配置要求比较低，CPU：PentiumII 266 MHz；内存：128 MB；硬盘：280 MB 可用空间。

③ 自动升级技术。

④ 独创的 KRM 版权保护技术，文件授权范围随需指定、随需应动、无限扩展。

⑤ 按照 MSAPI 定义和实现的二次开发接口高达 250 个类，无限扩展用户个性化定制和应用开发的需求。

⑥ 无缝链接电子政务，文件随需飞翔政府内网中。

⑦ 可扩展的插件机制，无限扩展大程序员的想象和创造空间。

⑧ 支持 126 种语言应用。

⑨ 支持直接输出 PDF 文件技术。

⑩ 文本框间文字绕排、稿纸格式、斜线表格、文字工具、中文项目符号、电子表格支持中文纸张规格等中文特色一一体现，足以尊重中文用户的习惯。

⑪ 电子表格里的智能收缩、表格操作的即时效果预览和智能提示等人性化的易用设计，使用户可舒适享受办公乐趣。

⑫ WPS 文字提供带圈字符、合并字符、艺术字、立体效果功能，用户能在娱乐中处理文字。

⑬ WPS 表格支持手动顺序双面打印、手动逆序双面打印、拼页打印、反片打印应用。

⑭ WPS 文档能够及时修复：崩溃后直接返回原文档。

⑮ WPS 表格支持长数字输入：WPS 表格支持身份证、学号、证件号等长数字输入。

⑯ WPS 在线模板 Docer：海量精美实用模板，应有尽有。

⑰ 长微博分享：文档内容一键分享到微博。

⑱ 文档转图片：支持 doc 转 jpg 等格式图像。

WPS Office 2013 专业版是绿色软件，与之前的产品版本不产生冲突，能兼容旧版本的文件格式，可以直接打开。专业增强版还可以应用 VB 程序进行更加专业的开发。

3. 采购与应用优势

与老牌竞争对手微软相比，金山 WPS 不仅政府采购数量远超微软，而且 4 大优势凸显。

（1）价格优势。无疑 WPS 比微软的办公软件更具有优势，性价比也远超对手。因为个人版不仅永久免费，而且选用 WPS 可大大节约企业办公信息化建设资金投入。

（2）本土化优势。由于国外软件厂商存在“水土不服”问题，而金山等国内厂商更熟悉国内市场，因而在金融等行业的客户定制方面具有优势地位。另外，企业办公软件的应用需要良好的售后服务和技术支持做保障。而金山通过专业软件公司的售后服务和技术支持，真正让办公软件发挥了办公信息化的作用，提升了企业的整体办公效率。

（3）国家的政策支持。由于国家战略的需要，在安全方面，金山比微软的“后门”更少，更能满足国家安全需要。例如，在军工方面，金山正在专门为他们提供保密版办公软件。

（4）兼容性强。WPS 文档在高度兼容的基础上有所创新，同时兼容微软公司的办公软件。这有利于办公软件之间的衔接，更好地适应中国企业办公信息化需求。

4. 公司实力

（1）产品技术实力：国家“十五”期间 863 软件重大专项课题、火炬计划项目等。

（2）产品正版化实力：中国正版化优秀企业、中国政府采购推介 A 级办公软件。

（3）产品用户实力：国家 57 个部委和外交部 2 次选择采购，深度应用。

5. 社会验证

目前，已有许多单位企业使用 WPS，反响良好。这些单位企业主要涉及以下几个领域。

金融领域：中国人民银行（全系统深度应用）、中国农业银行（全国各支行全面部署）、中国工商银行（全国各支行全面部署）、大连银行。

军队系统：成都军区（定制 WPS 军队专用公文版）

百家知名企业：娃哈哈、天津电力、三菱电梯、新加坡益海集团等。

### 1.2.2 WPS 表格简介

WPS 表格一直与 Excel 兼容，在其界面上也基本保持一致，如最新的 WPS 表格界面和 Excel 当前版本就比较相似，其功能上也比较相似且完全兼容。可以说，WPS 表格具有与 Excel 相同的优点，甚至比 Excel 更加贴近中国人的生活。另外，WPS 表格设置了热点、皮肤、微博求助、主页、切换版本、检查更新、新特性、产品中心等选项，并具有在线模板、护眼模式、个人中心、在线图片、格式查找、个性启动封面等功能，极大地方便了用户。

本书中所提及的 Excel 和 WPS 表格一般指 Excel 2013 和 WPS 2013，以后不再进行特殊说明。

## 复习思考题

1. 了解 Excel 的各种优点。

2. 了解金山公司的发展历程，了解国产软件发展的艰辛与成功。

3. 了解国外办公软件对我国市场的垄断程度与安全威胁。

4. 下载并安装 WPS Office 个人免费版软件。

5. 用 WPS 表格打开 Excel 文件并生成 Excel 文件。注意“新建（N）…”与“新建 Excel 2007/2010 文件（W）”在行数与列数上的差别，文件后缀名的差别。

6. 用 Excel 打开 WPS 表格文件。

# Excel/WPS 表格的基本操作　第2章

Excel 是一个用于建立与使用电子报表的实用程序，也是一种数据库软件，用于以表格的形式应用数据记录。Excel 常用于处理大量的数据信息，特别适用于数字统计，而且能快速制定好表格。而中国金山公司开发的 WPS Office 具有同样的特点和用途，且和 MS Office 软件的 Word、Excel、PowerPoint 完全兼容。

## 2.1 Excel/WPS 表格的窗口界面

Excel 是全球应用最广泛的电子表格处理软件。它的最新版本，还增加了一些新的功能。

在安装完毕 Office 之后，就可以按照“开始”→（“所有程序”→“Microsoft Office 2013”）“Excel 2013”的顺序，启动 Excel 软件并生成一个名称为“Book1”的 Excel 文件；也可以双击桌面上的 Excel 快捷方式或已有 Excel 文件的图标（或快捷方式）来打开。

### 2.1.1 标题栏

图 2-1 所示的最上端是标题栏，最左边是 Excel 图标（Office 2007 多一个 Office 图标），单击之后出现“还原”“移动”“大小”“最小化”“最大化”“关闭”等命令。右端为最小化、最大化（还原）、关闭按钮。

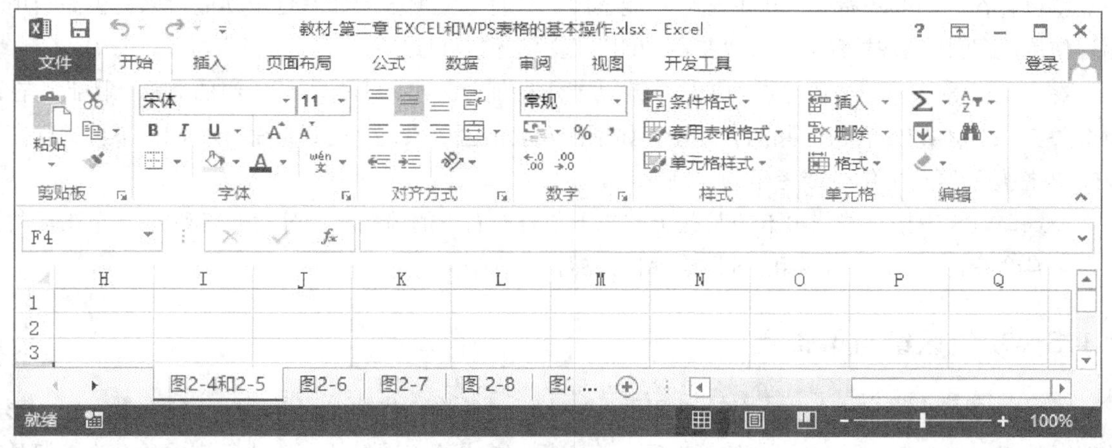


图 2-1　Excel 2013 主窗口

Excel 标题栏的正中间是文件（也称工作簿）的名称及其类型。例如，Book1-Microsoft Excel 后缀名为 xlsx，Book1 是它新建或默认打开的一个空白工作簿文档的名称。以此类推，继续新建的工作簿文档的名称为 Book2、Book3……Microsoft Excel 是文档的类型，也是应用程序的名称。而 WPS

表格直接显示文件名称和类型。

标题栏的右端有 3 个按钮：最小化按钮、最大化按钮（或还原按钮）和关闭按钮。

WPS 表格和各种版本的 Excel 具有完全的兼容性。WPS 表格标题栏的最左端直接设置为“S WPS 表格”按钮，单击就可以打开、保存或打印文档，并可查看可对文档执行的所有其他操作。紧靠着的是自定义快速访问工具栏，其中的向下箭头单击之后可以自定义快速访问工具栏，添加或删除一些常用的工具，如新建、打开、保存等；还可以放置到功能区下方显示或将功能区最小化。WPS 表格主界面如图 2-2 所示。

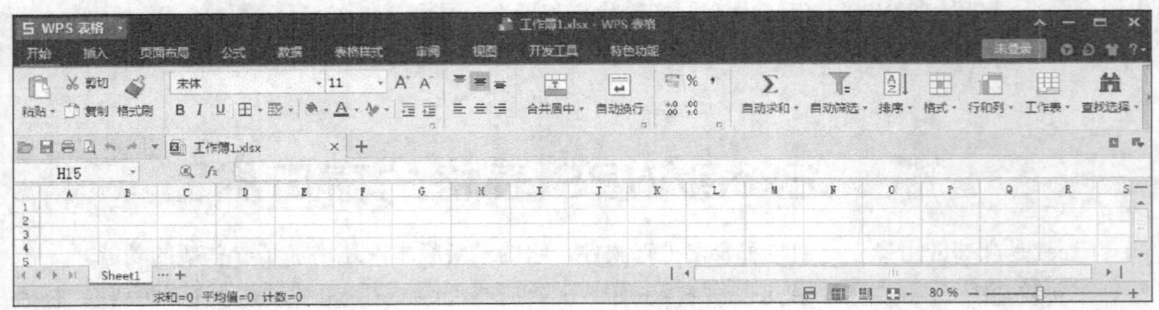

图 2-2　WPS 表格主界面

## 2.1.2　选项卡——功能区标签

在新的面向结果的用户界面中，Microsoft Office Excel 提供了强大的工具和功能，用户可以使用这些工具和功能轻松地分析、共享和管理数据。选项卡就是使用其各种功能的工具。

Excel 表格的标题栏下方就是选项卡，其标签有：开始、插入、页面布局、公式、数据、审阅、视图等，再往下就是功能区。Excel“开发工具”选项卡标签需要添加才会显示，而 WPS 表格无须添加就已存在、但其免费个人版的部分功能禁用，只有专业增强版才有这个功能，以提供高级用户编程使用。另外，WPS 表格还有“特色功能”选项卡供用户选择。

在 WPS 表格中，一般也在功能区中对功能进行细分为组，但是不标示组的名称。因此，在后面有关 Excel 和 WPS 表格的共同表述中，如果涉及功能区的表述，但最终命令相同，不再进行有关 WPS 表格功能区有无细分或者组的详细说明。

Excel/WPS 表格有些选项卡的某些组的右下角有向右下的箭头（对话框启动器），单击后将执行该工具命令，显示更为详细的对话框或任务窗格。

## 2.1.3　功能区组与编辑栏

Excel/WPS 表格将一些常用的命令用图标来表示，并将一些功能相近的图标集中到一起，形成功能区的组，如图 2-1、图 2-2 中的第 3 行、第 4 行。单击这些图标就可以执行有关的命令，但是有些命令在 Excel 中并没有相关的工具图标，还有一些需要加载才会出现，如规划求解、欧元等工具。

功能区的下方就是编辑栏，编辑栏的左边为名称框，可以用来显示当前单元格名称以及选择区域过程中的区域大小。例如，A1 或 3R×3C，可以用来定义单元格或区域的名称。编辑栏的右边为公式栏，作为当前活动单元编辑区，可以输入公式或数据。

### 2.1.4 工作区

在编辑栏下边就是工作区，也是一个独立的窗口——工作簿窗口。窗口中显示了一张电子表格，其基本单元为“单元格”（Cell），用行（Row）和列（Column）坐标来表示，这就是主要工作区域。

其行标一般用阿拉伯数字来表示，从 1 开始，按 Ctrl+↓（向下箭头）组合键，就可以到达最下面的一行，并可知行标最大数为 1048576。

其列标默认为 A、B、...也可以通过设置 R1C1 格式变成阿拉伯数字，最多可达 16384 列。Excel 2013 可以通过“文件→选项→公式→使用公式→R1C1”来决定列标为大写字母还是数字，而 WPS 表格可以通过设置“工具→选项→常规与保存→R1C1”来决定列标显示格式。

## 2.2 Excel/WPS 表格的工作簿

Excel 文件被形象地称为工作簿，其中含有很多工作表。工作簿窗口主要包括如下几个组成部分。

### 2.2.1 工作表

在工作表的左下角有一组工作表标签，新建一个 Excel/WPS 表格文档的时候，或者插入新的工作表的时候，默认的标签为 Sheet1，Sheet2，Sheet3，...新建的工作表标签默认个数为 3 个。用户可以按照“文件”（Excel 2007 版本为“Office 图标”）→“选项”→“常规”→“新建工作簿时”→“包含的工作表数（S）:”，输入自己需要的个数，设置新建 Excel 文档时的工作表默认个数。默认个数最多为 255 个，单击工作表标签右侧的“+”号，可以插入新的工作表。

选择工作表，可以通过 ⏮ ◀ ▶ ⏭ 来进行选择，也可以直接单击有关工作表标签。右键单击工作表名出现快捷菜单，可以重新命名工作表名称，或者进行删除、复制、插入、保护、隐藏等操作。

### 2.2.2 单元区域

单元区域中的每一个单元格都可以表示出来，并用于各种操作。

1. 单元引用

单元格直接用列标和行标来表示，如 A1，C5，这样称为相对地址，引用时称为相对引用；有时需要在行标或列标的前面加上$，或同时加上$，表示在引用的时候，公式中的单元格位置不随公式复制位置的变化而变化。否则，引用的单元格位置将发生相对的变化。行标前有$则表示行不变，列也如此。行标和列标前同时都有$，称为绝对地址，表示引用时单元格位置绝对不变，该引用称为绝对引用；行标和列标前只有一个带有$，表示引用时单元格位置行和列中只有一个发生相对移动，该引用称为混合引用。

2. 单元区域的表示

单元区域有多种不同的表示方法，具体如下。

（1）连续区域（用冒号“:”表示）：如 B2：D4，表示 B2、B3、B4、C2、C3、C4、D2、D3、D4 构成一个矩形的 9 个单元格区域。

（2）合集区域（用逗号“,”表示）：如“=SUM(B2,C6,E9,F5:G6)”，则表示 B2、C6、E9、F5、F6、G5、G6 9 个单元格数据之和，所引用的单元格可以是相连的，也可以是不相连的。

（3）交集区域（用空格“␣”表示）：如“B2:D4␣C3:D5”，则表示 C3：D4 区域共 C3、C4、D3、D4 个单元格。

3. 选择单元区域

在选择单元区域的时候，也有不同的方法。

（1）选择连续单元区域。用鼠标直接点住矩形区域的某个角的单元格，直接拖到对角的单元格，然后放开鼠标左键，则该区域呈逆显示，表示被选中；也可以选择单击矩形的某个角的单元格，然后按住 Shift 键，并单击对角的单元格选中该区域。

（2）选择不连续的多个单独的单元格。按住 Ctrl 键，然后单击所需要的单元格。

（3）选择不连续的多个单元区域。按住 Ctrl 键，然后在不同的连续区域拖曳，就可以同时选择多个连续区域，也可以结合 Ctrl 键和 Shift 键和鼠标操作。

（4）选择连续的行（或列）。单击行（或列）头，则选择一行（或列），拖曳可以选择多行（或列）；选择不同的行（或列）的时候，可以按住 Ctrl 键，然后再单击各个行（或列）头。

（5）选择整个工作表。单击工作表左上方的行号和列标的交叉处的全选按钮。

4. 批量输入工作表数据

批量输入工作表数据指同时在多张工作表中输入或编辑相同的数据。

（1）选定需要输入数据的（多个）工作表（按住 Ctrl 或者 Shift 进行选择）；

（2）再选定需要输入数据的单元格或单元格区域；

（3）在第一个选定单元格中键入或编辑相应的数据；

（4）然后按 Enter 键，Excel 将自动在所有选定工作表的相应单元格中输入相同的数据。

在进行区域输入的时候，对比 Enter 输入与 Ctrl+Enter 组合键输入的区别。

5. 工作表数据复制

如果已经在某张工作表中输入了数据，用户可以快速地将这些数据复制到其他工作表中相应的单元格中。方法如下：

（1）先选定包含待复制数据的工作表和接收复制数据的工作表；

（2）再选定待复制数据的单元格区域；

（3）然后用鼠标指向“开始”选项卡中的“编辑”选项卡，再单击填充方向工具，选择“成组工作表（A）……”（WPS 表格为“WPS 表格”→“编辑”→“填充”→“至同组工作表（A）……”）命令，完成多张工作表的复制。

6. 窗口的分割与窗格的冻结

在 WPS 表格右下角和右上角，滚动条的顶端都有一个分割工具，能够将窗口水平分割和垂直分割，并可以用鼠标移动，便于同一个工作表上不同位置内容的对照。当前的 Excel 版本则是在“视图”选项卡下的功能区中的“窗口”组中找到“拆分”命令直接拆分窗口，并可以移动分割条。WPS 表格也可以同样操作。冻结窗格也可以进行不同部分数据的对照。

## 2.2.3 函数

在企业的管理工作中，需要建立和应用很多的模型和应用大量的科学计算。财务管理工作也不另外，Excel/WPS 表格可为用户提供大量的函数和工具。

所谓函数，就是预先定义好的一个计算公式，只要代入相关的参数，就可以返回一个值。它可以单独使用，也可以嵌套使用。

1. 函数的分类

按照函数的来源，Excel/WPS 表格函数可以分为内置函数和扩展函数两大类。前者只要启动了 Excel/WPS 表格，用户就可以使用它们；而后者必须通过“加载宏”菜单命令加载，然后才能像内置函数那样使用。Excel 首先通过“文件”选项卡下（Excel 2007 主要是在左上方的 Office 图标，基本等同于 Excel 2010/2013 的“文件”选项卡）的“选项”命令，选择弹出“Excel 选项”对话框的“加载项”命令；然后再选中需要加载的项目，单击下面的“转到”命令，出现“加载项”对话框；最后选中可用加载项中的项目，单击“确定”命令即可。

在插入函数的时候，则主要是根据应用对象来分类，有财务、常用函数、时间与日期、数学与三角函数、统计、查找与引用、数据库、文本、逻辑、信息、用户定义、工程、多维数据集、兼容性、Web 等类别函数。每一类别又含有很多可以直接应用的函数。

在应用 VBA 的情况下，可以自己定义函数。这种函数不同于上述内置函数和扩展函数，只能在具体定义函数的文件中应用。具体内容将在第 10 章中简述。

2. 函数的基本构成

Excel/WPS 表格的函数由 3 部分构成：函数名称、括号、参数。其格式为：函数名称（参数 1,参数 2,参数 3,……,参数 *n*），在输入的时候尽量在英文状态下输入，或者半角状态下输入，尤其是括号、逗号等符号的输入。其中的括号一定要括住所有的参数。参数就是所要执行的目标单元格或数值等，并用“,”号隔开。

［例 2-1］在单元格 D2 中输入“=AVERAGE(A1:B5,C2,C5)”，其中 AVERAGE 为函数名，A1:B5, C2,C5 为 3 个参数。A1:B5 作为一个参数表示的是一个单元区域。该函数总体表示的是求（A1、A2、A3、A4、A5、B1、B2、B3、B4、B5），C2、C5 12 个单元格的平均数。选择单元格 D2，单击“公式”选项卡下的“追踪引用单元格”命令 追踪引用单元格，就可以显示出有关的数据源。WPS 表格则没有这个选项与功能，如图 2-3 所示。

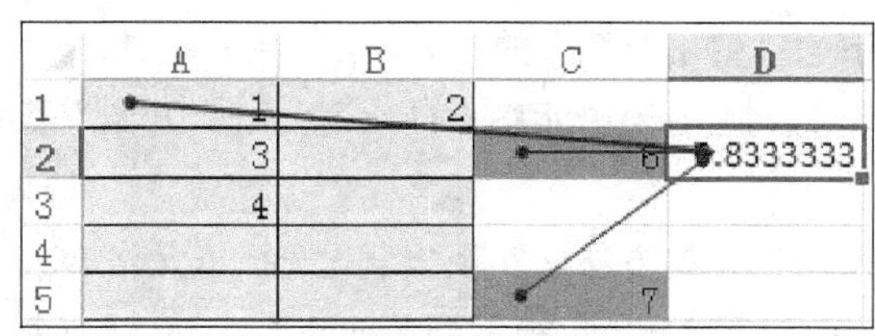


图 2-3　函数及其追踪

3. 参数的类型

Excel 函数的参数类型主要有数值、单元引用、正文、数组、逻辑值和错误值等。它们是函数中最复杂的组成部分，规定了函数的运算对象、顺序或结构等，使得用户可以对某个单元格或单元区域进行处理。

（1）数值

函数可以直接对数值进行运算，如“=SUM(50.5,40,-10)”的返回值为 80.5。

（2）单元引用

粘贴公式或者函数的时候，结合单元格的相对引用、绝对引用和混合引用，可以实现不同的效果和目的。

相对引用就是对含有公式或者函数的单元格进行复制，然后粘贴（或填充）到另外的单元格，其引用的单元格（区域）也会发生相同的位移。相对引用中的有关单元格的行号和列标都不带有$符号，会随着复制的位置变化而发生相同位移的变化。

[例 2-2] 激活 [例 2-1] 中单元格 D2，复制到单元格 G11，则公式“=AVERAGE(A1:B5,C2,C5)”复制到单元格 G11 后就变成了“=AVERAGE(D10:E14,F11,F14)”，所有参数中的单元格都分别向下移动了 9 个单元格，向右移动了 3 个单元格，和公式复制的移动位置相吻合，这可以体现出相对引用的好处。如图 2-4 所示。

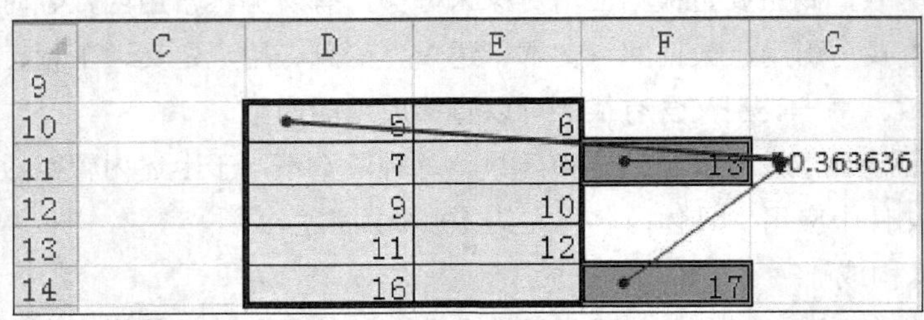


图 2-4　单元格的相对引用

复制的方式有多种，但都必须选择需要复制的单元格（或单元格区域，此处为单元格 D2），然后才可以选择进行如下某项操作，完成复制。

① 按 Ctrl+C 组合键（或按 Ctrl+X 组合键），然后选择需要复制的目的单元格（或单元区域的左上角单元格，此处为 G11），再按 Ctrl+V 组合键。

② 右键单击鼠标，从快捷菜单上选择“复制”命令，然后选择需要复制的目的单元格（或单元区域的左上角单元格，此处为单元格 G11），再右键单击鼠标，从快捷菜单上选择“粘贴”命令，完成操作。

③ 单击“开始”菜单下的“剪贴板”上的“ ”（复制）工具，然后选择需要复制的目的单元格（或单元区域的左上角单元格，此处为单元格 G11），再单击“开始”菜单下的“剪贴板”上的“ ”（粘贴）工具，完成操作。

④ 临近的单元格可以采用拖曳的方法来实现复制，选择单元格 D2，然后将鼠标放在单元格 D2 的右下方，呈现黑色“十”字形，按下之后拖曳到单元格 G2，完成复制。

⑤ 如果左侧数据成列向，双击④中所提的黑色“十”字形，则自动向下智能填充到与左侧数据同行的位置。

绝对引用就是无论公式复制到什么地方，公式中引用的单元格（区域）都不发生变化。

[例 2-3] 如图 2-5 所示，在单元格 D2 中输入“=AVERAGE($A$1:$B$5,$C$2,$C$5)”，将公式复制到任何单元格，公式中引用的单元格$A$1:$B$5,$C$2,$C$5 都没有任何变化。

混合引用就是将公式复制到其他位置的时候，公式中带有$符号的行或列的引用位置部分不发生变化，其他部分行或者列发生相应变化。

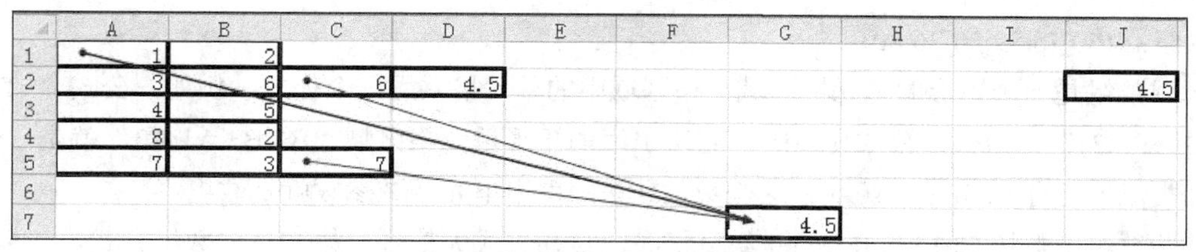


图 2-5　单元格的绝对引用

［例 2-4］如图 2-6 所示，在单元格 F4 中输入“=SUM($B3:C$7,D$4,$D7)”，返回值为 54。将单元格 F4 复制到单元格 G8 时（向下 4 行，向右 1 列），公式变成了“=SUM($B7:D$7,E$4,$D11)”，参数中的$B3:C$7 变成了$B7:D$7。其中，起始位置$B3 表示列不变，行发生相应变化，向下 4 行；终止位置单元格 D$7 表示列发生相应变化，向右变化 1 列，行不变。在列标或行标的前面加上$，表示该列或行不随复制位置的变化而变化，对于单个引用的单元格也是一样。同理，将公式复制到单元格 E11 的时候，公式就变成了“=SUM($B$7:B10,C$4,$D14)”。

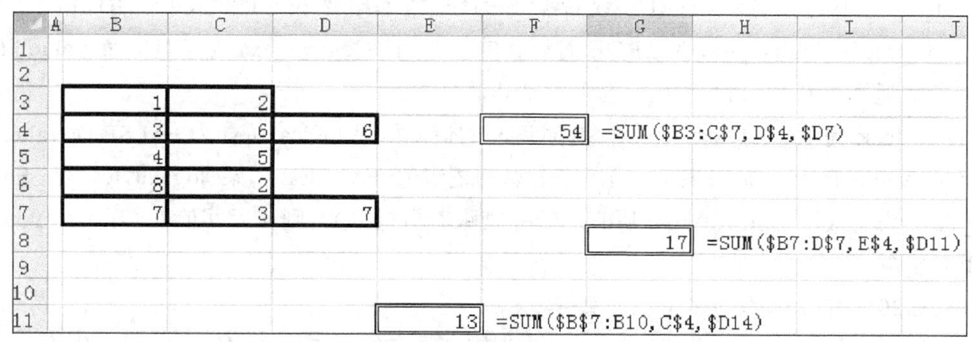


图 2-6　单元格的混合引用

（3）正文

正文也就是平时所说的文本，通常要用""（英文状态下的双引号）括上，否则就认为是单元格（区域）的名称，返回错误值#NAME?。

［例 2-5］如图 2-7 所示，在任意单元格中输入函数“=LEN("ABCDEFGHI")”，则返回值为 9。假设没有单元格被命名为“ABCDEFGHI”，输入函数“=LEN(ABCDEFGHI)”，则返回错误值#NAME?。

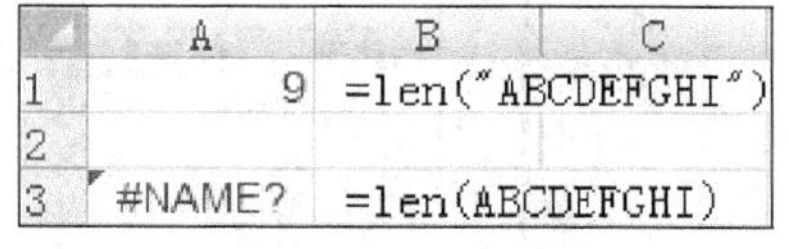


图 2-7　正文的引用

文本公式通常函数后面带有一个“B”字母，而带不带这个字母区别在于汉字长度算一位还是两位。

选择需要命名的单元格后，直接在名称框输入名称，就可完成对单元格的命名。

（4）数组

数组可用于存放多行多列数据。Excel/WPS 表格中有常量和区域两类数组。前者放在“{}”内部，而且内部各列的数值要用逗号“,”隔开，各行的数值要用分号“;”（英文状态下的逗号和分号）隔开。如果要表示第 1 行中的 60、78、89 和第 2 行中的 90、76、80，就应该建立一个 2 行 3 列的常量数组：{60,78,89;90,76,80}。

区域数组是一个矩形的单元格区域，该区域中的单元格共用一个公式。例如，公式“=TREND(B1:B3,A1:A3)”作为数组公式使用时，它所引用的矩形单元格区域“B1:B3,A1:A3”就是一个区域数组。类似的还有 LINEST()函数。这些函数默认的引用单元区域参数就是数组。

某些数组函数按 Ctrl+Shift+Enter 组合键时，自动生成大括号，如 SUM()数组公式。

（5）逻辑值

逻辑值只有“真”和“假”两种。使用逻辑参数的时候，可以直接输入“TRUE”或“FALSE”，也可以直接输入“1”或者“0”，也可以是其他的比较表达式。

例如，IF()函数首先对第一个参数进行条件检测，然后根据运算结果是 TRUE 还是 FALSE，返回不同的结果。

语法：

IF(logical_test,value_if_true,value_if_false)

logical_test 表示计算结果为 TRUE 或 FALSE 的任意值或表达式。此参数可使用任何比较运算符。

value_if_true 是 logical_test 为 TRUE 时返回的值。如果 logical_test 为 TRUE 而 value_if_true 为空，则此参数返回为 0。value_if_true 也可以是其他公式。

value_if_false 是 logical_test 为 FALSE 时返回的值。如果 logical_test 为 FALSE 而 value_if_false 被省略（即 value_if_true 后没有逗号），则会返回逻辑值 FALSE。如果 logical_test 为 FALSE 且 value_if_false 为空（即 value_if_true 后有逗号并紧跟着右括号），则会返回值 0（零）。value_if_false 可以是其他公式。

在 Excel 2013 中，函数最多可以嵌套 64 层。

［**例 2-6**］如图 2-8 所示，单元区域 A3:B9 为销售额和保本点的数据区；C 列为公式，显示出来的是公式返回值；D 列是 C 列中公式的输入情况，对照公式、logical_test 比较运算结果、函数的返回值。其中的盈亏情况实际就是公式的返回值。

| | A | B | C | D | E |
|---|---|---|---|---|---|
| 1 | | | | 销售情况 | |
| 2 | 销售额 | 保本点 | 盈亏情况 | C列公式 | logical_test |
| 3 | 1000 | 700 | 盈利或保本！ | =IF(A3>=B3,"盈利或保本！","亏损！") | TRUE |
| 4 | 500 | 700 | 亏损！ | =IF(A4>=B4,"盈利或保本！","亏损！") | FALSE |
| 5 | 1200 | 700 | | =IF(A5>=B5,"","亏损！") | TRUE |
| 6 | 600 | 700 | | =IF(A6>=B6,"盈利或保本！","") | FALSE |
| 7 | 1400 | 700 | 0 | =IF(A7>=B7,,"") | TRUE |
| 8 | 650 | 700 | 0 | =IF(A8>=B8,"",) | FALSE |
| 9 | 650 | 700 | FALSE | =IF(A9>=B9,"") | FALSE |

图 2-8　逻辑值的引用

（6）错误值

错误值主要有：####、#VALUE!、#DIV/0!、#N/A、#NAME?、#REF!、#NUM!、#NULL!。其中的####通常是因为列不够宽，或者使用了负日期或时间；#VALUE!表示使用的参数或操作数的类型不正确；#DIV/0! 表示使用数字除以零(0)或空格；#N/A 表示数值对函数或公式不可用；#NAME?表示无法识别公式中的文本；#REF!表示单元格引用无效；#NUM!表示公式或函数中使用了无效的数值；#NULL!表示指定了两个并不相交的区域的交点。除第一种错误值之外，其余的 7 种错误值作为参数的时候，可以直接输入。例如，在一个单元格中输入“=25/0”，则返回#DIV/0!。

4. 函数的使用

（1）直接输入

选择目标单元格，输入“=”，然后直接输入函数即可。例如，在单元格 C2 中直接输入“=AVERAGE(20,30,50,60)”，返回值为 40。

［例 2-7］VLOOKUP()是一个常用的查找函数，可以迅速从复杂数据中找到所需要的信息。V 表示垂直方向，用于搜索表区域首列满足条件的元素，确定待检索的单元格在区域中的行列号，和进一步返回选定的单元格的值。

语法：

VLOOKUP(lookup_value,table_array,col_index_num,range_lookup)

lookup_value 为需要在表格数组第一列中查找的数值。Lookup_value 可以为数值或引用。若 lookup_value 小于 table_array 第一列中的最小值，VLOOKUP 返回错误值#N/A。

如果查找的值出现两次或者两次以上，只以第一个找到的为准，并不提示出错。这一点在实际工作中需要避免。也就是说，尽量使用那些唯一存在的值作为查找的依据，例如，支票的号码、职工编号、身份证号码等。

table_array 一般为多行多列数据区域，可以是一个单元区域的引用，也可以是一个单元区域的名称。其中的值可以是文本、数字或逻辑值。文本不区分大小写。

col_index_num 为 table_array 中待返回的匹配值的列序号。col_index_num 为 1 时，返回 table_array 第一列中的数值；col_index_num 为 2 时，返回 table_array 第二列中的数值，以此类推。如果 col_index_num 小于 1，VLOOKUP()返回错误值#VALUE!。如果大于 table_array 的列数，VLOOKUP()返回错误值#REF!。

range_lookup 为逻辑值，指定 VLOOKUP()查找精确的匹配值还是近似匹配值。如果为 TRUE、大于 0 的整数或省略，则返回精确匹配值或近似匹配值。也就是说，如果找不到精确匹配值，则返回小于 lookup_value 的最大数值。Table_array 第一列中的值必须以升序排序，否则，VLOOKUP 可能无法返回正确的值。

如果 range_lookup 为 FALSE 或 0，VLOOKUP()将只寻找精确匹配值。在此情况下，table_array 第一列的值不需要排序。如果 table_array 第一列中有两个或多个值与 lookup_value 匹配，则返回第一个找到的值。如果找不到精确匹配值，则返回错误值#N/A。

在 table_array 第一列中搜索文本值时，请确保 table_array 第一列中的数据没有前导空格、尾部空格、直引号（'或"）与弯引号（‘或“）不一致或非打印字符。否则，VLOOKUP 可能返回不正确或意外的值。

在搜索参数值时，请确保 table_array 第一列中的数据的类型适配。否则，VLOOKUP 可能返回不正确或意外的值。

如果 range_lookup 为 FALSE（或 0）且 lookup_value 为文本，则可以在 lookup_value 中使用通配符、问号(?)和星号(*)。问号匹配任意单个字符；星号匹配任意字符序列。如果要查找实际的问号或星号，请在该字符前键入波形符(～)。

如图 2-9 所示，在单元格 G3 中输入公式：“=B3+C3-D3+E3+F3”，并向下填充复制到单元格 G11。在单元格 B16 中输入公式：“=VLOOKUP($A$16,$A$3:$G$11,2,0)”，类似地，在单元区域 C16:G16 中输入相类似的公式，仅仅将 col_index_num 参数分别设置为 3、4、5、6、7。

晨阳电子公司产品库存管理模块

| 产品名称 | 期初库存量 | 本期入库量 | 本期出库量 | 本期退货量 | 盘盈/盘亏量 | 期末库存量 | 库存报警 |
|---|---|---|---|---|---|---|---|
| TGO-F型 03 发生器 | 234 | 4154 | 2100 | 1 | -1 | 2288 | 库存超高！ |
| TGJC-B型气体浓度报警器 | 560 | 2659 | 2005 | 0 | 8 | 1222 | |
| PLC工业控制电箱 | 421 | 5600 | 2001 | 3 | -2 | 4021 | 库存超高！ |
| TFWY-A型充电器 | 703 | 1555 | 1823 | 5 | -3 | 437 | 库存超低！ |
| TFDZ-CD4820A型稳压电源 | 400 | 4033 | 2132 | 9 | 11 | 2321 | 库存超高！ |
| VD-108B 车辆检测器 | 664 | 3010 | 2901 | 2 | 13 | 788 | 库存超低！ |
| EM 232读卡器 | 79 | 230 | 200 | 6 | -9 | 106 | 库存超低！ |
| EM485ID读卡器 | 90 | 300 | 280 | 7 | -8 | 109 | 库存超低！ |
| MT-CN中文考勤机 | 43 | 390 | 301 | 4 | -5 | 131 | 库存超低！ |
| …… | …… | …… | …… | …… | …… | …… | |

| 需要查找的产品 | 期初库存量 | 本期入库量 | 本期出库量 | 本期退货量 | 盘盈/盘亏量 | 期末库存量 |
|---|---|---|---|---|---|---|
| TFWY-A型充电器 | 703 | 1555 | 1823 | 5 | -3 | 437 |

TGJC-B型气体浓度报警器
PLC工业控制电箱
TFWY-A型充电器
TFDZ-CD4820A型稳压电源
VD-108B 车辆检测器
EM 232读卡器
EM485ID读卡器
MT-CN中文考勤机

图 2-9　VLOOKUP 函数的使用

与此类似的函数有 HLOOKUP()和 LOOKUP()，也是应用比较广泛的函数。

选择单元格 A16，选择“数据”菜单下的“数据工具”中的“数据验证”下拉箭头，选择“数据验证（V）…”命令，出现了如下的对话框。如图 2-10 所示，设置“数据验证”和数据来源。“数据验证”在 Excel 其他版本称为“数据有效性”；在 WPS 表格的数据选项卡中，也有一个“有效性”命令按钮，可直接调用“数据有效性”对话框。

本书所出现的“数据验证”和“数据有效性”是相同的内容。

单击单元格 A16，选择有关产品，则在相关的数据区中出现相关的存货数据。选择单元区域 G3:G11，单击“开始”菜单下“样式”中的“条件格式”工具的下拉箭头，选择“突出显示单元格规则”中的“大于”和浅红填充色深红色文本，并输入 2000；然后，重复上述操作，选择“小于”和绿填充色深绿色文本，并输入 1000，突出显示库存数量超高或超低的情况，有利于库存管理。

也可以在 H 列输入 IF()嵌套函数来反映库存超高、超低和正常情况。在单元格 H3 中输入：“=IF(G3>=2000,"库存超高！",IF(G3<=1000,"库存超低！",""))”，并向下填充到单元格 H11，则在 H 列中数据大于等于 2000 的时候，显示“库存超高！”；小于等于 1000 的时候，显示“库存超低！”，两者之间的正常情况则没有显示。按照上述设置条件格式的步骤，选择“条件格式”下的“新建规则（N）…”，然后再选择“只为包含以下内容的单元格设置格式”选项，设置单元格的不同格式，如图 2-11 所示。

图 2-10　数据验证的设置

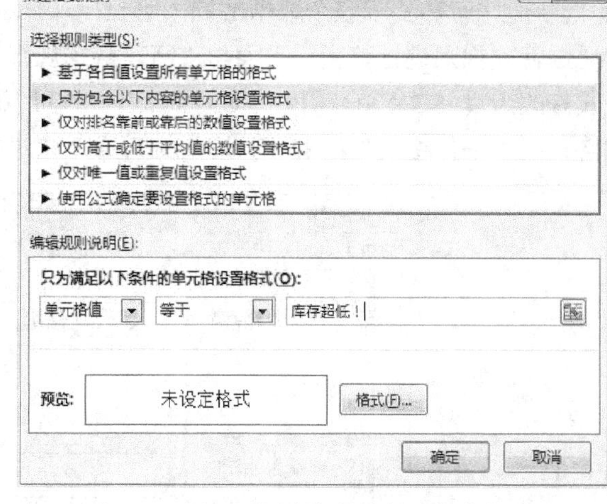


图 2-11　设置不同库存数值单元格条件格式

还可以选择单元区域 A3:A11，针对不同的库存数量，显示有关库存超高和超低的商品的名称，具体设置如下。在 Excel 版本中，单击“开始”菜单下“样式”中的“条件格式”工具的下拉箭头，选择“新建格式规则”下的“使用公式确定要设置格式的单元格”选项，在“编辑规则说明（E）：”下“为符合此公式的值设置格式（O）：”下输入如下公式“=G3<=1000”，并设置有关格式预览。重复上述设置，输入公式“=G3>=2000”。如图 2-12 所示。

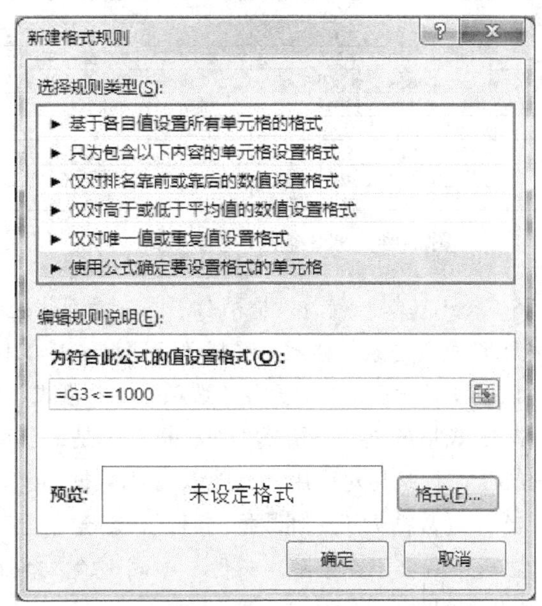


图 2-12　用公式设置不同库存数量的商品名称的不同格式

以上为设置固定值的情况，且此种设置只是显示了单个的库存量超高和超低的单元格，没有显示整条记录，或者整行。

如果需要显示整个数据区域的情况，则需选择整个区域。

如图 2-9 所示，在“晨阳电子公司产品库存管理模块”的右侧设置不同产品的“超过限额”和“超低限额”时，要求整个数据区域按照整行来显示库存情况。如图 2-13 和图 2-14 所示，Excel 可以通过管理规则进行编辑，界面与“新建格式规则”一样，选择区域为 A3：K11，其他都一样。把公式修改为“=$G3>$J3”和“$G3<$K3”，就可以得到预期的效果。这可以通过“开始”选项卡下的格式组“条件格式”中的“管理规则”命令来进行查看。

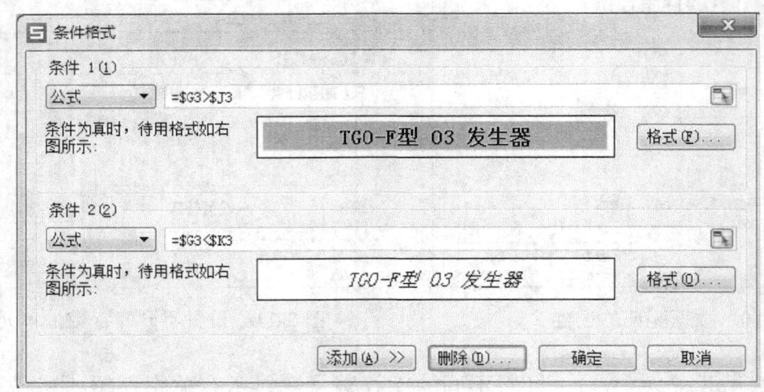


图 2-13　WPS 表格条件格式设置

| | A | B | C | D | E | F | G | H | I | J | K |
|---|---|---|---|---|---|---|---|---|---|---|---|
| 1 | 晨阳电子公司产品库存管理模块 | | | | | | | | | | |
| 2 | 产品名称 | 期初库存量 | 本期入库量 | 本期出库量 | 本期退货量 | 盘盈/盘亏量 | 期末库存量 | 库存报警 | | 超高限额 | 超低限额 |
| 3 | TGO-F型 03 发生器 | 234 | 4154 | 2100 | 1 | -1 | 2288 | 库存超高！ | | 2000 | 1000 |
| 4 | TGJC-B型气体浓度报警 | 560 | 2659 | 2005 | 0 | 8 | 1222 | | | 2000 | 500 |
| 5 | PLC工业控制电箱 | 421 | 5600 | 2001 | 3 | -2 | 4021 | 库存超高！ | | 3000 | 1000 |
| 6 | TFWY-A型充电器 | 703 | 1555 | 1823 | 5 | -3 | 437 | 库存超低！ | | 2000 | 800 |
| 7 | TFDZ-CD4820A型稳压 | 400 | 4033 | 2132 | 9 | 11 | 2321 | 库存超高！ | | 1800 | 600 |
| 8 | VD-108B 车辆检测器 | 664 | 3010 | 2901 | 2 | 13 | 788 | | | 1500 | 500 |
| 9 | EM 232读卡器 | 79 | 230 | 200 | 6 | -9 | 106 | | | 500 | 100 |
| 10 | EM485ID读卡器 | 90 | 300 | 280 | 7 | -8 | 109 | 库存超低！ | | 600 | 180 |
| 11 | MT-CN中文考勤机 | 43 | 390 | 301 | 4 | -5 | 131 | 库存超低！ | | 700 | 230 |
| 12 | …… | …… | …… | …… | …… | …… | …… | | | | |

图 2-14　WPS 条件格式显示的效果

由于 WPS 表格的操作和 Excel 基本一致，只是稍有不同，因而此处以 WPS 表格为例。为了得到图 2-15 所示的效果，首先删除原有的条件格式，选择单元区域 A3：K11（如果想整行显示特定格式的话，就选择第 3 行到第 11 行），然后选择“开始”选项卡中“格式”右边的向下箭头，选择“条件格式（D）”命令，出现 WPS 表格的“条件格式”对话框，也是最多设置 3 个。在条件 1 下边选择“公式”并输入“=$G3>$J3”，行是相对引用，只能以 G 列数据和 J 列数据比较，只能用这种混合引用。如此，在每一行，当 G 列数据大于 J 列数据的时候，就会在这一行显示为指定格式，否则就达不到理想的效果，其格式显示就会出现错乱。条件 2 中同理输入“$G3<$K3”，则可以得到如图 2-13 和图 2-14 所示的同样的效果。

把单元格 H3 中的公式修改为“=IF(G3>=J3,"库存超高！",IF(G3<=K3,"库存超低！",""))”，并向下填充（可以拖动填充柄也可以在右下角双击，实现智能填充），也可以达到报警的目的。

可以修改 J 列和 K 列中的数值，查看条件格式设置的效果。实际工作中也可以把这两列进行隐藏，美化工作界面。

其中的期初库存量可以从上期复制过来，本期入库量、本期出库量、本期退货量等可以用 SUM()公式或者 SUM()数组公式从其他数据区求得（如日记账等数据源）。

（2）插入函数

单击“公式”菜单下的“插入函数”命令，出现一个对话框，选择函数类别，找到自己需要的函数，如 AVERAGE()，单击“确定”按钮；然后，根据函数指南输入有关的数据或单元引用即可。

Excel/WPS 表格插入函数都有全部函数和常用函数之选，基本相同，如图 2-15 所示。

但 WPS 表格另外设置了“常用公式”选项卡，方便了中国用户的使用，如图 2-16 所示。

图 2-15　插入函数

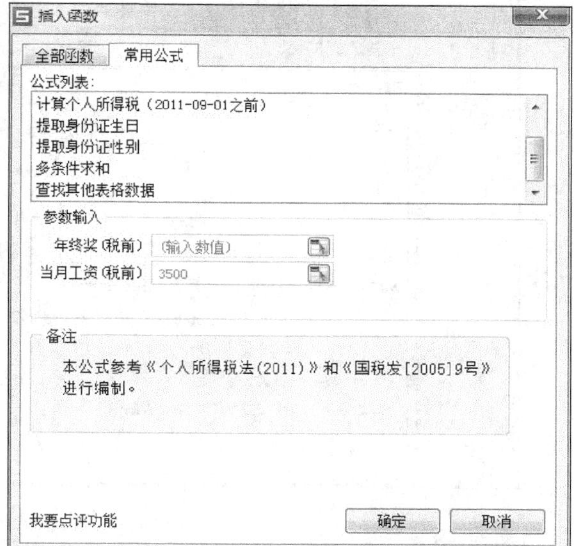


图 2-16　WPS 表格常用函数的插入

此处以插入函数 DGET()为例。

［例 2-8］DGET()函数可以从数据清单或数据库的列中提取符合指定条件的且唯一存在的值。

语法：

DGET(database,field,criteria)

database：表示所有相关数据所在区域，也就是数据清单或者数据库，必须带有上表头（也就是字段名）。

field：表示取第几个字段的值。如果所给值大于字段的个数，则返回错误值#VALUE!。

criteria：表示给定的条件，含有字段名和相关值。这个值必须是唯一的，用于确定第几条记录，然后再根据 field 的值取该记录的第几个字段的值。

如果没有满足条件的记录，将返回错误值#VALUE!。

如果有多个记录满足条件，将返回错误值#NUM!。

如图 2-17 所示，通过调整单元格 C15 的值，确定选定的记录；通过调整单元格 C16 的值，确定取第几个字段的值。图中公式返回值为：“TGJC-B 型气体浓度报警器”。当单元区域 I3：I11 中出现两个“李四”的时候，将返回错误值#NUM!。

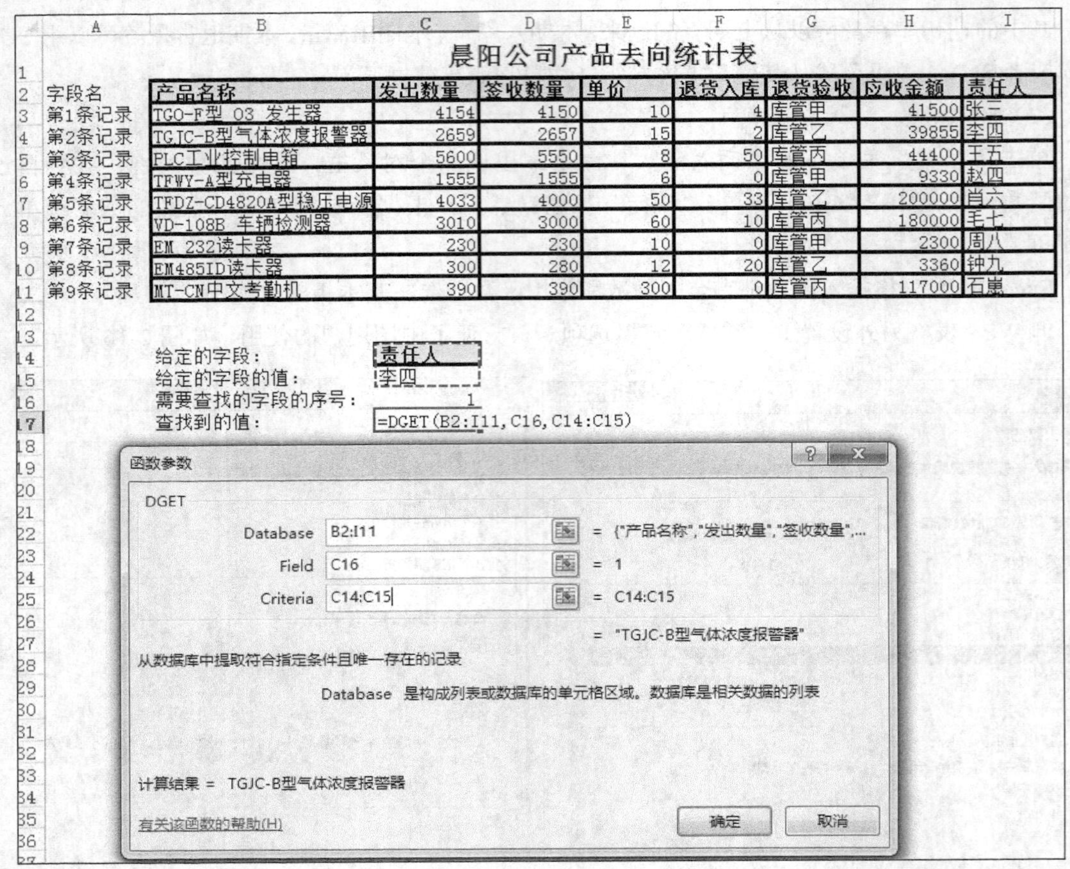

晨阳公司产品去向统计表

| 字段名 | 产品名称 | 发出数量 | 签收数量 | 单价 | 退货入库 | 退货验收 | 应收金额 | 责任人 |
|---|---|---|---|---|---|---|---|---|
| 第1条记录 | TGO-F型 03 发生器 | 4154 | 4150 | 10 | 4 | 库管甲 | 41500 | 张三 |
| 第2条记录 | TGJC-B型气体浓度报警器 | 2659 | 2657 | 15 | 2 | 库管乙 | 39855 | 李四 |
| 第3条记录 | PLC工业控制电箱 | 5600 | 5550 | 8 | 50 | 库管丙 | 44400 | 王五 |
| 第4条记录 | TFWY-A型充电器 | 1555 | 1555 | 6 | 0 | 库管甲 | 9330 | 赵四 |
| 第5条记录 | TFDZ-CD4820A型稳压电源 | 4033 | 4000 | 50 | 33 | 库管乙 | 200000 | 肖六 |
| 第6条记录 | VD-108B 车辆检测器 | 3010 | 3000 | 60 | 10 | 库管丙 | 180000 | 毛七 |
| 第7条记录 | EM 232读卡器 | 230 | 230 | 10 | 0 | 库管甲 | 2300 | 周八 |
| 第8条记录 | EM485ID读卡器 | 300 | 280 | 12 | 20 | 库管乙 | 3360 | 钟九 |
| 第9条记录 | MT-CN中文考勤机 | 390 | 390 | 300 | 0 | 库管丙 | 117000 | 石崽 |



图 2-17　设置函数的参数

其中，单元格 C15 可以通过设置数据验证，与图 2-10 类似（选择“数据”选项卡中的“数据验证（V）…”命令），将“允许”选择为“序列”，将“来源”设置为$I$3:$I$11，如此就可以选择各个责任人姓名。在单元格 C16 中，同样将“允许”选择为“序列”，将来源设置为 1，2，3，4，5，6，7，8（中间为英文状态下的逗号），用于选择不同的字段。

上述公式的查看可以使用“Ctrl+`”组合键（位于键盘第二行第一位）来实现。按下一次，显示公式，再按下一次，又显示运算的结果，如此反复即可查看公式及其运算结果。

（3）两个函数的比较

VLOOKUP()查找的值必须在第一列中，而 DGET()用于定位的条件可以是任意列（字段）。

VLOOKUP()查找区域可以不带有字段，也不确认字段，而 DGET()数据区必须带有字段名，条件区也必须带有字段名。

VLOOKUP()区间可以适当扩大，而 DGET()则必须按照字段名（表头）来定位，第一行必须是字段名。

VLOOKUP()没有找到配比的值的时候提示#N/A，找到多个符合条件的值的时候，以第一个找到的为准，不再向下查找；而 DGET()找不到符合条件的值或者找到多个符合条件的值时，都提示出错。

比较了两种函数的不同，对于其适用的范围也就清楚了，这对于实践工作者来讲非常重要。

## 2.2.4 Excel/WPS 表格的工具

Excel/WPS 表格都含有丰富的各种工具，常用的有单变量求解、规划求解、方案管理器、模拟运算表（数据表）、分类汇总、宏、数据透视表等工具。

1. 单变量求解

如果已知公式应该得到的结果，但不知道变量的输入值，就可以使用单变量求解功能。例如，假设需要借入一定金额的款项，并且已知所需的金额、还款期限和月还款金额，则可使用单变量求解确定需要偿还的利率，以便符合贷款目标。

单变量求解仅处理一个变量输入值。如果要接受多个输入值（例如，贷款金额和月还款金额），需要使用规划求解加载项。

2. 规划求解

“规划求解”是一组命令的组成部分。借助“规划求解”，可求得工作表上目标单元格中公式的最优值（最大值、最小值或指定值）。它将对直接或间接与目标单元格中的公式相关的一组单元格进行处理，调整所指定的可变单元格中的值，保证目标单元格公式求得所指定的结果。用户可以应用约束条件来限制“规划求解”所使用的值。

3. Excel 方案管理器

方案是一组由 Microsoft Office Excel 保存在工作表中并可进行自动替换的值。用户可以在工作表中创建不同值组，并将它们保存为方案，然后可以在这些方案之间切换以查看不同的结果。准备好所需的所有方案后，用户就可以创建方案摘要报告，以合并所有方案中的信息，对照分析与决策。

WPS 表格中没有此项功能。

4. Excel 模拟运算表

模拟运算表在 Excel 2007 中也叫数据表，是一个单元格区域，被用于显示公式中一个或两个变量的更改对公式结果的影响。它提供了一种快捷手段，可以通过一步操作计算多个结果；同时，它还可以查看和比较公式中由于变量的不同变化所引起的各种结果。

WPS 表格中尚没有此功能，但可以通过设置公式并填充来实现目标。

5. 分类汇总

分类汇总可以根据用户确定的字段，自动计算该字段各自的汇总数和全部合计数。这对于日常记录中的某些数据的随时处理是非常方便的，应用非常广泛。

6. 宏

宏是用 VBA（在 WPS 表格中则称之为 VB）语言编写的程序。VBA 提供了面向对象的程序设计方法，提供了相当完整的程序设计语言。VBA 易于学习掌握，可以使用宏记录器记录用户的各种操作并将其转换为 VBA 程序代码，将日常工作自动化。因此，用户学会 VBA 有助于提高工作效率。VBA 可以直接应用 Office/WPS 套装软件的各项强大功能，使得程序设计人员的程序设计和开发更加方便快捷。

WPS 表格未对免费个人用户开放此功能，只对高级付费用户开放了此功能，也就是在专业增强版中可以使用 VB 功能。

7. 数据透视表

数据透视表是一种对大量数据快速汇总和建立交叉列表的交互式表格。它具有透视和筛选能力；从而使其有极强的数据分析功能。使用数据透视表可以汇总、分析、浏览和提供汇总数据；可以转换行或者列以查看数据源的不同汇总结果；可以显示不同页面以筛选数据；还可以根据需要来显示区域中的明细数据。使用数据透视图可以显示该汇总数据，还可以方便地查看比较，分析发展趋势。数据透视表和数据透视图都有助于做出有关企业中关键数据的可靠决策。

8. WPS 的备份管理

WPS Office 组件都有“管理备份”功能，能够恢复不小心删除的文件、磁盘损坏、误清空回收站等文件，对于重要工作中的数据有着非常重要的保障作用，但需要付费。

9. 多文件同时打开转换

WPS 表格可以同时在一个窗口中打开多个文件，就像转换工作表一样方便。所有打开的文件名称都显示在编辑栏的上边，单击文件名就可以转换文件窗口。

## 2.2.5 Excel/WPS 表格模板的使用

模板是一种具有某种特定格式的工作簿，有单独的格式文件。用户可以对任何一个工作表或工作簿做出样式、背景、数据验证、保护、宏程序等方面的设计，其制作目的就是让一些日常工作能够在一种固定的模式下进行。模板创建后可以作为其他工作簿设计的基础。工作簿的默认模板名为 Book.xltx，工作表的默认模板名为 Sheet.xltx。

1. 创建模板

要节省时间或提高标准化程度，可以将设计好的工作簿另存为模板。在 Excel 中，模板文件(*.xltx)中可以包含数据和格式，启用宏的模板文件(*.xltm)中还可以包含宏。

Excel 新建文件的时候，会自动出现众多的模板供选择；也可以搜索联机模板，下载之后编辑设计。在一个打开的文件中，右键单击工作表名，在弹出的快捷菜单上选择“插入（…）”命令后，弹出“插入”对话框，有“常用”和“电子表格方案”两个选项卡可选。用户可选择不同的工作表模板，插入之后可以再进行编辑。

WPS 表格则设有 Docer 在线模板，设有“在线模板”“教育培训”“求职招聘”“特惠购物”等选项。“在线模板”下面设有“热门推荐”“报价单”“销售报表”“考勤表”“通信录”等子选项。另外，下面还设有更多的具体模板可供选择，用户可立即下载到本地进行使用。

如果是需要新建自定义模板，可进行如下操作。

（1）打开要用作模板的工作簿，进行相关设计。

（2）单击“文件”菜单（WPS 表格为“S WPS 表格”，下同），然后单击“另存为”；也可以单击“另存为”下的“其他格式（O）”。

（3）在“文件名”框中为该模板键入一个名称。

（4）在“保存类型”框中，单击“Excel 模板”（或者“WPS 表格 模板文件（*.ett)”）；如果该工作簿包含要在模板中使用的宏，则请单击“Excel 启用宏的模板”。

（5）单击“保存”。

模板会自动放入模板文件夹中，以确保在您要用该模板创建新工作簿时该模板可用。

提示　可以将任何 Excel 工作簿复制到模板文件夹内，然后将该工作簿用作模板，而无需将其保存为模板文件格式（.xltx 或 .xltm）。在 Windows Vista 中，模板文件夹通常位于 C:\Users\<您的用户名>\appdata\Roaming\Microsoft\Templates。在 Microsoft Windows XP 中，模板文件夹通常位于 C:\Documents and Settings\<您的用户名>\Application Data\Microsoft\Templates。

WPS 表格也进行了相类似的处理。模板存放于 C:\Users\Administrator\AppData\Roaming\Kingsoft\Office6\backup\Domnload 文件夹中。

2. 使用模板创建新工作簿

可以使用一个模板创建一个新工作簿，或者在一个工作簿中插入模板；也可以使用从 Microsoft Office Online 下载的许多预定义模板中的一个。

（1）单击“文件”菜单，然后单击“新建”。

（2）在“模板”下，执行下列操作之一。

① 要基于最近使用过的模板创建工作簿，请单击“空白文档和最近使用的文档”，然后在“最近使用过的模板”下双击要使用的模板。

② 要基于已安装的模板创建工作簿，请单击“已安装的模板”，然后在“已安装的模板”下双击要使用的模板。

③ 要基于自己创建的模板创建工作簿，请单击“我的模板”，然后在“我的模板”选项卡上双击要使用的模板。

④ 要基于另一个工作簿创建工作簿，请单击“根据现有工作簿新建”，然后双击要使用的工作簿。

提示　连接到 Internet 上时，可以访问 Office Online 上提供的模板。在“Microsoft Office Online”下，单击模板类别，然后在该类别下双击要下载的模板。如果您要下载的模板由 Microsoft Office Online 社区的成员提供，则您必须首先接受“社区模板许可协议使用条款”，然后才能下载该模板。

WPS 表格则直接在“S WPS 表格”菜单下有“本机上的模板(M)…”选项，直接指向模板所在位置，直接打开即可。

# 复习思考题

1. 建立 Excel/WPS 表格文件，并添加 260 个工作表，改变列宽与行高。
2. 选中一列（行）区域。
3. 选中多列（行）区域。
4. 选中多个不相邻区域。
5. 选中整个区域。

6．建立一个模板并导入模板。

7．导入软件自带模板或网上模板，并对单元格字体的主题字体、大小和颜色、填充色、边框等重新进行设置。

8．建立一个数据区，使用函数 VLOOKUP()或者 HLOOKUP()。

9．建立一个数据清单，使用 DGET()函数查找数据。要求利用任意字段的某个值来查找本行记录的第一个字段的值、最后一个字段的值、本字段的值、中间任意字段的值。

10．分割工作表，移动滚动条，对照第一列和最后一列数据。

11．将新建工作簿的默认工作表设置为 255 个，并体验是否可以继续插入工作表，看看最多能插入多少。

12．输入一个公式，应用绝对引用、混合引用、相对引用，并复制到其他的单元格，分析其变化情况。

13．在 WPS 表格中，利用“WPS 表格”→“工具”→“更换界面”命令，熟悉各种界面，并与不同版本 Excel 界面相对照。

14．将文件另存为“Excel 97-2003 工作簿（*.xls）”格式，结合“Ctrl+↓”“Ctrl+→”“Ctrl+←”“Ctrl+↑”“Ctrl+Home”组合键，观察组合键操作效果。

15．选择一个工作表区域，输入一个数值后，按“Ctrl+Enter”组合键，观察输入效果；再同时选中多个区域，重复上述操作，观察输入效果。

16．选择 C 列，输入公式：“=SUM(A1+B1)”，按“Ctrl+Enter”组合键，观察输入效果；将公式中的相对引用分别替换为混合引用，重复批量输入的操作，分析公式输入效果。同时选中多个区域，重复上述操作，观察公式的输入效果。

17．练习在多个工作表的同一个区域输入数值或者公式。

18．掌握 SUM()、AVERRAGE()函数。

19．了解 DSUM()、DCOUNT()、DMAX()、DAVERAGE()等数据库函数。

# 财务图表和凭证的制作　第3章

财务管理工作通常涉及不同的表格和图表，表格中的数据与数据、数据与图表存在着各种关联，而 Excel/WPS 表格本身就是电子表格，可以根据需要来定义数据之间的各种关联，并通过绘制图表处理各种关联数据。因此，在财务管理工作中，Excel/WPS 表格的应用比较广泛。

本章主要利用 Excel/WPS 表格的数据与图表关联来分析和制作财务图表和凭证，提高财务管理工作的效率。

## 3.1 财务管理工作表设计

财务管理工作表的格式设计通常包括标题、日期、表头、表尾、表体结构等。利用 Excel 的灵活性，可以快速设计有关的表格。

### 3.1.1 输入报表名称

日常使用的财务报表或其他经营管理表格，都应该首先表明表格的名称。如果要求的宽度大，可以利用“合并居中”功能来满足。

［例 3-1］新建一个 Excel/WPS 表格工作簿，在单元格 A1 中输入“晨阳公司比较损益表”，选择单元区域 A1:F1，单击“开始”菜单→“对齐方式”→“合并后居中”工具，使标题在合并后的单元格中居中显示。然后选择“开始”菜单下的“字体”中的字号为“22”。输入表格名称“晨阳公司比较损益表”，调整行高，使文字完全显示。如图 3-1 所示。

| | A | B | C | D | E | F |
|---|---|---|---|---|---|---|
| 1 | 晨阳公司比较损益表 | | | | | |
| 2 | | | | 2014年1月2日 | | |
| 3 | 项 目 | 2011年 | 2012年 | | 2013年 | |
| 4 | | 金 额 | 金 额 | 增长率% | 金 额 | 增长率% |
| 5 | 销售收入 | 52000 | 53000 | 1.92% | 53200 | 0.38% |
| 6 | 减：销售成本 | 36000 | 34000 | -5.56% | 34500 | 1.47% |
| 7 | 销售毛利 | 16000 | 19000 | 18.75% | 18700 | -1.58% |
| 8 | 减：管理费用 | 5000 | 4900 | -2.00% | 4955 | 1.12% |
| 9 | 营业利润 | 11000 | 14100 | 28.18% | 13745 | -2.52% |
| 10 | 加：营业外收入 | 1 | 1.1 | 10.00% | 0.5 | -54.55% |
| 11 | 减：利息支出 | 120 | 125 | 4.17% | 140 | 12.00% |
| 12 | 净利润 | 10881 | 13976 | 28.44% | 13606 | -2.65% |

图 3-1　设计财务管理工作表

## 3.1.2 输入报表日期

在工作表中输入日期，通常要选择有关的单元格（区域），如图 3-2 所示，选择单元格 D2，单击鼠标右键，弹出快捷菜单，选择“设置单元格格式”命令，也可以在“开始”选项卡中选择“单元格”组中的“格式”下拉框，选择“设置单元格格式”命令，出现“设置单元格格式”对话框，选择需要的日期类型，如“2012 年 3 月 14 日”格式，如图 3-1 所示。然后输入日期“2014-1-2”，单击回车键，日期自动就变成了“2014 年 1 月 2 日”。如果出现“###”，则表示宽度不够，选择单元区域 D2:E2，单击“合并居中”命令。

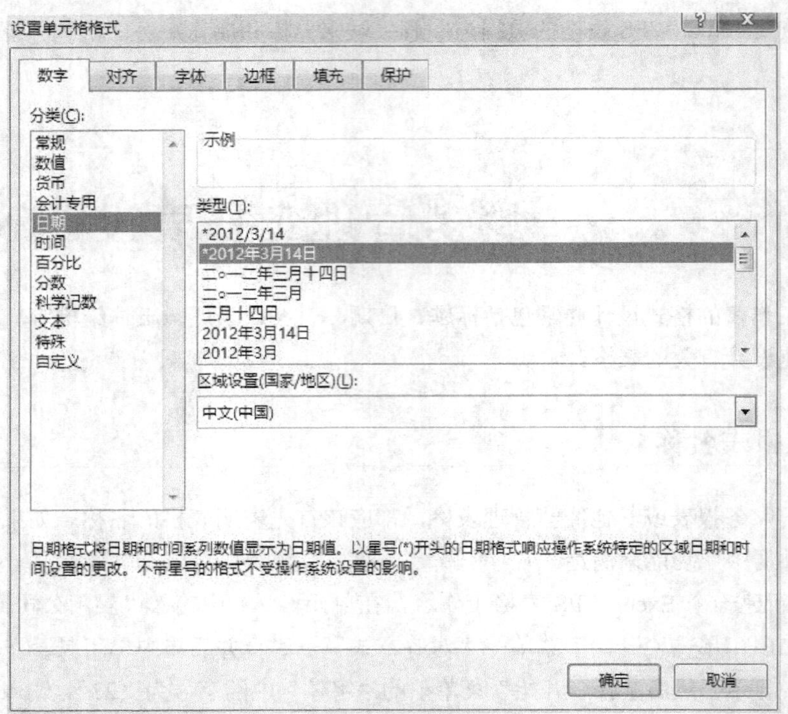


图 3-2 设置单元格日期格式

## 3.1.3 输入报表表头和数据

首先输入上表头。如图 3-4 所示，合并单元格 A3 和单元格 A4，输入“项目”，在单元格 B3 中输入“2011 年”，在单元格 B4 中输入“金额”，合并单元格 C3 和单元格 D3，输入“2012 年”，在单元格 C4 中输入“金额”，在单元格 D4 中输入“增长率%”，合并单元格 E3 和单元格 E4 单元格，输入“2013 年”，在单元格 D4 中输入“金额”，在单元格 F4 中输入“增长率%”。

其次输入左表头。也就是项目，在单元区域 A5:A12 中输入“销售收入”“减：销售成本”“减：管理费用”“营业利润”“加：营业外收入”“减：利息支出”“净利润”。

最后输入数据与公式。在单元区域 B5:F12 中输入数字和公式（单击“公式”选项卡下的“公式审核”中的“显示公式”命令就可以显示各个单元格中的公式，再单击一次，又恢复显示数值）。选择两个增长率区域（可以先用鼠标选中单元区域 D5:D12，再按 Ctrl 键，并用鼠标选择单元区域

F5:F12），设置为“百分比”格式，并将小数位设置为2位，设置过程基本与日期格式的设置相同。公式如图3-3所示，运算结果则如图3-1所示。

| | A | B | C | D | E | F |
|---|---|---|---|---|---|---|
| 3 | 项 目 | 2011年 | 2012年 | | 2013年 | |
| 4 | | 金 额 | 金 额 | 增长率% | 金 额 | 增长率% |
| 5 | 销售收入 | 52000 | 53000 | =(C5-B5)/B5 | 53200 | =(E5-C5)/C5 |
| 6 | 减：销售成本 | 36000 | 34000 | =(C6-B6)/B6 | 34500 | =(E6-C6)/C6 |
| 7 | 销售毛利 | =B5-B6 | =C5-C6 | =(C7-B7)/B7 | =E5-E6 | =(E7-C7)/C7 |
| 8 | 减：管理费用 | 5000 | 4900 | =(C8-B8)/B8 | 4955 | =(E8-C8)/C8 |
| 9 | 营业利润 | =B7-B8 | =C7-C8 | =(C9-B9)/B9 | =E7-E8 | =(E9-C9)/C9 |
| 10 | 加：营业外收入 | 1 | 1.1 | =(C10-B10)/B10 | 0.5 | =(E10-C10)/C10 |
| 11 | 减：利息支出 | 120 | 125 | =(C11-B11)/B11 | 140 | =(E11-C11)/C11 |
| 12 | 净利润 | =B9+B10-B11 | =C9+C10-C11 | =(C12-B12)/B12 | =E9+E10-E11 | =(E12-C12)/C12 |

图3-3 输入数据和公式

## 3.1.4 输入报表注意事项

输入报表，不仅仅是输入有关数据，还要能进行一些自动运算与格式变换，才能达到预期的运算结果与表现形式。

1. 涉及公式运算，必须先输入“=”号

输入公式的时候，必须先输入“=”号，然后才能够进行运算，函数也是如此，但涉及公式或者函数嵌套的时候，中间无需再输入“=”号。

2. 公式中的运算符

Excel/WPS表格中的运算符是公式设计的关键元素，主要有如下几种。

（1）四则运算符：+（加）、-（减）、*（乘）、/（除）、%（百分比）、^（指数）。运算后的结果为数值，其中的指数运算符通常为一般用户所忽视。

（2）比较运算符：=（等于）、>（大于）、<（小于）、>=（大于等于）、<=（小于等于）、<>（不等于），其运算结果为TRUE（真）或者FALSE（假）。

（3）文字运算符：&，用于文本之间的连接。当数值用于和文本连接的时候，等同于文本，其运算结果为文本值。

公式中一般用小括号，并可嵌套使用。一般是先算里层，然后再算外层。某些情况下使用数组的时候才用大括号。

3. 公式输入

公式的输入可以直接插入，也可以复制粘贴原有公式建立新的公式，也可以先插入函数，然后再进行编辑，如图3-3所示。

（1）直接输入：选择单元格B7，直接输入公式“=B5-B6”。

（2）如同函数一样，可以通过复制和粘贴以及填充等方式来完成公式的输入。在单元格B7中输入“=B5-B6”后，单击“回车”，然后再选中单元格B7，按Ctrl+C组合键进行复制，选中单元格E7，按Ctrl+V组合键进行粘贴，可直接完成公式输入。选中单元格B7，将鼠标放在单元格的右下角，变成“+”字的时候，填充到单元格C7即完成了公式的输入，也可以双击“+”

字，实现智能填充，一般是恰好填充到对应的位置，这需要多次体验，方能灵活运用。其他的以此类推。

（3）如果公式中含有函数，可以先利用函数向导。首先输入函数，然后再编辑公式，也可以利用函数向导在单元格 B12 中输入“=SUM(B9:B10)”，然后进行编辑为“=SUM(B9:B10)-B11”。

### 3.1.5 编辑表格的格式

选择单元区域 A3:F12，单击“开始”选项卡中的“边框”工具，选择“所有框线（A）”，单击“页面视图”选项卡，选择“工作表选项”下的“网格线”，选择“查看”选项，隐去网格线。或者单击“视图”选项卡下的“显示/隐藏”中的 “网格线”选项，隐藏网格线。WPS 表格为“显示网格线”选项。

调整行高和列宽，使表格完全显示。

## 3.2 图表的绘制

Excel 提供了 45 种图形，WPS 表格提供了 35 种图形，为财务管理工作提供了极大的便利。基本图形有柱形图、条形图、折线图、饼图、面积图、环形图、*xy* 散点图、雷达图、气泡图等图形，Excel 2013 则添加了组合选项，可以对上述图表进行组合。

### 3.2.1 绘制图表的原则

在绘制图表的时候，都应该遵循以下三个原则：

1．数据源取值原则

绘制图表之前，必须选择一个有效的数据源区域，然后才能绘制图表。

2．包含表头取值原则

绘制图表的时候，选择数据源区域一定要注意包含表头，一般是同时包括“左表头”和“右表头”，这实际上就是坐标轴的含义。有的时候只包含一个表头，只有一个表头的时候，通常是绘制饼图。

3．取值目标性原则

根据管理目标，选择合理的数据区域，显示最好的分析效果，如果只有一个 *y* 轴，通常需要注意数据之间相差不要太大，否则无法显示出需要的效果，这时候可以考虑建立双 *y* 轴坐标。

如表 3-1 所示，管理目标是分析各销售网点间、各季度间销售额的情况。

表 3-1　　晨阳公司 2013 年销售情况分析表

晨阳公司 2013 年销售情况分析表

2014 年 1 月 2 日　　单位：万元

| 销售网点 | 第 1 季度 | 第 2 季度 | 第 3 季度 | 第 4 季度 | 合计 |
| --- | --- | --- | --- | --- | --- |
| 北京 | 3600 | 3201 | 4506 | 5320 | 16627 |
| 长春 | 2400 | 3500 | 4430 | 3450 | 13780 |
| 沈阳 | 2739 | 3000 | 2500 | 1890 | 10129 |

续表

| 销售网点 | 第 1 季度 | 第 2 季度 | 第 3 季度 | 第 4 季度 | 合计 |
|---|---|---|---|---|---|
| 哈尔滨 | 5000 | 4900 | 5300 | 4955 | 20155 |
| 大连 | 3500 | 3800 | 4850 | 6053 | 18203 |
| 南京 | 6001 | 5000 | 5800 | 6200 | 23001 |
| 上海 | 5560 | 6200 | 5440 | 5800 | 23000 |
| 重庆 | 3946 | 5430 | 4500 | 4200 | 18076 |
| 合计 | 32746 | 35031 | 37326 | 37868 | 142971 |

如图 3-4 所示，根据管理目标合理选择数据区域，能够将管理目标清晰地表示出来。

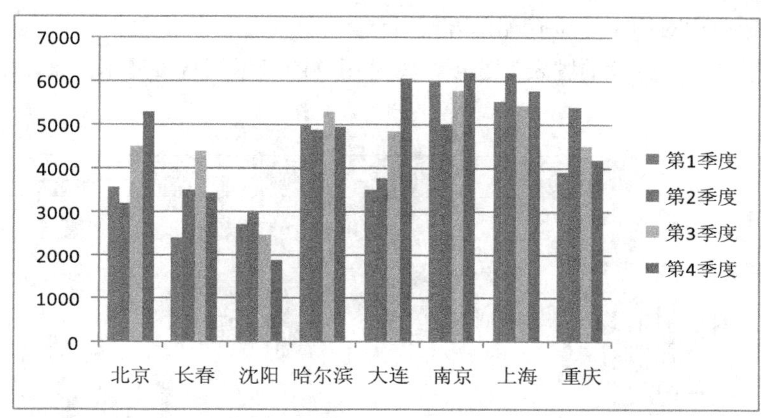


图 3-4　正确选择数据区域得到的图形

如图 3-5 所示，绘制图表时，选择区域不合理导致了一些问题，具体表现在如下几个方面。

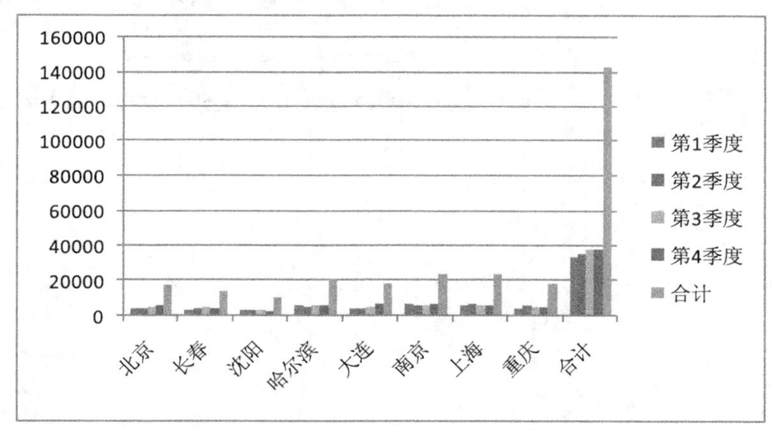


图 3-5　选择全部择数据区域得到的不合理的图形

（1）图中出现了多余的内容。合计项不是各个季度销售额，况且“合计”值远远大于各个销售网点的数值，结果是喧宾夺主，突出显示了本年合计数，而数据较小的网点季度销售额接近于 0，难以辨别出相应的结果。

（2）由于全年合计数特大，而销售网点的销售额相对较小，造成较小数据难以显示和分辨。此时可考虑使用次坐标轴，单独显示最大或者最小的数据，此处可以考虑将“合计”设置为次坐标轴，但是，显示效果仍然不佳。

### 3.2.2 图表的绘制方法

首先选择数据区域，然后单击“插入”选项卡下的“图表”选项，直接选择所需要的图表类型的下拉选项，选择所需要的子类型，自动生成相应的图表，最后根据需要编辑相关的图表。

在选择图表类型的时候，也可以单击“图表”组的对话框发生器，启动“插入图表”向导，或者在选择某个图表类型的时候，选择子类型最下面的“所有图表类型（A）…”，也可以启动“插入图表”向导。

WPS 表格的选项相对简单，也有配色方案可选。

Excel 2013 添加了“推荐的图表”选项，将常用的图表示例直接显示出来以供选择，如图 3-6 所示。

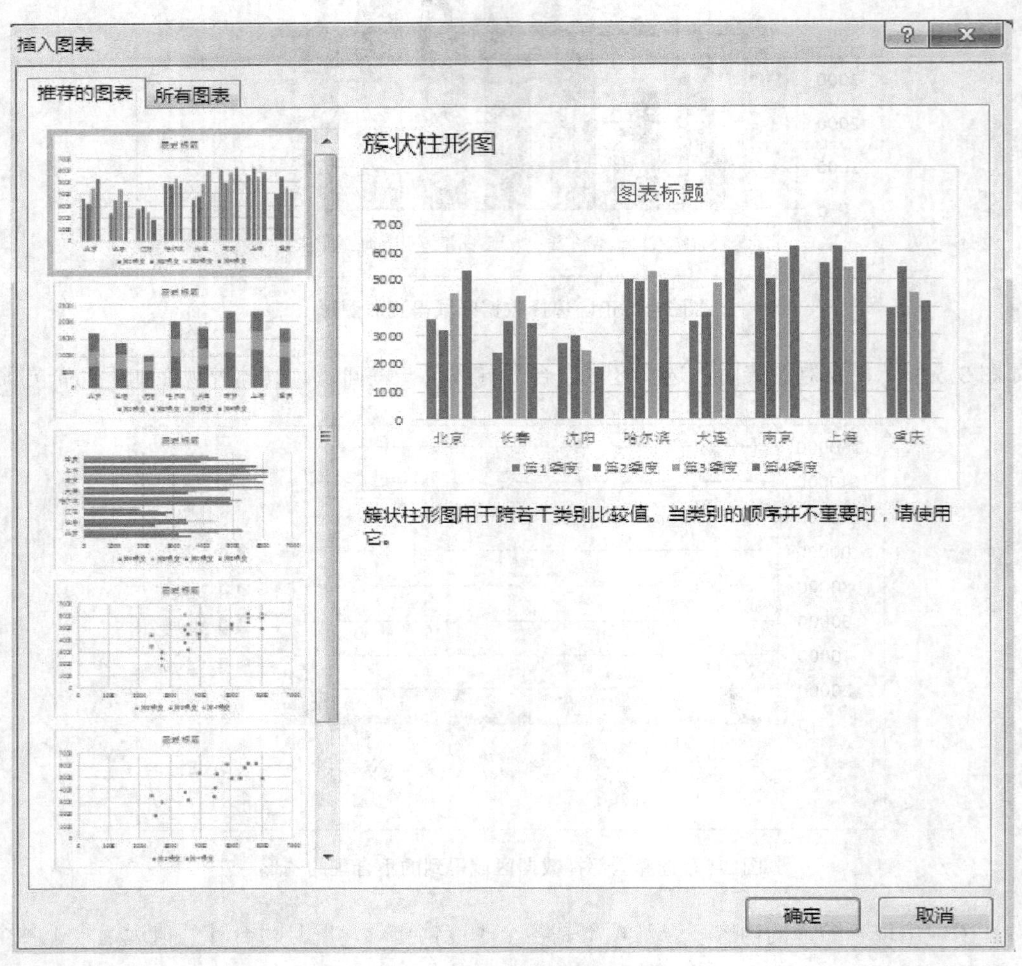


图 3-6　Excel 2013 推荐的图表选项

在“所有图表”选项中，右上方为待选的各种图表子项。如图 3-7 所示。

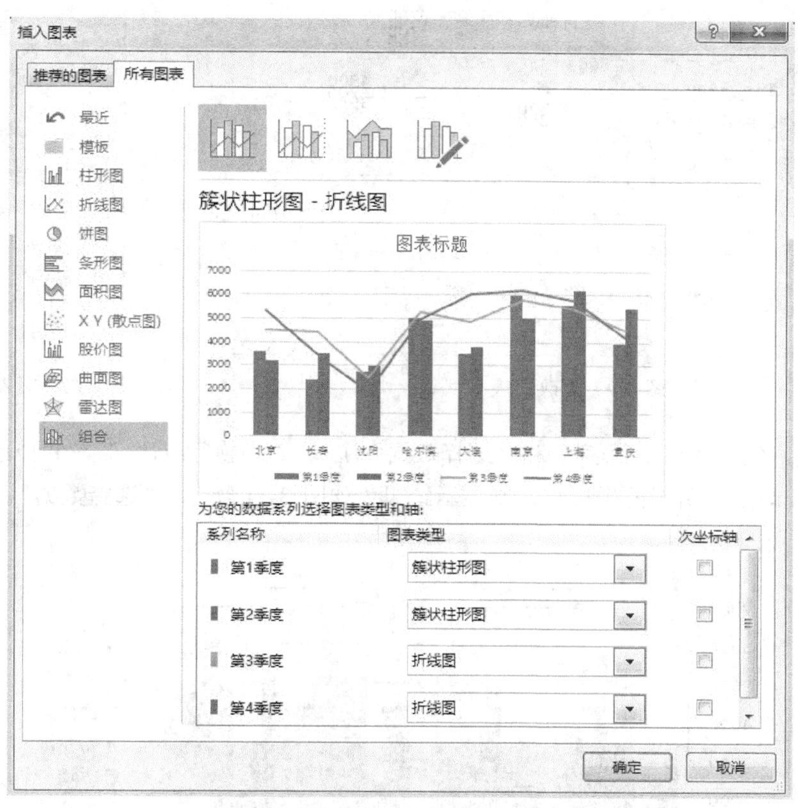


图 3-7　Excel 2013 所有图表选项

在图表已经完成的时候，单击图表，在标题栏上就会出现“图表工具”选项，包括“设计”“格式”两个子选项（2010 版本的“布局”子选项卡已经舍弃），含有很多工具。

如图 3-8 所示，“图表工具”选项卡下的“设计”子选项卡包含很多的工具选项。

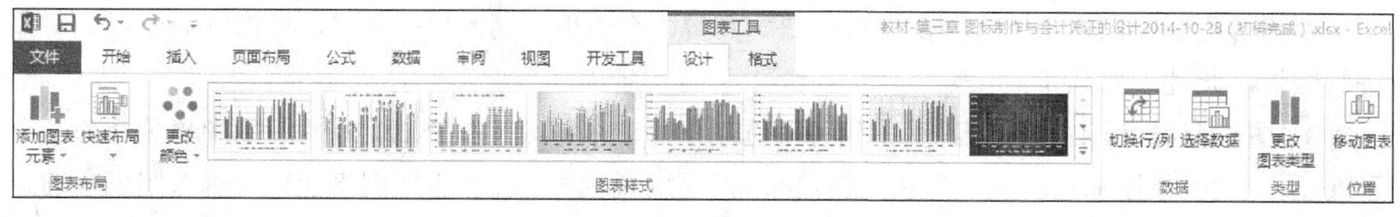


图 3-8　图表工具及其设计子选项

1．类型组，包括“更改图表类型”工具，可以将图表类型改为其他的类型，如将柱形图改为线性图等，或者保存为模板，方便以后调用。使用“更改图表类型”的时候会出现一个“更改图表类型”，与“插入图表”向导完全一样，选择需要的图表类型就可以完成修改了。单击图 3-6 中某一类型图表，只是标题名称不一样而已，然后单击“所有图表”（2010 中为“更改图表类型”），选择“折线图”中的第一个，则图表如图 3-9 所示（不带数据标签），然后右键单击有关折线，出现快捷菜单，如图 3-10 所示。选择“添加数据标签（B）”，就在折线上显示了有关数据。如果想设置为模板，就可以单击“另存为模板”命令，保存为模板，以后就可以调用了。

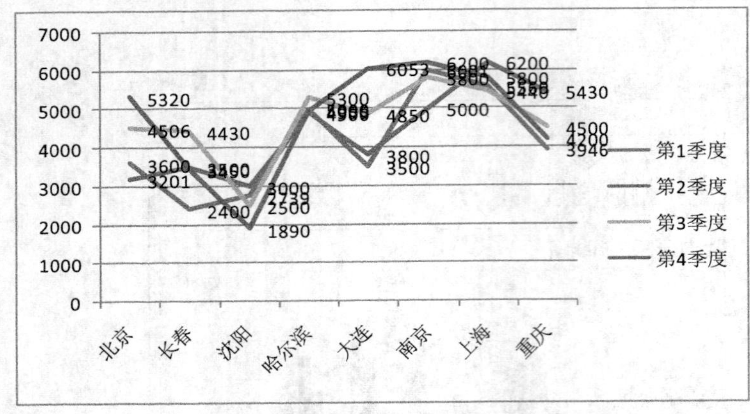


图 3-9　更改图表类型

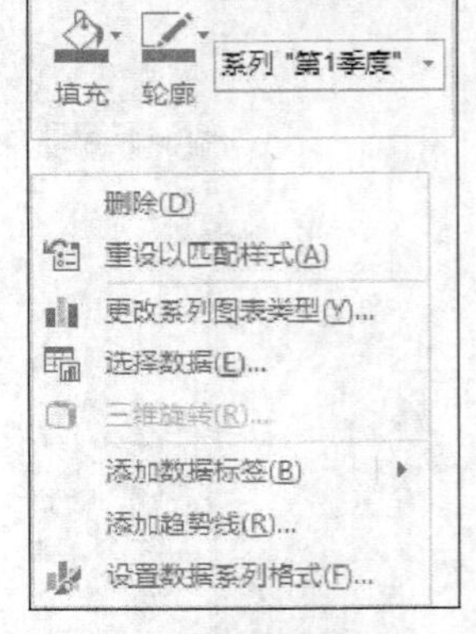


图 3-10　图表快捷菜单之一

2．数据组，包括“切换行/列”和“选择数据”工具。“切换行/列”工具主要是切换 $x$ 轴和 $y$ 轴。例如，改变图 3-4 所示的坐标轴，则显示结果为如图 3-11 所示。“选择数据”工具主要是更改数据源。

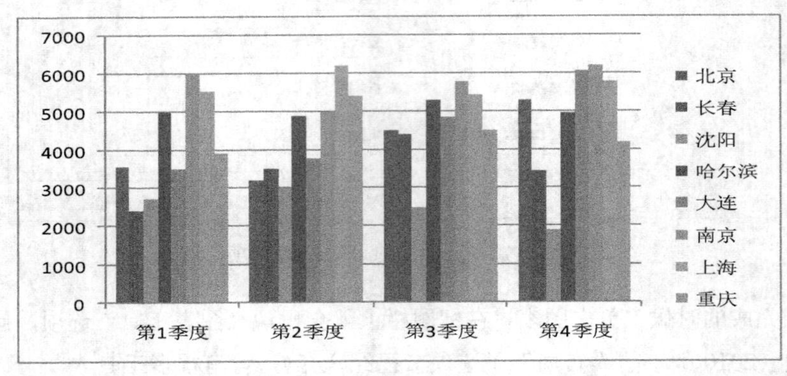


图 3-11　更改坐标轴系列

在已经完成的图表上的不同部分单击鼠标右键，会出现不同的快捷菜单，可以针对不同的对象进行编辑，此处不再累述。

3．图表布局组。作为图表工具中设计子选项卡的一个部分（在 Excel 2010 版本中单独作为一个子选项），设有“添加图表元素”和“快速布局”两个命令工具。“添加图表元素”可对图表中的元素，如坐标轴、轴标题、图表标题、数据标签、数据表、误差线、网格线、图例、线条、趋势线、涨/跌柱线等皆可设置，对于常规情况之外，一般还设有其他选项，可供进一步添加设置。“快速布局”主要是设置图表标题和坐标轴标题以及图例项的位置与格式，下拉箭头用于显示各种可供选择的格式，每一大类的图表都有很多种方案可选。

4．图标样式。右侧箭头用于显示各种图表配色方案以及线条的粗细等。“更改颜色”命令中则显示了很多的颜色配置可供选择。

5．位置选项。用户可以选择是否将图表移动到新的工作表，或者存放于本工作表。

如图 3-12 所示，“图表工具”选项卡下的“格式”子选项卡包含很多的工具选项，可以对选定对象的格式进行设置。

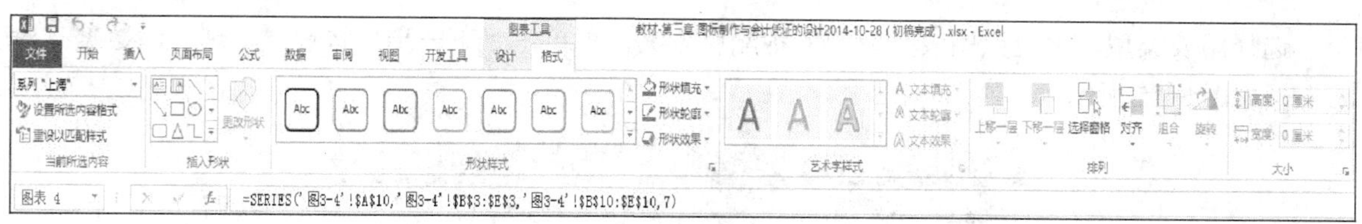


图 3-12　图表工具下的格式选项卡

尤其值得注意的是，选择需要设置次坐标轴的系列，然后单击鼠标右键，弹出快捷菜单，选择“设置数据系列格式”选项，弹出对话框，针对该系列单独设置次坐标轴，如图 3-13 所示。

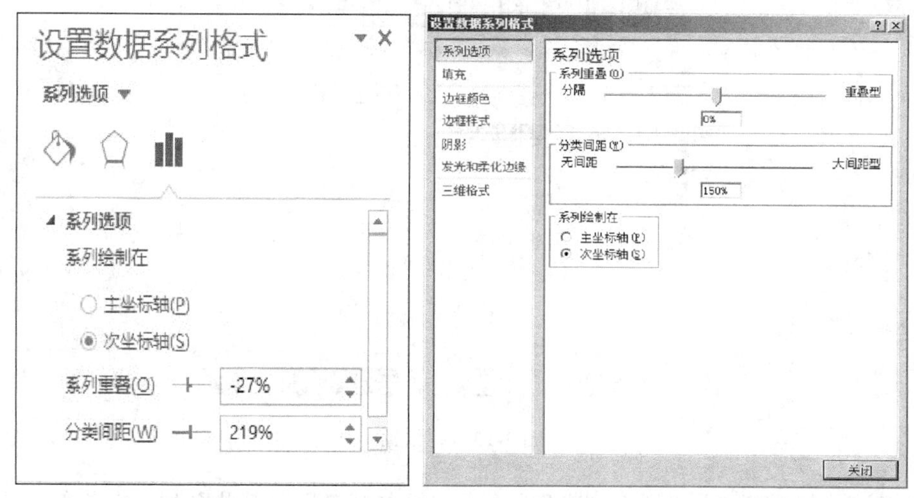


图 3-13　设置数据系列格式（左为 Excel 2013，右为 Excel 2010）

在 Excel 2013 中设置次坐标轴更为快捷方便，有针对性地选择某个系列作为次坐标轴，实现了不同度量数据的同界面显示。平滑线也在此设置。“系列选项”下拉选项中提供了更多、更加直观的选项。

在 WPS 表格中，可单击“插入”功能选项卡中的“图表”命令，会弹出“图表类型”对话框，采用表 3-1 晨阳公司 2013 年销售情况分析表数据，如图 3-14 所示。

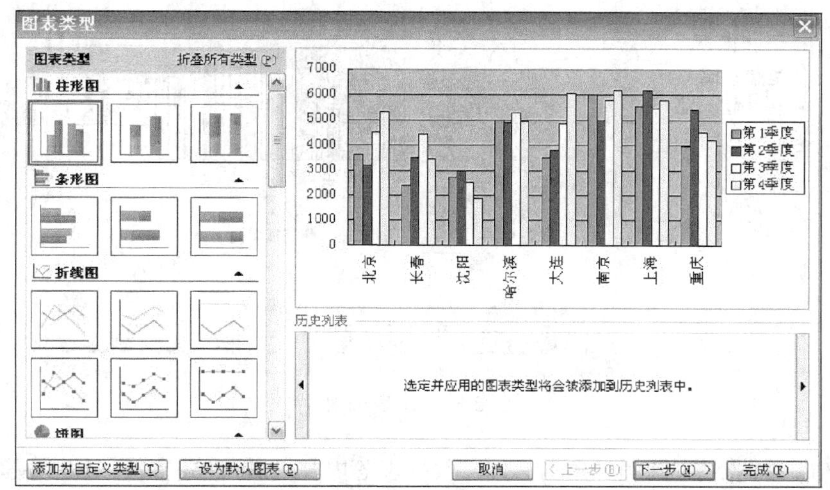


图 3-14　图表类型

选择图表类型，出现该图表类型的各种配色方案，再单击“下一步”按钮，出现“源数据”对话框，如图 3-15 所示。

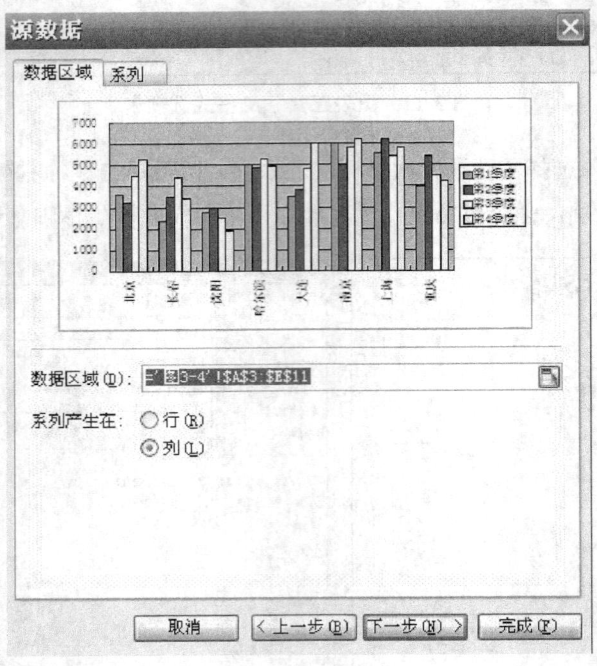


图 3-15 源数据

此时可以选择数据源，并设置系列产生的位置，添加或者删除某些系列。单击“下一步”按钮，出现“图表选项”对话框，输入图表标题、$x$ 轴标题和 $y$ 轴标题，如图 3-16 所示。

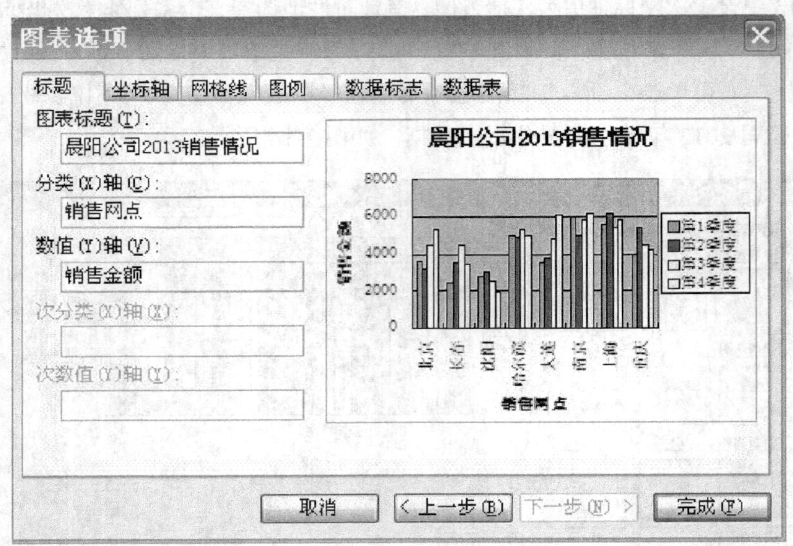


图 3-16 图表选项

设置坐标轴、网格线、图例、数据标志、数据表等内容之后，单击“确定”按钮，完成图表的初步绘制。此时，在坐标轴选项卡上也可以设置次坐标轴，对特殊数据进行单独显示。

单击已经绘制的图表，WPS 表格的上方在“特色功能”功能标题后面出现了“图标工具”标题及相关功能区，如图 3-17 所示。

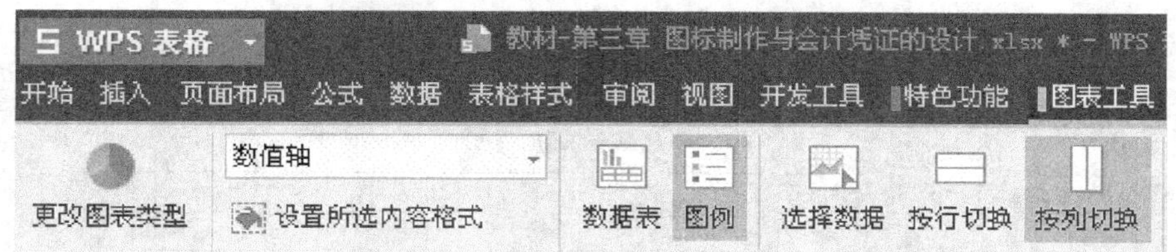


图 3-17　WPS 表格图表工具功能区

可以针对图表上的各个部分进行编辑，也可以直接双击图表上需要编辑的地方，就可以进行编辑。WPS 表格绘制的图表一般比 Excel 绘制的要大，然后可以手动调整图片的大小。例如，直接双击图标中的坐标轴，出现“数据轴格式”对话框，设置显示刻度为“百”，如图 3-18 所示。

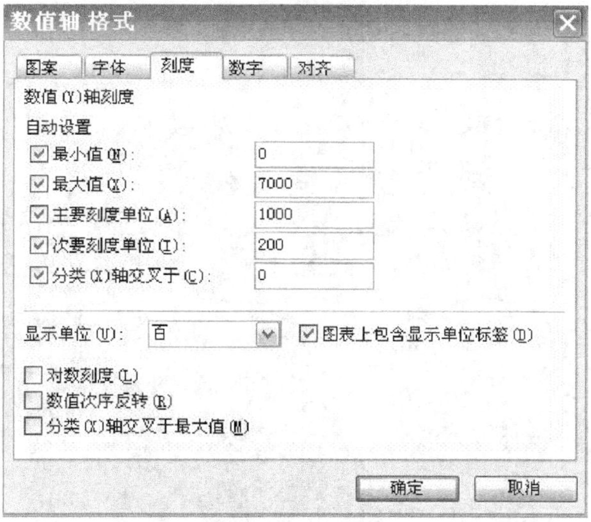

图 3-18　数据轴格式

然后还可以手动移动该单位标签位置并进行文字的旋转等编辑活动。其他的设置如背景、边框等也同样如此。

# 3.3 会计凭证的设计

会计凭证一般都是印刷好之后，再手工填写，但有些凭证的填制要求非常严格，如支票、银行承兑汇票等，利用计算机填制有关凭证，可以保证填制的准确与工整。

## 3.3.1　会计凭证的格式种类

外来凭证一般都是有固定格式和特定的要求，自制凭证则是根据企业自身的需要来设计的。目前的外来凭证，包括银行的票据、销售发票等，很多都是打印出来的。

1. 标准格式

比较常见的标准格式会计凭证有支票和发票，如图 3-19～图 3-22 所示。

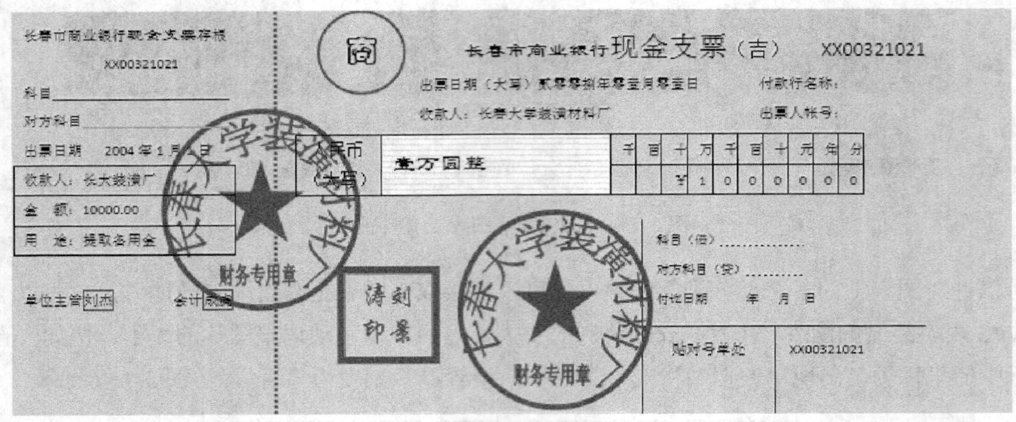

长春市商业银行现金支票存根

XX00321021

科目

对方科目

出票日期 2004 年 1 月 1 日

收款人：长大装潢厂

金 额：10000.00

用 途：提取备用金

单位主管 刘杰 会计

长春市商业银行现金支票（吉） XX00321021

出票日期（大写）贰零零肆年零壹月零壹日 付款行名称：

收款人：长春大学装潢材料厂 出票人帐号：

| 人民币（大写） | 壹万圆整 | 千 | 百 | 十 | 万 | 千 | 百 | 十 | 元 | 角 | 分 |
|---|---|---|---|---|---|---|---|---|---|---|---|
| | | | | ¥ | 1 | 0 | 0 | 0 | 0 | 0 | 0 |

科目（借）

对方科目（贷）

付讫日期 年 月 日

贴对号单处 XX00321021

长春大学装潢材料厂 财务专用章

图 3-19 打印的现金支票

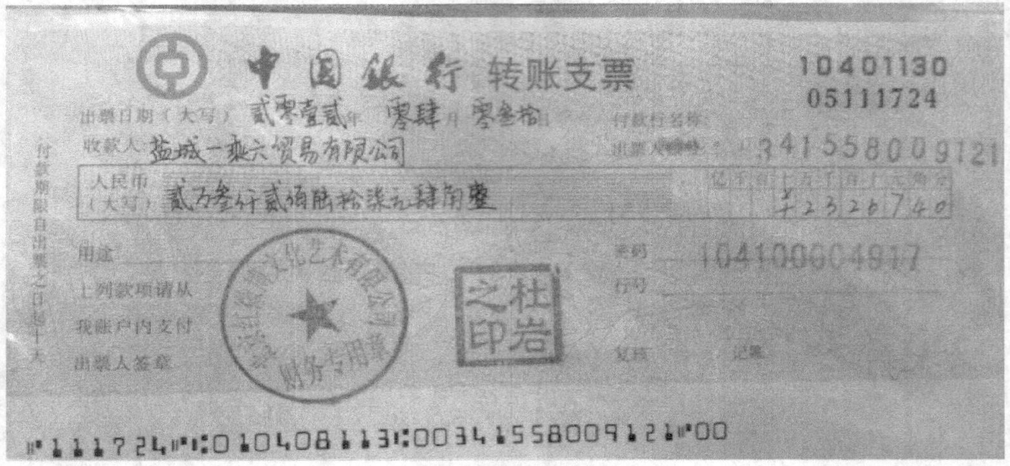

中国银行 转账支票 10401130 05111724

出票日期（大写） 贰零壹贰 年 零肆 月 零叁拾 日 付款行名称：

收款人：盐城一垛六贸易有限公司 出票人账号：341558009121

人民币（大写） 贰万叁仟贰佰陆拾柒元肆角整 ¥23267.40

用途 密码 104100004917

上列款项请从 行号

我账户内支付

出票人签章 复核 记账

付款期限自出票之日起十天

财务专用章

之杜印岩

⑈111724⑈⑆010408113⑆00341558009121⑈00

图 3-20 手工填制的转账支票

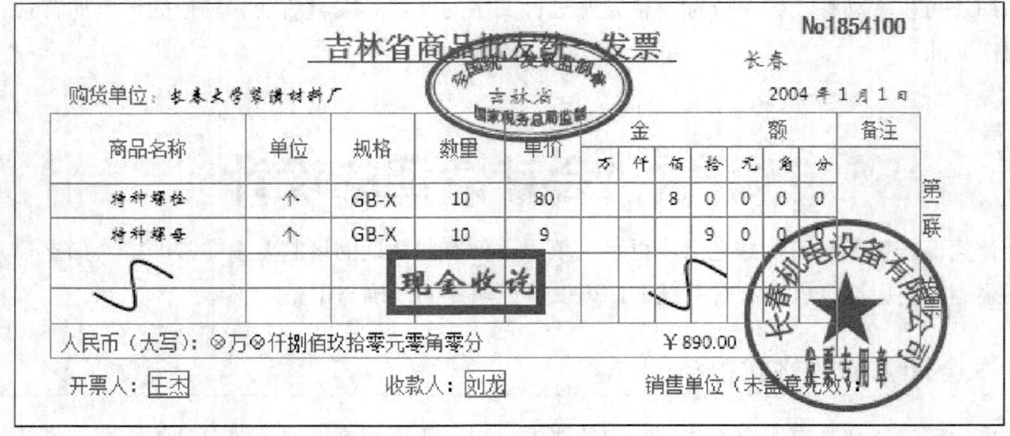

吉林省商品批发统一发票 №1854100

长春

购货单位：长春大学装潢材料厂 2004 年 1 月 1 日

| 商品名称 | 单位 | 规格 | 数量 | 单价 | 金额 万 | 仟 | 佰 | 拾 | 元 | 角 | 分 | 备注 |
|---|---|---|---|---|---|---|---|---|---|---|---|---|
| 特种螺栓 | 个 | GB-X | 10 | 80 | | | 8 | 0 | 0 | 0 | 0 | 第二联 |
| 特种螺母 | 个 | GB-X | 10 | 9 | | | | 9 | 0 | 0 | 0 | |

现金收讫

人民币（大写）：⊗万⊗仟捌佰玖拾零元零角零分 ¥890.00

开票人：王杰 收款人：刘龙 销售单位（未盖章无效）：

全国统一发票监制章 吉林省 国家税务总局监制

长春机电设备有限公司 发票专用章

图 3-21 普通发票

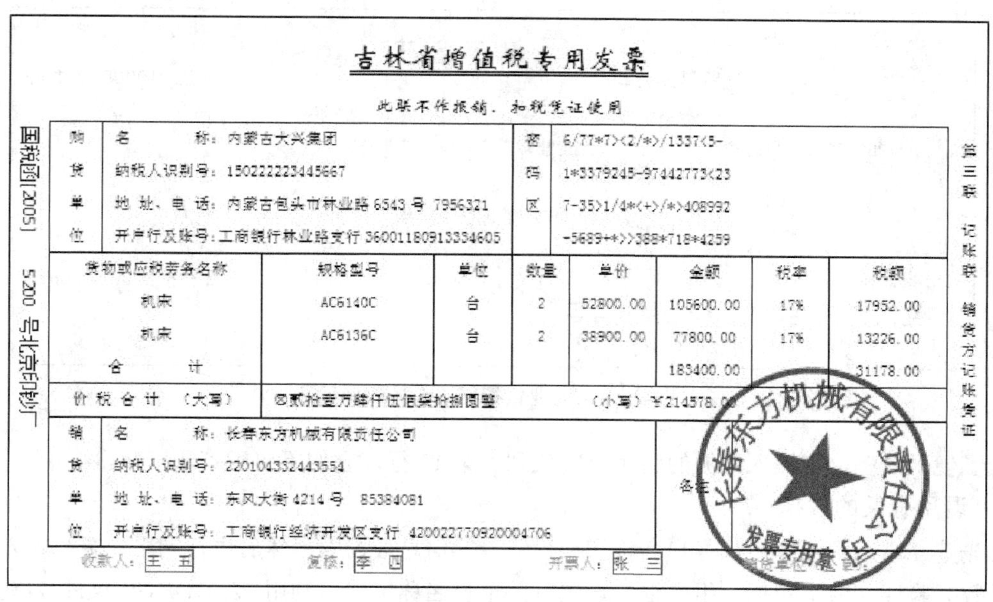

吉林省增值税专用发票

此联不作报销、扣税凭证使用

国税函[2005] 5200 号北京印钞厂

| 购货单位 | 名　　称：内蒙古大兴集团<br>纳税人识别号：150222223445667<br>地址、电话：内蒙古包头市林业路 6543 号 7956321<br>开户行及账号：工商银行林业路支行 36001180913354605 | 密码区 | 6/77*7><2/*>/1337<5-<br>1*3379245-97442773<23<br>7-35>1/4*<+>/*>408992<br>-5689+*>>388*718*4259 | | | | |
|---|---|---|---|---|---|---|---|
| 货物或应税劳务名称 | 规格型号 | 单位 | 数量 | 单价 | 金额 | 税率 | 税额 |
| 机床 | AC6140C | 台 | 2 | 52800.00 | 105600.00 | 17% | 17952.00 |
| 机床 | AC6136C | 台 | 2 | 38900.00 | 77800.00 | 17% | 13226.00 |
| 合　　计 | | | | | 183400.00 | | 31178.00 |
| 价税合计（大写） | 贰拾壹万肆仟伍佰柒拾捌圆整 | | | （小写）￥214578.00 | | | |
| 销货单位 | 名　　称：长春东方机械有限责任公司<br>纳税人识别号：220104332443554<br>地址、电话：东风大街 4214 号 85384081<br>开户行及账号：工商银行经济开发区支行 420022770920004706 | 备注 | | | | | |

收款人：王五　　复核：李四　　开票人：张三　　销货单位（章）

第三联 记账联 销货方记账凭证



图 3-22　增值税专用发票

2．打印格式

有些凭证是直接打印出来的，并没有法律规定的固定格式，每个企业可以根据自身的情况，自行设计。常见的有工资单，用于领取现金，如图 3-23 所示。

长春大学装潢材料厂工资单

车间或部门：第一车间

| 编号 | 姓名 | 应付工资 | | | | | | | | 应扣项目 | | | | | | | | | 实发工资 | 受领人 |
|---|---|---|---|---|---|---|---|---|---|---|---|---|---|---|---|---|---|---|---|---|
| | | 计件工资 | 计时工资 | 加班工资 | 奖金 | 伙食补助 | 其他津贴 | | 合计 | 房租 | 工会费 | 借支 | 赔款 | 公积金 | 养老金 | 幼托费 | 储蓄款 | 合计 | | |
| 101 | 胡七 | 1000 | | 200 | 100 | | | | 1300 | | | | | | | | | | 1300 | 胡七 |
| … | … | … | … | … | … | … | … | … | … | … | … | … | … | … | … | … | … | … | … | … |
| 合计 | | … | … | … | … | … | … | … | … | … | … | … | … | … | … | … | … | … | … | |

制单：成王　　复核：成霸　　审核：成精　　出纳：姜维

图 3-23　工资单

## 3.3.2　会计凭证的制作

会计凭证的制作，一般需要根据实物的大小来进行具体设计。

以某商业银行的网上银行业务收费凭证为例。如图 3-24 所示。

1．打印区域设置

测量有关凭证的尺寸，如图 3-24 所示，根据实际的票据进行测量，确定有关文字、数字以及日期的位置，（金额）表格的列宽和行高，设置其需要打印的格式（略）。本模块需要打印的是单元区域 A1:S12。

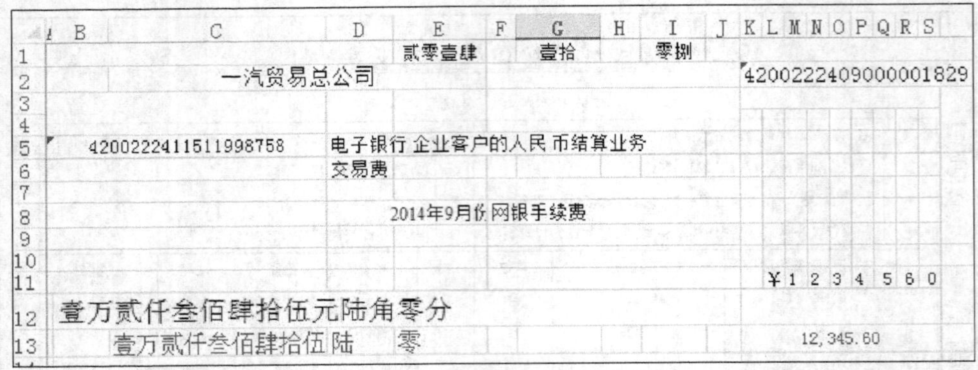


图 3-24 某商业银行网银业务收费凭证

为了便于理解，将输入数据的引用位置放到了第 13 行，它们不属于打印范畴。

2. 调用有关的数据

首先建立常用数据库，如客户名称和银行账号等信息数据库，然后进行调用，减少输入量。可以通过数据验证（或下拉框、组合框）设置有关单位名称，然后利用 VLOOKUP()函数自动取得有关账号。也可以通过输入账号，利用 VLOOKUP()函数自动取得单位名称。具体设计可以参照第 2 章中 VLOOKUP()函数部分，此处不再累述。

3. 设计日期格式

Excel 和 WPS 表格在日期的显示上基本一致，有细微差别，主要讲述 Excel 日期格式，同时对 WPS 表格的细微差别单独进行了说明。

（1）Excel 日期格式设计

Excel 的日期格式不符合会计制度的规定“某某某某年某某月某某日”大写数值格式。可以通过如下操作完成日期格式设计。

① 自定义日期格式

在设置单元格格式的时候，采用自定义格式，输入：[dbnum2][$-804]yyyy"年"mm"月"dd"日";@，定义其格式即可。例如，输入 2014-3-2，则自动显示为“贰零壹肆年零叁月零贰日”。输入 2014-3-31，则显示为“贰零壹肆年零叁月叁拾壹日”。例如，如图 3-25 所示，在本例中的单元格 T19 中输入 2014/12/8，则单元格中显示的是“贰零壹肆年壹拾贰月零捌日”，表明这适用于日期全部显示的凭证。

由于某些凭证上已经印刷有“年”“月”“日”字样，只需定义格式为“[dbnum2][$-804]yyyy”“[dbnum2][$-804]mm”“[dbnum2][$-804]dd”就可以了，自动显示出年、月、日的数据，但一定要输入日期的全部，如 2014-10-29，否则会出现错误。这种情况下，通常用“=”号引用某个单元格，并在该单元格中直接输入日期。例如，将单元格 E19、G19、I19 的格式都自定义为“[dbnum2][$-804]yyyy”“[dbnum2][$-804]mm”“[dbnum2][$-804]dd”，并在其中都输入“=T19”，则分别显示出“贰零壹肆”“壹拾贰”“零捌”，单元格 F19、H19 和 J19 的位置分别留给“年”“月”“日”（凭证上已经印刷了）。如果不想引用 T19 单元格，则分别输入完整日期。将单元格 T28、T29、T30 的格式分别设置为“[dbnum2][$-804]yyyy”“[dbnum2][$-804]mm"月"”（注意含“月”字）“[dbnum2][$-804]dd”，分别输入“2014”“7”“30”，分别代表“年”“月”“日”，则分别显示为“壹玖零伍”“零壹月”“叁拾”。

如果都输入“2014-7-30”，则结果分别正确显示年、月、日，即“贰零壹肆”“零柒”“叁拾”。没有达到预期的效果，如图 3-25 所示。

| T19 | 2014/12/8 | |
|---|---|---|
| **T** | **U** | **V** |
| 18 显示的结果 | 输入的值 | 自定义格式 |
| 19 贰零壹肆年壹拾贰月零捌日 | 2014/12/8 | [DBNum2]yyyy"年"mm"月"dd"日";@ |
| 26 | | |
| 27 错误的日期格式_未全部输入 | 输入的数值 | 同行T列单元格设置的格式 |
| 28 壹玖零伍 | 2014 | [DBNum2][$-804]yyyy |
| 29 零壹月 | 7 | [DBNum2][$-805]mm"月" |
| 30 叁拾 | 30 | [DBNum2][$-806]dd |

图 3-25　不同的单元格日期格式与输入效果（含日期输入不完整导致的错误结果）

② 利用格式函数定义日期格式

也可以在特定的单元格（假设为单元格 AC17）中输入公式：=TEXT(AD17,"[dbnum2][$-804]yyyy年 mm 月 dd 日")，其中，设单元格 AD17 为 Excel 正常输入日期的单元格，则单元格 AC17 返回的数值为银行规定的日期格式：“某某某某年某某月某某日”。

[dbnum2] 是格式函数，是 Format_text 的一种，作用是将数字转为中文大写。[$-804]和[dbnum2]一起使用，单独使用无意义，组合使用表示英文转为中文。

同理，也可以设置成只取年月或者只取月日或者只取年月日当中的某一个格式。例如，=TEXT(AD17,"[dbnum2][$-804]mm 月 dd 日")就只取月日，不取年份。

③ 利用特殊格式和已有的格式设置来设计日期格式

在新建的文件中可以进行如下设置：

在“设置单元格格式”时，选择“特殊格式”中的“中文大写数字”，单击“确定”按钮；

再进入“设置单元格格式”对话框，选择“自定义”格式，选中“类型”下的表达式：“[dbnum2][$-804]G/通用格式”，并按 Ctrl+C 组合键进行复制；

再次进入“设置单元格格式”，选择“日期”格式中的“2001 年 3 月 14 日”格式；

再次进入“设置单元格格式”，选择“自定义”格式，类型中出现了“yyyy"年"m"月"d"日";@”，选择该格式，并将光标落在类型下的该格式的前面，按 Ctrl+V 组合键,使格式类型变成了“[dbnum2][$-804]G/通用格式 yyyy"年"m"月"d"日";@”，进行编辑，将公式类型变成“[dbnum2][$-804]yyyy"年"mm"月"dd"日";@”,按回车或“确定”按钮，就完成了单元格（区域）的会计日期格式的设计，此时显示的为“某某某某年某月某日”格式。

利用特殊格式和已有的格式设置来设计时，必须删除“G/通用格式”，否则在日期前面会出现大写的数字。添加一个“m”和“d”，使日期格式中的“mm”“dd”都是以双写的格式出现，保证日期的月份和日期的两位数字大写。

如果将日期格式中的月和日设置为“mmm”和“ddd”的时候，某些 Excel 版本显示为英文格式的日期。在 Excel 2010 和 2013 中则可以将某单元格的格式自定义为：“[DBNum2][$-804]yyyy"年"mm"月"dd"日"ddd”，输入“2014/10/8”，则结果显示为：“贰零壹肆年壹拾月零捌日周三”，把星期都显示出来了。如果将月份表示为“mmm”，则直接显示为中文小写月，直接带有“月”字。例如，设置单元格格式为“[DBNum2][$-804]yyyy"年"mmm"月"dd"日"ddd;@”，输入日期“2014/8/31”，则显示为“贰零壹肆年八月月叁拾壹日周日”，特别奇怪的显示格式。多角度编辑这个格式公式，能体验不同的效果。

由于会计上对某些凭证的日期有特殊的要求，对于10月以及10日、20日、30日都要求在大写月份或者日期前加上“零”字，因此设计了相关公式，需要间接引用一下，假设在单元格F7中输入日期，在其他单元格中进行引用，则公式如下：

=TEXT(F7,"[dbnum2]yyyy年")&IF(MONTH(F7)=10,TEXT(F7,"[dbnum2]零mm月"),TEXT(F7,"[dbnum2]mm月"))&IF(OR(DAY(F7)=10,DAY(F7)=20,DAY(F7)=30),TEXT(F7,"[dbnum2]零dd日"),TEXT(F7,"[dbnum2]dd日"))

或者如下：

=TEXT(F7,"[dbnum2]yyyy年")&IF(RIGHT(MONTH(F7),1)="0",TEXT(F7,"[dbnum2]零mm月"),TEXT(F7,"[dbnum2]mm月"))&IF(RIGHT(DAY(F7),1)="0",TEXT(F7,"[dbnum2]零dd日"),TEXT(F7,"[dbnum2]dd日"))

则可以显示出“零拾月”“零拾日”“零贰拾日”“零叁拾日”等格式，其他的一切正常，如果在不同的单元格显示年、月、日，则可以分解公式，分别如下：

=TEXT(F7,"[dbnum2]yyyy年")

——直接显示为四位汉字大写年份；

=TEXT(F7,IF(MONTH(F7)=10,TEXT(F7,"[dbnum2]零mm月"),TEXT(F7,"[dbnum2]mm月")))

——如果是10月，则在汉字大写前加上一个“零”字，否则正常显示为两位汉字大写月份；

=TEXT(F7,IF(OR(DAY(F7)=10,DAY(F7)=20,DAY(F7)=30),TEXT(F7,"[dbnum2] 零 dd 日"),TEXT(F7,"[dbnum2]dd日")))

——如果是10、20、30日，则在汉字前面加上一个“零”字，否则正常显示为两位大写日期；

也可以有其他的写法，不再累述。

④ 对于以流水账方式记录的表格日期格式的设计

为了方便输入，提高效率，可以自定义输入格式，然后显示为日期格式（但不是真正的日期格式，而仅仅是数值）。如图3-26所示，最上面一行为显示的结果。

| | V | W | X | Y |
|---|---|---|---|---|
| 1 | 壹玖零零年零柒月贰拾壹日 | 2014年02月03日 | 2014-09-30 | 贰零零玖年零叁月零捌日周三 |
| 2 | 壹玖零贰年零柒月壹拾捌日 | | | |
| 3 | **自定义格式如下：** | **自定义格式如下：** | **自定义格式如下：** | **自定义格式如下：** |
| 4 | [DBNum2][$-803]yyyy"年"mm"月"dd"日" | 2014年00"月"00"日" | 2014-00"-"00 | [DBNum2][$-804]"贰零零玖年零叁月"dd"日"ddd |
| 5 | **输入的公式为：** | **输入的值为：** | **输入的值为：** | **输入的值为：** |
| 6 | =W1 | 203 | 930 | 2014/10/8 |
| 7 | =X1 | | | |

图3-26 自定义的格式显示为日期

选择W列，自定义格式为“"2014年"00"月"00"日"”，则只要输入4位数字就可以表现为日期格式，例如在W1中输入0203（或203，注意：表示具体某一日的一定要输入2位，表示月份的可以是1位也可以是2位），则显示为“2014年02月03日”。如果只想输入日期即可，那就可以自定义为“"2014年10月"00"日"”即可；

选择V列，自定义格式为“"2014-"00"-"00”，则只要输入4位数字就可以表现为日期格式，例如在 W1 中输入 0930（或 930，注意：表示具体某一日的一定要输入 2 位，表示月份的可以是 1 位也可以是 2 位），则显示为“2014-09-30”；为了提高输入速度，可以直接就定义为“"2014-09-"00”格式，只要直接输入日期数，如 1，则直接显示为“2014-09-01”；如果是要求大写格式的也可以相应修改自定义格式，如“ [dbnum2][$-804]"贰零零玖年零叁月"dd"日"”，如果输入 1，则直接显示为“贰零零玖年零叁月零壹日”，可以提高输入速度，且不影响打印和显示的效果。为了满足会计凭证的日期填写的要求，对于经常不变的部分，如年份月份就可以直接这样处理，如 Y 列。

单击 T19，选择“格式刷”工具，将 V1 和 V2 的格式自定义为格式“[DBNum2][$-804]yyyy"年"mm"月"dd"日";@”，在 V1 中输入“=W1”，则显示为“壹玖零零年零柒月贰拾壹日”，在 V2 中输入“=X1”，则显示为“壹玖零贰年零柒月壹拾捌日”，结果都不正确，表明 W 列和 V 列的格式并不是真正的日期格式，但对于显示和打印的效果则符合用户习惯，并且在实际工作中确实提高了输入速度，也不影响人们对于记录中相关字段的含义的理解。

为了提高输入的速度，还可以按以下方式来输入日期：

应用快捷键方式输入当前日期，按 Ctrl+；组合键，则自动输入当前日期，并按照预先定义的格式来显示。如果需要输入当前时间，按 Ctrl+Shift+；组合键，则自动输入当前时间，精确到“分”。在特殊的情况下需要输入日期和时间的情况下，可以先按 Ctrl+；组合键，再按下一个空格，然后再按 Ctrl+Shift+；组合键，就可以在一个单元格中显示当前日期和时间。

如果每天都需要用到当天日期，则可以输入：“TODAY()”函数，自动生成系统默认的当天日期，即使是处在文件打开状态，在零点的时候，也会自动转变日期。如果将单元格设置为时间格式，就可以输入：“=NOW()-TODAY()”，自动显示为当前打开时间，每触发一次，自动更新为触发时的时间，精确到秒。

需要注意的是：

① 自定义日期格式中，带有[$-804]和不带有[$-804]有时候是不一样的，在有些版本中，不带有[$-804]，则显示为英文日期和星期。

② 将日期中的格式设置为 mmm 和 ddd 的时候，不同 Excel 版本显示的结果不一样。有的显示为英文，有的显示为中文，再结合设置[$-804]与否，就可以得到不同的效果。

③ 日期格式中，添加“ddd”表示星期。“mm”和“dd”双写表示至少显示为两位。

这些都需要用户认真调试、体会并采用合适的格式。

（2）WPS 表格日期格式设计

WPS 表格的日期格式的设计和 Excel 基本可以相同，稍有差别。例如，我们同样设置单元格的格式为：“[DBNum2][$-804]yyyy"年"mm"月"dd"日"”，输入日期：“2014/10/8”后显示为“贰零壹肆年拾贰月零捌日”，在“拾”前面少了一个字“壹”。出现 10 日的时候也是如此，没有起到双位大写的作用。如果格式定义中带有“ddd”也不显示“周”字，直接显示为“一”到“日”的值，能表示出周几的数。

因此，直接自定义单元格格式，某些时候达不到理想的效果，此时可以用间接的方式显示出来，如图 3-27 所示。

公式含义和 Excel 中基本一样，只是添加了汉字，同时需要注意有没有[$-804]，对星期的显示是不一样的。再用 Excel 打开，又会出现错误，需要留意。

| | A | B | C | D |
|---|---|---|---|---|
| 1 | | | | |
| 2 | | 项目 | C5单元格中的日期 | D5单元格中的日期 |
| 3 | | 设置的格式： | [DBNum2]yyyy"年"mm"月"dd"日"ddd | [DBNum2][$-804]yyyy"年"mm"月"dd"日"ddd;@ |
| 4 | | 输入的数值： | 2014-10-20 | 2014-10-20 |
| 5 | | 显示的结果： | 贰零壹肆年拾月贰拾日Mon | 贰零壹肆年拾月贰拾日一 |
| 6 | | 输入的公式：<br>注：单元格格式为常规 | =TEXT(C4,"[dbnum2]yyyy年")&IF(MONTH(C4)=10,TEXT(C4,"[dbnum2]零壹mm月"),TEXT(C4,"[dbnum2]mm月"))&IF(OR(DAY(C4)=20,DAY(C4)=30),TEXT(C4,"[dbnum2]零dd日"),IF(DAY(C4)=10,TEXT(C4,"[dbnum2]零壹dd日"),TEXT(C4,"[dbnum2]dd日")))&TEXT(C4,"[dbnum2][$-804]星期ddd") | =TEXT(D4,"[dbnum2]yyyy年")&IF(MONTH(D4)=10,TEXT(D4,"[dbnum2]零壹mm月"),TEXT(D4,"[dbnum2]mm月"))&IF(OR(DAY(D4)=20,DAY(D4)=30),TEXT(D4,"[dbnum2]零dd日"),IF(DAY(D4)=10,TEXT(D4,"[dbnum2]零壹dd日"),TEXT(D4,"[dbnum2]dd日")))&TEXT(D4,"[dbnum2]星期ddd") |
| 7 | | 运算结果： | 贰零壹肆年零壹拾月零贰拾日 星期一 | 贰零壹肆年零壹拾月零贰拾日 星期Mon |

图 3-27 WPS 表格中的日期间接设置

4. 金额的输入

通过金额输入设计，会计凭证上的大写金额与小写金额可以同时生成，尤其是小写金额无须一格一格填写。

（1）大写金额的生成

如图 3-24 所示，为了表述方便，将数据输入单元格和将要打印的金额单元格设置在同一个工作表中。设单元格 K13 为输入数据源，并置于打印区域之外，为了讲解方便，放置于同一张工作表上。

在单元格 C13 中输入公式："=TEXT(INT(ABS(K13)),"[dbnum2]")"，取单元格 K13 中的整数部分；

在单元格 D13 中输入公式："=TEXT(INT(ABS(K13*10))-INT(ABS(K13))*10,"[dbnum2]")"，取十分位的小数（角）；

在单元格 E13 中输入公式："=TEXT(INT(ABS(K13*100))-INT(ABS(K13*10))*10,"[dbnum2]")"，取百分位的小数（分）；

在单元格 B12 中输入公式："=IF(K13=INT(K13),C13&"元整",C13&"元"&D13&"角"&E13&"分")"，显示金额大写数字。

将单元区域 B13：E13 格式全部设置为特殊格式"中文大写数字"。

也可以直接在单元格 B12 中输入公式："=IF(K13=INT(K13), TEXT(INT(ABS(K13)),"[dbnum2]")&"元整", TEXT(INT(ABS(K13)),"[dbnum2]")&"元"& TEXT(INT(ABS(K13*10))-INT(ABS(K13))*10,"[dbnum2]")&"角"& TEXT(INT(ABS(K13*100))-INT(ABS(K13*10))*10,"[dbnum2]")&"分")，而不使用单元格 C13、D13 和 E13。使用单元格 C13、D13 和 E13 只是为了表述方便，便于理解。

（2）填写小写金额栏

角位分位的设计，同上单元格 D13 和单元格 E13，在角位单元格 R11 中输入公式："=TEXT(INT(ABS(K13*10))-INT(ABS(K13))*10,"[dbnum2]")"，取十分位的数字，但格式是常规格式。在分位单元格 S11 中输入公式："=TEXT(INT(ABS(K13*100))-INT(ABS(K13*10))*10,"[dbnum2]")"，取百分位的数字，格式也是常规格式。

个位设计：由于个位上没有货币符号"￥"，直接输入："=INT(ABS($K$13))-INT(ABS($K$13/10))*10"，取个位数。

十位设计：由于十分位可能有数字，可能没有数字，因此，需要判断，如果没有数字，也就是整数部分的长度小于 2，则直接取货币符号“￥”，否则取十位上的整数，输入公式：“=IF(LEN(INT(K13))>=2,LEFT(RIGHT(INT(K13),2),1),"￥")”

同理，百位设计：输入公式：“=IF(LEN(INT(K13))>=3,LEFT(RIGHT(INT(K13),3),1),IF(LEN(INT(K13))=2,"￥",""))”

同理，千位取数设计：输入公式：“=IF(LEN(INT(K13))>=4,LEFT(RIGHT(INT(K13),4),1),IF(LEN(INT(K13))=3,"￥",""))”

其设计共同点是对单元格的取整长度上每次加 1，同理设计。

为了显示设计过程，将数据都放在一个工作表中，实际设计中，可以将数据输入到一个工作表中，实际需要打印的数据全部放在另一个工作表中，通过引用单元格来实现。

（3）金额输入控制

为了防止数据输入错误，有必要进行金额输入控制设计。仍然以单元格 K13 为例，单击单元格 K13，选择“数据”选项卡下（“数据工具”组中）的“数据验证”命令，出现“数据验证”对话框，在“设置”选项卡中的“允许”下拉单中选择“自定义”，在公式中输入公式“=K13*1000-INT(K13*100)*10=0”（或者“=K13=FLOOR(K13,0.01)”），则数据不能输入带 3 位小数的数字，否则，将出现“输入非法值”信息提示框，也可以自定义输入信息和出错信息，如图 3-28～图 3-32 所示，则在输入前，激活单元格的时候，出现输入提示框和输入错误提示信息框。

通过这些设置，使金额的输入必须符合常理，不能小于分位输入，并能提示出错并禁止输入。

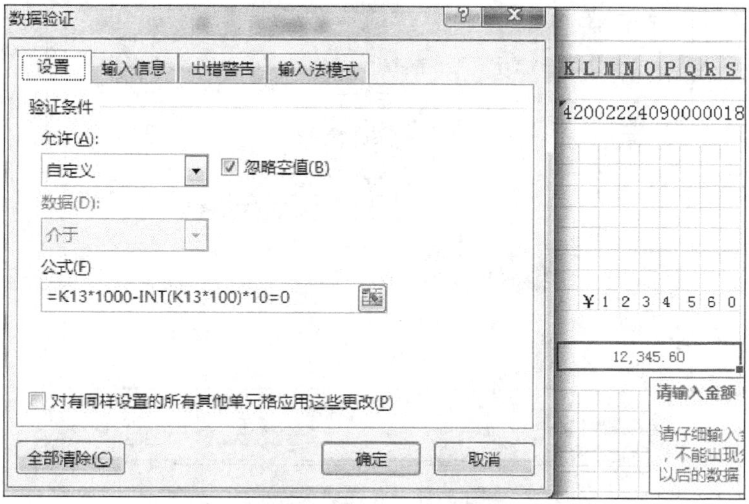

图 3-28　设置货币数据小数控制（到分位）

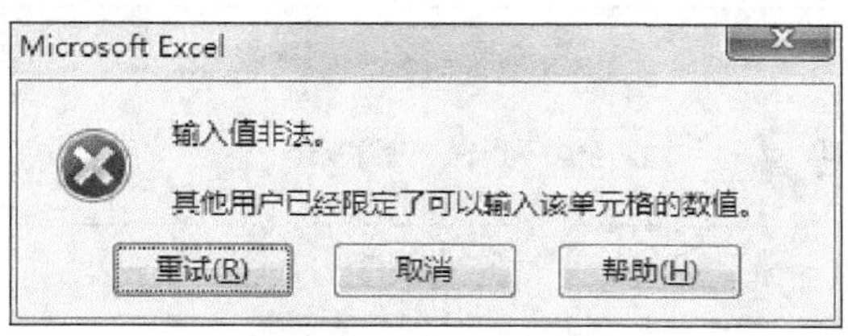


图 3-29　输入错误警示

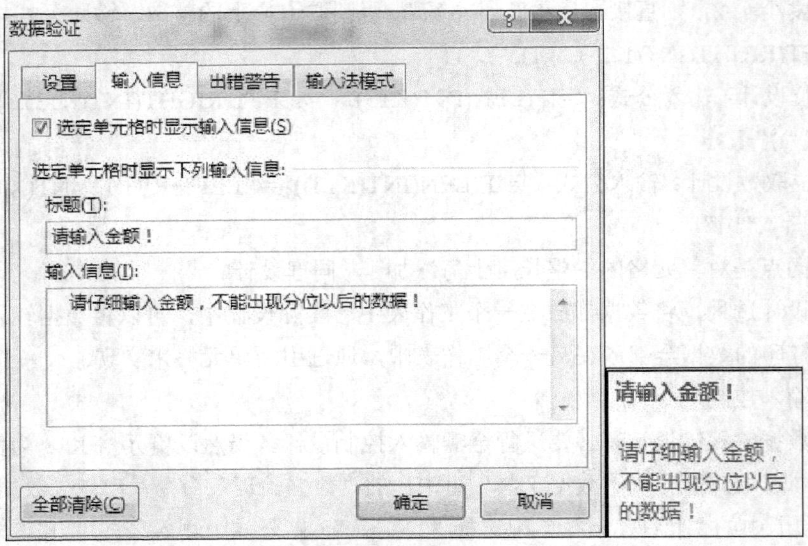


图 3-30　设置数据输入提示信息及显示效果

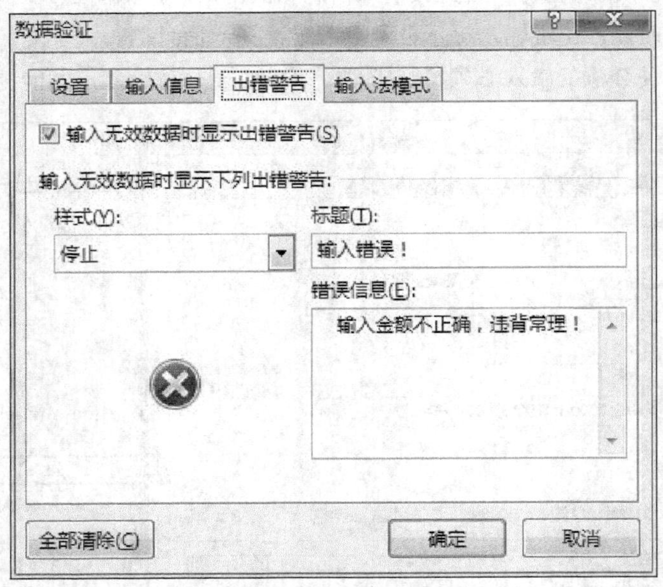


图 3-31　设置错误警示

图 3-32　输入错误的警示

# 复习思考题

1．练习日期格式自定义的设置，设为“年/月/日”格式和汉字大写格式，并同时返回星期几。打开 WPS 表格，进行同样的设置，观察日期显示有何异同。

2．选中单元格 A1，按 Ctrl+；组合键，然后向下填充到单元格 A40，在 B 列中利用公式求得日期的汉字大写日期，分析 10 日、20 日、30 日的大写日期是否符合会计制度的规定。打开 WPS 表格，进行同样的设计，观察日期显示有何异同。

3．在单元格 C1 中输入公式：“=TODAY()”,修改电脑屏幕右下角的系统日期，观察其变化，进入编辑状态之后，回车退出，又有什么变化。

4．设计金额输入格式，保证大小写一致并用人民币符号封口，且只能输入到分位。

5．设计金额的大写公式。对照其在 Excel 和 WPS 表格中的异同。

6．对照单元格格式设置中的[dbnum1]、[dbnum2]、[dbnum3]之间的差异。

7．合并单元格，设置不同的对齐方式。

8．输入单位代码，直接在凭证上显示单位名称（先建立一个“单位代码与名称”数据字典，使用 VLOOKUP()函数）。

9．收集某个省市历年 GDP 金额及其环比增长率资料，并在一张图表上显示出来（应用次坐标值）。

10．设计如下表格（进入单元格编辑状态，用 Alt+Enter 组合键在一个单元格中分行）

| | A | B | C | D |
|---|---|---|---|---|
| 1 | | | | |
| 2 | | | | |
| 3 | 年份<br>项目 | 第1年 | 第2年 | 第3年 |
| 4 | 主营业务收入 | | | |
| 5 | 主营业务成本 | | | |
| 6 | 主营业务毛利 | | | |

11．某公司的 1 月份统计表如下。

| 费用 | 第 1 季度 | 第 2 季度 | 第 3 季度 | 第 4 季度 | 合计 |
|---|---|---|---|---|---|
| 直接人工 | 15000 | 18000 | 20000 | 25000 | 78000 |
| 直接材料 | 18000 | 30000 | 35000 | 40000 | 123000 |
| 其他费用 | 15000 | 16000 | 17500 | 20000 | 68500 |
| 合计 | 48000 | 64000 | 72500 | 85000 | 269500 |

要求绘制柱形图、折线图、饼图、面积图等图表。

# 第4章 小型记账模型的建立

有些微型企业由于业务量相对比较少，无需购买财务软件，采用原始的手工记账，容易出错。在进行财务分析时，也都是利用手工计算，工作量较大。

为了提高效率，随时查询并核对有关账户的金额和数量，并在适当的时候，根据企业自身的需要，灵活地提供有关的财务指标，充分发挥自身的积极性和主动性，促进管理水平的提高。本章利用 Excel/WPS 建立小型记账模型，用于输入数据，核对账目，并登记总账，可有效地提高工作效率。

## 4.1 手工记账辅助模块应该具备的功能

对于一个手工记账的辅助模块，它应该具备以下几个功能。

### 1. 方便数据输入

由于会计科目比较多，而日常的数据输入又不是很规则，因此，在 Excel/WPS 表格中设计数据输入的时候，应该尽可能简化输入，可以考虑链接。多次链接还可以考虑用程序的方式来解决。

### 2. 检查是否平衡

利用 Excel/WPS 表格来验算输入的财务数据，并实时提示借贷方是否平衡，因而更具有实用性。

### 3. 形成科目汇总表数据

科目需在输入相关数据之前设置，根据单位各明细科目有关基础数据，再利用 Excel/WPS 表格函数公式定义需要计算借贷发生额的项目（也可以考虑同时生成差额）。这样会计人员就可以很容易地查看相应科目汇总表的相关数据。

### 4. 最终形成有关的季度、年度等汇总数据

对于日常工作输入的数据，用户可以利用 Excel/WPS 表格的相关功能编辑生成月份、季度、半年、年度的分类汇总数，方便查找。

### 5. 形成本年度任意期间累计数

通过编辑 Excel/WPS 表格公式可以将每期发生额汇总，形成年度内任意期间的累计数。

### 6. 形成财务报表

根据单位账户的有关基础数据，利用 Excel/WPS 表格函数公式定义需要计算的各个项目金额，则可自动地编制出财务报表。可更便捷地、最大限度地提高核对的工作效率。

# 4.2 手工记账辅助模块设计

实际调研企业设置了以下科目：库存现金、银行存款、应收账款、坏账准备、预付账款、其他应收款、应收内部单位、库存材料、长期投资、应付账款、预收账款、其他应付款、应付职工薪酬、应付福利费、应交税金、主营业务收入、主营业务成本、营业税金及附加、管理费用、财务费用、汇兑损失、营业外收入、营业外支出、本年利润、所得税、未分配利润等。

建立一个 Excel/WPS 表格文件，名称为“小型记账模型的建立”，再建立一个工作表模板，如图 4-1 所示。

| | A | B | C | AI | AJ | AK | AL | AM | AN |
|---|---|---|---|---|---|---|---|---|---|
| 1 | Y | 1月20日账户发生额合计 | | 库存现金 | | 银行存款 | | 应收账款 | |
| 2 | | 借方 | 贷方 | 借方 | 贷方 | 借方 | 贷方 | 借方 | 贷方 |
| 3 | 库存现金 | 501,000.00 | 517,979.93 | 50,000.00 | | | 50,000.00 | | |
| 4 | 银行存款 | 10,951,052.40 | 11,140,523.76 | | | | 1,749,203.90 | | |
| 5 | 应收账款 | 2,030,482.00 | 1,044,839.05 | | 19,500.00 | | | | |
| 6 | 减坏账准备 | | - | | 20,000.00 | | | | |
| 7 | 预付账款 | 154,152.00 | 109,813.40 | | | | | 2,030,482.00 | |
| 8 | 其他应收款 | 1,804,930.47 | 1,610,353.54 | | 2,000.00 | | | | |
| 9 | 应收内部单位 | | - | 100,000.00 | 2,800.00 | | 5,660.00 | | 441,384.40 |
| 10 | 库存材料 | 243,524.39 | 187,973.76 | | | | 150,831.00 | | |
| 11 | 长期投资 | | - | | 40,000.00 | | 500,000.00 | | 250,000.00 |
| 12 | 应付账款 | 151,908.40 | 102,789.35 | | 60,000.00 | | 100,000.00 | | |
| 13 | 预收账款 | | - | | 3,000.00 | | | | 353,454.65 |
| 14 | 其他应付款 | 493,916.52 | 372,853.75 | | 5,100.00 | | | | |
| 15 | 应付职工薪酬 | | - | 100,000.00 | | | 100,000.00 | | |
| 16 | 应付福利费 | 84,360.50 | - | | 283.70 | | 135,075.04 | | |
| 17 | 应交税费 | 1,749,203.90 | 391,252.68 | | 70,000.00 | | 100,000.00 | | |
| 18 | 预提费用 | | - | 100,000.00 | | | 500,000.00 | | |
| 19 | 主营业务收入 | | 12,540,150.00 | | 50,000.00 | 10,509,668.00 | | | |
| 20 | 主营业务成 | 9,420,513.56 | - | | 84,360.50 | | 95.30 | | |
| 21 | 营业税金及 | 391,252.68 | - | | | 441,384.40 | 1,077.40 | | |
| 22 | 管理费用 | 42,137.10 | - | | | | | | |
| 23 | 财务费用 | 95.30 | - | | | | 493,916.52 | | |
| 24 | 汇兑损益 | | - | | 9,453.40 | | | | |
| 25 | 营业外收入 | | - | 20,000.00 | | | 154,152.00 | | |
| 26 | 营业外支出 | | - | 70,000.00 | | | 414,930.47 | | |
| 27 | 本年利润 | | - | 40,000.00 | 150,000.00 | | 6,685,582.13 | | |
| 28 | 所得税 | | - | 21,000.00 | | | | | |
| 29 | 未分配利润 | | - | | 1,482.33 | | | | |
| 30 | 合计 | 28,018,529.22 | 28,018,529.22 | | | | | | |
| 31 | 是否平衡 | - | Y | | | | | | |

图 4-1　日常数据输入界面

## 4.2.1　日常数据输入设计

在 A 列（从单元格 A3 开始）输入有关的科目，其顺序与制度规定基本保持一致。

然后在单元格 AI1 与单元格 AJ1 的合并单元格中输入“库存现金”，在单元格 AI2 和单元格 AJ2 中输入“借方”和“贷方”；后面以此类推，把第一行的每两个单元格进行合并，输入一个本企业采用的会计科目。在对应的第二行的两个单元格中输入“借方”和“贷方”字样。必须与 A 列中的科目对应，并将预先设置的不同科目的数据输入区域设置成不同的颜色。

所在调研企业的“应收内部单位”科目、“营业外收入”科目、“营业外支出”科目没有数据，因此未设置对应输入区域。

具体合并情况如下：单元格 AI1 和 AJ1、单元格 AK1 和 AL1、单元格 AM1 和 AN1、单元格 AO1 和 AP1、单元格 AQ1 和 AR1、单元格 AS1 和 AT1、单元格 AW1 和 AX1、单元格 AY1 和 AZ1、单元格 BA1 和 BB1、单元格 BC1 和 BD1、单元格 BE1 和 BF1、单元格 BG1 和 BH1、单元格 BI1 和 BJ1、单元格 BK1 和 BL1、单元格 BM1 和 BN1、单元格 BO1 和 BP1、单元格 BQ1 和 BR1、单元格 BS1 和 BT1、单元格 BU1 和 BV1、单元格 BW1 和 BX1、单元格 BY1 和 BZ1、单元格 CA1 和 CB1、单元格 CC1 和 CD1、单元格 CE1 和 CF1、单元格 CG1 和 CH1 分别合并在一起。

为了方便输入，用鼠标右键单击 A 列中相应科目，在弹出的快捷菜单上选择“超链接（H）…”选项。例如：右键单击“库存现金”单元格，弹出“插入编辑超链接”对话框。在弹出的“插入超链接”的对话框中，单击“本文档中的位置”，选择本工作表，并在“键入单元格引用”文本框中输入“AI3”，在需要输入“库存现金”金额的时候，单击 A 列的“库存现金”单元格，就可以直接定位到数据输入区域，进行输入。输入完成时，按 Ctrl+Home 组合键，即可回到了文档的左上方。以此类推，完成各个科目的快速输入设置。设计的思路是每月进行 2～4 次的汇总，每个工作表只做一个时间段。如图 4-2 所示。

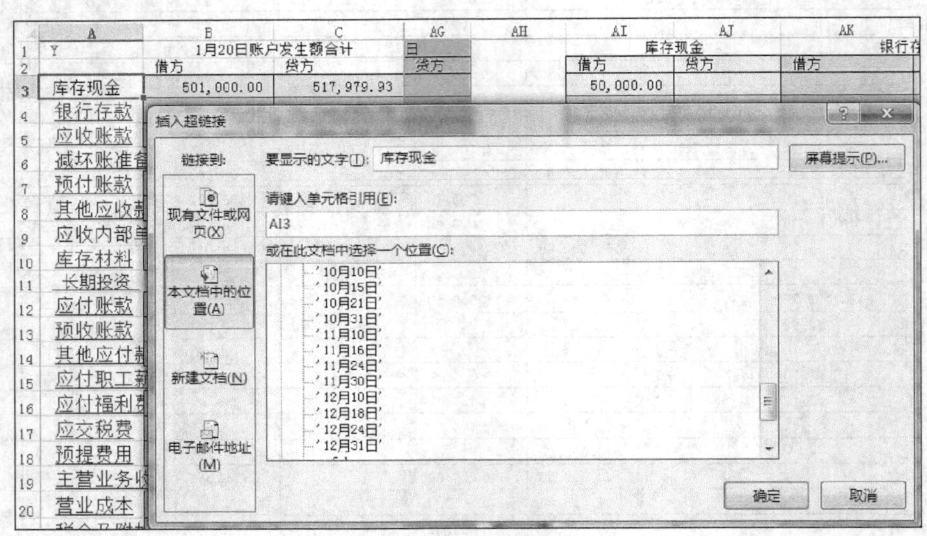


图 4-2　插入超级链接

所在调研企业规模极小，数据量极少，每月输入数据两次即可，且元旦放假 7 天，因此，模型中从 8 日开始发生业务，1～20 日汇总一次，21～31 日汇总一次。为了说明可能需要每日汇总，故留下了 9～20 日的空白单元区域 J 列到 AG 列。

### 4.2.2　汇总数据的取得

取得日常数据后，可汇总得到期末数据。

1. 汇总日常输入的数据

合并单元格 H1 和单元格 I1，输入该期间的日期或时段（本处将 20 日内的数据视同第 8 日发生，因此，输入“8 日”)，然后在单元格 H2 和单元格 I2 输入“借方”和“贷方”，并将该数据输入区域填充上有关的颜色。在单元格 H3 中输入公式“=SUM(AI$3:AI$100)”，也就是对当日（或当期）的现金借方发生额求和，在单元格 I3 中输入“=SUM(AJ$3:AJ$100)”，也就是对当日（或当期）的现金贷方发生额求和，预设的行数为 98，可以在第 100 行填充颜色，防止数据输入超出允许的单元区域。可以根据实际的需要更改有关的区域。同理，在单元格 H4 当中输入公式“=SUM(AK$3:AK$100)”，填充到单元格 I4 中，完成对银行存款的借贷方发生额汇总，以此类推，完成各个科目的当期发生额汇总设计。可以先在单元区域 H3:H29 完成公式录入，然后填充到单元区域 I3:I29，具体情况见表 4-1。

表 4-1 日常汇总数据公式

| 单元格 | 公式 | 单元格 | 公式 |
|---|---|---|---|
| H3 | =SUM(AI$3:AI$100) | I3 | =SUM(AJ$3:AJ$100) |
| H4 | =SUM(AK$3:AK$100) | I4 | =SUM(AL$3:AL$100) |
| H5 | =SUM(AM$3:AM$100) | I5 | =SUM(AN$3:AN$100) |
| H6 | =SUM(AO$3:AO$100) | I6 | =SUM(AP$3:AP$100) |
| H7 | =SUM(AQ$3:AQ$100) | I7 | =SUM(AR$3:AR$100) |
| H8 | =SUM(AS$3:AS$100) | I8 | =SUM(AT$3:AT$100) |
| H9 | =SUM(AU$3:AU$100) | I9 | =SUM(AV$3:AV$100) |
| H10 | =SUM(AW$3:AW$100) | I10 | =SUM(AX$3:AX$100) |
| H11 | =SUM(AY$3:AY$100) | I11 | =SUM(AZ$3:AZ$100) |
| H12 | =SUM(BA$3:BA$100) | I12 | =SUM(BB$3:BB$100) |
| H13 | =SUM(BC$3:BC$100) | I13 | =SUM(BD$3:BD$100) |
| H14 | =SUM(BE$3:BE$100) | I14 | =SUM(BF$3:BF$100) |
| H15 | =SUM(BG$3:BG$100) | I15 | =SUM(BH$3:BH$100) |
| H16 | =SUM(BI$3:BI$100) | I16 | =SUM(BJ$3:BJ$100) |
| H17 | =SUM(BK$3:BK$100) | I17 | =SUM(BL$3:BL$100) |
| H18 | =SUM(BM$3:BM$100) | I18 | =SUM(BN$3:BN$100) |
| H19 | =SUM(BO$3:BO$100) | I19 | =SUM(BP$3:BP$100) |
| H20 | =SUM(BQ$3:BQ$100) | I20 | =SUM(BR$3:BR$100) |
| H21 | =SUM(BS$3:BS$100) | I21 | =SUM(BT$3:BT$100) |
| H22 | =SUM(BU$3:BU$100) | I22 | =SUM(BV$3:BV$100) |
| H23 | =SUM(BW$3:BW$100) | I23 | =SUM(BX$3:BX$100) |
| H24 | …… | I24 | …… |
| H30 | =SUM(H3:H29) | I30 | =SUM(I3:I29) |
| H31 | =H30-I30 | I31 | =IF(H30=I30,"Y","N") |

其中，在单元格 H30 中输入公式“=SUM(H3:H29)”，在单元格 I30 中输入公式“=SUM(I3:I29)”，对所有科目的当期借贷方发生额进行求和。在单元格 H31 中输入公式：“=H30-I30”，显示借贷差额，在单元格 I31 中输入公式：“=IF(H30=I30,"Y","N")”，主要验证借贷方的合计是否平衡，如果平衡等，则显示“Y”,否则显示“N”。

2. 期末汇总数据的取得

（1）如果业务量较多，则需要按日输入，就需要设置多个日期的输入区域。如图 4-3 所示，第一次的输入从 AI 列开始，就是预留了 9～20 日的空间。当然，后面也与前面的设计一样，应该预留每天各个科目的输入区域。也可以利用模板，每日建立一个工作表用于输入当日数据，并进行当日的汇总。

| | A | B | C | D | E | F | G | H | I | J | K | L | M |
|---|---|---|---|---|---|---|---|---|---|---|---|---|---|
| 1 | Y | 1月20日账户发生额合计 | | 1日-20日汇总数 | | 校对 | | 8日 | | 9日 | | 10日 | |
| 2 | | 借方 | 贷方 | 借方 | 贷方 | | | 借方 | 贷方 | 借方 | 贷方 | 借方 | 贷方 |
| 3 | 库存现金 | 501,000.00 | 517,979.93 | 501,000.00 | 517,979.93 | - | - | 501,000.00 | 517,979.93 | | | | |
| 4 | 银行存款 | 10,951,052.40 | 11,140,523.76 | 10,951,052.40 | 11,140,523.76 | - | - | 10,951,052.40 | 11,140,523.76 | | | | |
| 5 | 应收账款 | 2,030,482.00 | 1,044,839.05 | 2,030,482.00 | 1,044,839.05 | - | - | 2,030,482.00 | 1,044,839.05 | | | | |
| 6 | 减坏账准备 | | - | - | - | - | - | - | - | | | | |
| 7 | 预付账款 | 154,152.00 | 109,813.40 | 154,152.00 | 109,813.40 | - | - | 154,152.00 | 109,813.40 | | | | |
| 8 | 其他应收款 | 1,804,930.47 | 1,610,353.54 | 1,804,930.47 | 1,610,353.54 | - | - | 1,804,930.47 | 1,610,353.54 | | | | |
| 9 | 应收内部单位 | | - | - | - | - | - | - | - | | | | |
| 10 | 库存材料 | 243,524.39 | 187,973.76 | 243,524.39 | 187,973.76 | - | - | 243,524.39 | 187,973.76 | | | | |
| 11 | 长期投资 | | - | - | - | - | - | - | - | | | | |
| 12 | 应付账款 | 151,908.40 | 102,789.35 | 151,908.40 | 102,789.35 | - | - | 151,908.40 | 102,789.35 | | | | |
| 13 | 预收账款 | | - | - | - | - | - | - | - | | | | |
| 14 | 其他应付款 | 493,916.52 | 372,853.75 | 493,916.52 | 372,853.75 | - | - | 493,916.52 | 372,853.75 | | | | |
| 15 | 应付职工薪酬 | | - | - | - | - | - | - | - | | | | |
| 16 | 应付福利费 | 84,360.50 | - | 84,360.50 | - | - | - | 84,360.50 | - | | | | |
| 17 | 应交税费 | 1,749,203.90 | 391,252.68 | 1,749,203.90 | 391,252.68 | - | - | 1,749,203.90 | 391,252.68 | | | | |
| 18 | 预提费用 | | - | - | - | - | - | - | - | | | | |
| 19 | 主营业务收入 | | 12,540,150.00 | - | 12,540,150.00 | - | - | - | 12,540,150.00 | | | | |
| 20 | 主营业务成本 | 9,420,513.56 | - | 9,420,513.56 | - | - | - | 9,420,513.56 | - | | | | |
| 21 | 营业税金及附加 | 391,252.68 | - | 391,252.68 | - | - | - | 391,252.68 | - | | | | |
| 22 | 管理费用 | 42,137.10 | - | 42,137.10 | - | - | - | 42,137.10 | - | | | | |
| 23 | 财务费用 | 95.30 | - | 95.30 | - | - | - | 95.30 | - | | | | |
| 24 | 汇兑损益 | | - | - | - | - | - | | | | | | |
| 25 | 营业外收入 | | - | - | - | - | - | | | | | | |
| 26 | 营业外支出 | | - | - | - | - | - | | | | | | |
| 27 | 本年利润 | | - | - | - | - | - | - | - | | | | |
| 28 | 所得税 | | - | - | - | - | - | - | - | | | | |
| 29 | 未分配利润 | | - | - | - | - | - | - | - | | | | |
| 30 | 合计 | 28,018,529.22 | 28,018,529.22 | 28,018,529.22 | 28,018,529.22 | - | - | 28,018,529.22 | 28,018,529.22 | - | - | - | - |
| 31 | 是否平衡 | | | - | Y | - | Y | - | Y | - | Y | - | Y |

图 4-3 数据汇总

（2）对本期间数据进行汇总

在 D 列、E 列对每日的数据求和（本设计中其实就是对 8～20 日求和，且输入都是在“8 日”这两列中进行的，其他日期都没有输入），在单元格 D3 中输入“=H3+J3+L3+N3+P3+R3+T3+V3+X3+Z3+AB3+AD3+AF3”（设单元格 H3 为 8 日的“库存现金”合计，其他的单元格为其他日期的“库存现金”合计），然后用填充柄向下填充到单元格 D29，然后选择单元区域 D3：D29，再向右侧填充到 E 列。

在单元格 D30 中输入公式：“=SUM(D3:D29)”，对借方发生额求和。

在单元格 E30 中输入公式：“=SUM(E3:E29)”，对贷方发生额求和。

在单元格 D31 中输入公式：“=D30-E30”，求借贷方差额。

在单元格 E31 中输入公式：“=IF(D30=E30,"Y","N")”，判断是否平衡。

上述公式主要是用于对每天数据的求和，然后再对科目汇总时段内的数据汇总数求和，并且验证一下是否平衡，将单元格格式设置为会计专用格式，当数值为 0 的时候，显示为“-”，并且在单元格 E31 中显示为“Y”（平衡），否则为“N”（不平衡）。

在单元格 A1 中输入“=E31”，并显示字体为红色（也可以用“条件格式”工具，定义为当值为“Y”时蓝色，为“N”时红色加粗），如此设计，有利于用户从数据区上下两个部分随时观察数据平衡情况。

（3）校验设置

预留单元区域 B3:C29，用于复制单元区域 D3：E29 的数据（选择性粘贴——数据），并在单元格 B30 中输入公式“=SUM(B3:B29)”，在单元格 C30 中输入公式“=SUM(C3:C29)”，万一出现借贷方相等，而数据不符或数据不平衡等情况，就可以在复制数据后重新输入本期的数据，从而找到误差所在的科目和误差的金额，方便查找并更正有关的差错。

也可以根据账簿上的合计数（汇总期的汇总数）在单元区域 B3:C29 输入，对照一下数据。

在单元格F3中输入“=B3−D3”，填充到单元格G3，选择单元区域F3:G3，填充到单元区域F4:G29，用于显示单个科目的发生额借方或贷方差额，在单元格 F30 中输入 “=SUM(F3:F29)”，并填充到单元格 G30，用于显示借方或贷方的总的差额。在单元格 F31 中输入 “=IF(F30=G30,"Y","N")”，用于显示差额是否平衡。在检查中发现的错误会自动显示科目和金额。

上述步骤完成以后，可以将本工作表设置为模板，用于以后各期数据输入与汇总、校验。

（4）对月份、季度、半年度、年度数据的汇总

① 年度汇总的设计。建立一个工作表，命名为“zcfzb”（资产负债表），把单元格 C1 和单元格 D1 合并在一起，在合并单元格里输入“本年发生额”，在单元格 A2、B2、C2、D2、E2 中分别输入“科目”“年初余额”“借方”“贷方”“年末余额”。

在单元格 A3 至 A25 里按照企业科目的顺序输入或复制粘贴日常科目，使之与日常科目设置相一致。然后在单元格 B3 至单元格 B29 里复制粘贴或者手工输入年初余额。

在单元格 C3 的公式栏中输入:“='1 月 20 日'!B3+'1 月 31 日'!B3+'2 月 15 日'!B3+'2 月 28 日'!B3+'3 月 10 日'!B3+'3 月 20 日'!B3+'3 月 31 日'!B3+'4 月 10 日'!B3+'4 月 20 日'!B3+'4 月 30 日'!B3+'5 月 10 日'!B3+'5 月 20 日'!B3+'5 月 25 日'!B3+'5 月 31 日'!B3+'6 月 10 日'!B3+'6 月 17 日'!B3+'6 月 24 日'!B3+'6 月 30 日'!B3+'7 月 10 日'!B3+'7 月 16 日'!B3+'7 月 24 日'!B3+'7 月 31 日'!B3+'8 月 10 日'!B3+'8 月 18 日'!B3+'8 月 25 日'!B3+'8 月 31 日'!B3+'9 月 10 日'!B3+'9 月 16 日'!B3+'9 月 24 日'!B3+'9 月 30 日'!B3+'10 月 10 日'!B3+'10 月 15 日'!B3+'10 月 21 日'!B3+'10 月 31 日'!B3+'11 月 10 日'!B3+'11 月 16 日'!B3+'11 月 24 日'!B3+'11 月 30 日'!B3+'12 月 10 日'!B3+'12 月 18 日'!B3+'12 月 24 日'!B3+'12 月 31 日'!B3”，输入的时候可以在输入“=”号或“+”号后，直接单击需要加入公示的的单元格。

或者在单元格 C3 中输入公式：“=SUM('1 月 20 日:12 月 31 日'!B3)”，得到相同的数据。但需要注意工作表的范围，防止出现工作表位置变化带来数据不匹配的问题，按照上述方法把单元区域 C3：C29 中的单元格都进行填充，并填充到单元区域 D3：D29。可将 sheet2 移动到其他位置观察效果。

对于非常用科目，由于平时没有数据输入，可在以下单元格中予以反映。在单元格 C30 的公式栏里输入 “='12 月 31 日'!B30”（固定资产），单元格 D31 的公式栏里输入 “='12 月 31 日'!C31”（累计折旧），单元格 D33 的公示栏里输入 “='12 月 31 日'!C32”（盈余公积）。实收资本、资本公积则没有数据变化，无需特殊处理。如图 4-4 所示。

② 月份、季度、半年、汇总的设计。年度汇总表也可能设计成季度汇总表，月份汇总表。

例如，设计一个季度（1～3 月）的汇总表。

单击单元格C3，在公式栏里出现“='1 月 20 日'!B3+'1 月 31 日'!B3+'2 月 15 日'!B3+'2 月 28 日'!B3+'3 月 10 日'!B3+'3 月 20 日'!B3+'3 月 31 日'!B3+'4 月 10 日'!B3+'4 月 20 日'!B3+'4 月 30 日'!B3+'5 月 10 日'!B3+'5 月 20 日'!B3+'5 月 25 日'!B3+'5 月 31 日'!B3+'6 月 10 日'!B3+'6 月 17 日'!B3+'6 月 24 日'!B3+'6 月 30 日'!B3+'7 月 10 日'!B3+'7 月 16 日'!B3+'7 月 24 日'!B3+'7 月 31 日'!B3+'8 月 10 日'!B3+'8 月 18 日'!B3+'8 月 25 日'!B3+'8 月 31 日'!B3+'9 月 10 日'!B3+'9 月 16 日'!B3+'9 月 24 日'!B3+'9 月 30 日'!B3+'10 月 10 日'!B3+'10 月 15 日'!B3+'10 月 21 日'!B3+'10 月 31 日'!B3+'11 月 10 日'!B3+'11 月 16 日'!B3+'11 月 24 日'!B3+'11 月 30 日'!B3+'12 月 10 日'!B3+'12 月 18 日'!B3+'12 月 24 日'!B3+'12 月 31 日'!B3”。

把公式栏里的除了='1 月 20 日'!B3+'1 月 31 日'!B3+'2 月 15 日'!B3+'2 月 28 日'!B3+'3 月 10 日'!B3+'3 月 20 日'!B3+'3 月 31 日'!B3 后面的都要删除，然后在 C 列相应位置填充。

| | A | B | C | D | E |
|---|---|---|---|---|---|
| 1 | - | | 本年发生额 | | |
| 2 | 科目 | 年初余额 | 借方 | 贷方 | 年末余额 |
| 3 | 库存现金 | 65,431.56 | 11,278,819.00 | 11,300,725.19 | 43,525.37 |
| 4 | 银行存款 | 4,654,440.58 | 115,856,080.05 | 116,178,563.06 | 4,331,957.57 |
| 5 | 应收帐款 | 6,610,536.64 | 20,978,580.65 | 20,772,740.66 | 6,816,376.63 |
| 6 | 减坏帐准备 | | - | 12,940.11 | 6,803,436.52 |
| 7 | 预付帐款 | 459,192.89 | 1,668,038.28 | 1,478,757.37 | 648,473.80 |
| 8 | 其他应收款 | 2,788,927.79 | 18,024,126.77 | 17,269,134.81 | 3,543,919.75 |
| 9 | 应收内部单位 | | - | - | - |
| 10 | 库存材料 | 3,517,238.42 | 13,675,279.38 | 13,591,034.40 | 3,601,483.40 |
| 11 | 长期投资 | | - | - | - |
| 12 | 应付帐款 | -6,389,158.53 | 14,319,373.09 | 9,807,967.94 | -10,900,563.68 |
| 13 | 预收帐款 | | - | - | - |
| 14 | 其他应付款 | -3,192,543.43 | 12,234,732.10 | 9,596,358.28 | -5,830,917.25 |
| 15 | 应付职工薪酬 | | 4,810,919.00 | 4,810,919.00 | - |
| 16 | 应付福利费 | 300,812.53 | 722,865.73 | 673,528.66 | 251,475.46 |
| 17 | 应交税费 | 1,749,203.90 | 5,349,758.82 | 6,657,244.44 | 3,056,689.52 |
| 18 | 营业费用 | | | | - |
| 19 | 主营业务收入 | | 127,448,199.00 | 127,448,199.00 | - |
| 20 | 营业成本 | | 114,153,395.56 | 114,153,395.56 | - |
| 21 | 税金及附加 | | 3,976,383.81 | 3,976,383.81 | - |
| 22 | 管理费用 | | 1,083,299.89 | 1,083,299.89 | - |
| 23 | 财务费用 | | -215.60 | -215.60 | - |
| 24 | 汇兑损益 | | - | - | - |
| 25 | 营业外收入 | | - | - | - |
| 26 | 营业外支出 | | - | - | - |
| 27 | 本年利润 | | 127,448,199.00 | 127,448,199.00 | - |
| 28 | 所得税 | | 2,680,860.62 | 2,680,860.62 | - |
| 29 | 未分配利润 | 20,120,036.06 | 590,085.48 | 5,442,959.45 | 24,972,910.03 |
| 30 | 固定资产 | 28,940,834.00 | 546,150.50 | | 28,394,683.50 |
| 31 | 累计折旧 | 10,245,055.24 | | 1,871,850.00 | 12,116,905.24 |
| 32 | 盈余公积 | 3,743,805.97 | | 590,085.48 | 4,333,891.45 |
| 33 | 实收资本 | 20,200,000.00 | | | 20,200,000.00 |
| 34 | 资本公积 | 259,390.14 | | | 259,390.14 |
| 35 | 合计 | | 596,844,931.13 | 596,844,931.13 | - |

图 4-4　年初余额、本年发生额与年末余额

单击单元格D3，在公式栏里出现“='1 月 20 日'!C3+'1 月 31 日'!C3+'2 月 15 日'!C3+'2 月 28 日'!C3+'3 月 10 日'!C3+'3 月 20 日'!C3+'3 月 31 日'!C3+'4 月 10 日'!C3+'4 月 20 日'!C3+'4 月 30 日'!C3+'5 月 10 日'!C3+'5 月 20 日'!C3+'5 月 25 日'!C3+'5 月 31 日'!C3+'6 月 10 日'!C3+'6 月 17 日'!C3+'6 月 24 日'!C3+'6 月 30 日'!C3+'7 月 10 日'!C3+'7 月 16 日'!C3+'7 月 24 日'!C3+'7 月 31 日'!C3+'8 月 10 日'!C3+'8 月 18 日'!C3+'8 月 25 日'!C3+'8 月 31 日'!C3+'9 月 10 日'!C3+'9 月 16 日'!C3+'9 月 24 日'!C3+'9 月 30 日'!C3+'10 月 10 日'!C3+'10 月 15 日'!C3+'10 月 21 日'!C3+'10 月 31 日'!C3+'11 月 10 日'!C3+'11 月 16 日'!C3+'11 月 24 日'!C3+'11 月 30 日'!C3+'12 月 10 日'!C3+'12 月 18 日'!C3+'12 月 24 日'!C3+'12 月 31 日'!C3”。

把公式栏里的除了'1 月 20'!C3+'1 月 31'!C3+'2 月 15 日'!C3+'2 月 28 日'!C3+'3 月 10 日'!C3+'3 月 20 日'!C3+'3 月 31 日'!C3 后面的公式都要删除，然后在 D 列相应位置填充。

这样就生成第一季度的“季度汇总表”。按照上述方法就能设计其余的季度汇总表，并填充到其他的汇总区域。

可以根据情况截取年度汇总公式中的部分公式求得某一特定时段的汇总数。

也可以在单元格 C3 中输入公式：“=SUM('1 月 20 日:3 月 31 日'!B3)”，然后向 C 列中相应位置填充。在 D3 中输入公式：“=SUM('1 月 20 日:3 月 31 日'!C3)”，然后向 D 列中相应位置填充。这种输入需要注意相关工作表中单元格的位置与位移、重命名等情况。

（5）设计资产负债表

在获得年初余额、本年借贷方发生额、年末余额之后就可以编制资产负债表和损益表。在“zcfzb”工作表中设计一个资产负债表，如图 4-5 所示。

| | G | H | I | J | K | L | M | N |
|---|---|---|---|---|---|---|---|---|
| 1 | | | | 资产负债表 | | | | |
| 2 | | | 2014年 | 12 月 31日 | | | | 单位：元 |
| 3 | 资产 | 行次 | 期初数 | 期末数 | 负债及所有者权益 | 行次 | 期初数 | 期末数 |
| 4 | 流动资产: | | | | 流动负债: | | | |
| 5 | 货币资金 | 1 | 4719872.14 | 4375482.94 | 短期借款 | 38 | | |
| 6 | 交易性金融资产 | 2 | | | 应付票据 | 39 | | |
| 7 | 应收票据 | 3 | | | 应付账款 | 40 | (6389158.53) | (10900563.68) |
| 8 | 应收股利 | 4 | | | 预收账款 | 41 | 0.00 | 0.00 |
| 9 | 应收利息 | 5 | | | 代销商品款 | 42 | | |
| 10 | 应收账款 | 6 | 6610536.64 | 6803436.52 | | 43 | 0.00 | 0.00 |
| 11 | 其他应收款 | 7 | 2788927.79 | 3543919.75 | 应付福利费 | 44 | 300812.53 | 251475.46 |
| 12 | 应收内部单位 | 8 | 0.00 | 0.00 | 应付股利 | 45 | | |
| 13 | | 9 | | | 应交税金 | 46 | 1749203.90 | 3056689.52 |
| 14 | 预付账款 | 10 | 459192.89 | 648473.80 | 其他应交款 | 47 | | |
| 15 | 库存材料 | 11 | 3517238.42 | 3601483.40 | 其他应付款 | 48 | (3192543.43) | (5830917.25) |
| 16 | | 12 | | | | 49 | | |
| 17 | 待处理流动资产净损失 | 13 | | | 预计负债 | 50 | | |
| 18 | 一年内到期的长期债权 | 14 | | | | 51 | | |
| 19 | 其他流动资产 | 15 | | | 其他流动负债 | 52 | | |
| 20 | **流动资产合计** | 16 | 18095767.88 | 18972796.41 | **流动负债合计** | 53 | (7531685.53) | (13423315.95) |
| 21 | 长期投资: | | | | | | | |
| 22 | 长期股权投资 | 17 | 0.00 | 0.00 | 长期负债: | | | |
| 23 | 长期债权投资 | 18 | | | 长期借款 | 54 | | |
| 24 | 合并价差 | 19 | | | 应付债券 | 55 | | |
| 25 | **长期投资合计** | 20 | 0.00 | 0.00 | 长期应付款 | 56 | | |
| 26 | 固定资产: | | | | 专项应付款 | 57 | | |
| 27 | 固定资产原价 | 21 | 28940834.00 | 28394683.50 | 其他长期负债 | 58 | | |
| 28 | 减:累计折旧 | 22 | 10245055.24 | 12116905.24 | 其中：特准储备资金 | 59 | | |
| 29 | 固定资产净值 | 23 | 18695778.76 | 16277778.26 | **长期负债合计** | 60 | 0.00 | 0.00 |
| 30 | 减：固定资产减值准备 | 24 | | | 递延税项: | | | |
| 31 | 固定资产净额 | 25 | | | 递延税款贷项 | 61 | | |
| 32 | 工程物资 | 26 | | | | | | |
| 33 | 在建工程 | 27 | | | **负债合计** | 62 | (7531685.53) | (13423315.95) |
| 34 | 固定资产清理 | 28 | | | | | | |
| 35 | 待处理固定资产净损失 | 29 | | | 少数股东权益 | 63 | | |
| 36 | **固定资产合计** | 30 | 18695778.76 | 16277778.26 | | | | |
| 37 | 无形资产及其他资产: | | | | 所有者权益: | | | |
| 38 | 无形资产 | 31 | | | 实收资本 | 64 | 20200000.00 | 20200000.00 |
| 39 | 长期待摊费用 | 32 | | | 资本公积 | 65 | 259390.14 | 259390.14 |
| 40 | 其他长期资产 | 33 | | | 盈余公积 | 66 | 3,743,805.97 | 4,333,891.45 |
| 41 | 其中：特准储备物资 | 34 | | | 其中:法定公益金 | 67 | | |
| 42 | **无形资产及其他资产合计** | 35 | 0.00 | 0.00 | 未分配利润 | 68 | 20120036.06 | 24972910.03 |
| 43 | 递延税项: | | | | **所有者权益合计** | 69 | 44323232.17 | 49766191.62 |
| 44 | 递延税款借项 | 36 | | | | | | |
| 45 | **资产总计** | 37 | 36791546.64 | 35250574.67 | **负债及所有者权益总计** | 70 | **36791546.64** | **36342875.67** |

图 4-5 资产负债表

把单元格 J1 和单元格 K1 合并在一起然后输入“资产负债表”，在单元格 I2、J2 和 N2 中分别输入“年”“月　日”“单元：元”。在单元格 G3 至单元格 N3 中输入“资产”“行次”“期初数”“期末数”“负债及所有者权益”“行次”“期初数”“期末数”。按常规设置资产和负债及所有者权益等各个项目。因为每年的报表项目都一样，因此，每年都可以使用模板。这里的“期初数”和“期末数”跟年度汇总表里的“上年余额”和“年末余额”是一致的，公式如图 4-6 所示。

| | G | H | I | J | K | L | M | N |
|---|---|---|---|---|---|---|---|---|
| 1 | | | | 资产负债表 | | | | |
| 2 | | | 2014年 | 12 月 31日 | | | | 单位：元 |
| 3 | 资产 | 行次 | 期初数 | 期末数 | 负债及所有者权益 | 行次 | 期初数 | 期末数 |
| 4 | 流动资产： | | | | 流动负债： | | | |
| 5 | 货币资金 | 1 | =B3+B4 | =E3+E4 | 短期借款 | 38 | | |
| 6 | 交易性金融资产 | 2 | | | 应付票据 | 39 | | |
| 7 | 应收票据 | 3 | | | 应付账款 | 40 | =B12 | =E12 |
| 8 | 应收股利 | 4 | | | 预收账款 | 41 | =B13 | =E13 |
| 9 | 应收利息 | 5 | | | 代销商品款 | 42 | | |
| 10 | 应收账款 | 6 | =B5 | =E6 | | 43 | =B15 | =E15 |
| 11 | 其他应收款 | 7 | =B8 | =E8 | 应付福利费 | 44 | =B16 | =E16 |
| 12 | 应收内部单位 | 8 | =B9 | =E9 | 应付股利 | 45 | | |
| 13 | | 9 | | | 应交税金 | 46 | =B17 | =E17 |
| 14 | 预付账款 | 10 | =B7 | =E7 | 其他应交款 | 47 | | |
| 15 | 库存材料 | 11 | =B10 | =E10 | 其他应付款 | 48 | =B14 | =E14 |
| 16 | | 12 | | | | 49 | | |
| 17 | 待处理流动资产净损失 | 13 | | | 预计负债 | 50 | | |
| 18 | 一年内到期的长期债权投资 | 14 | | | | 51 | | |
| 19 | 其他流动资产 | 15 | | | 其他流动负债 | 52 | | |
| 20 | **流动资产合计** | 16 | =SUM(I5:I19) | =SUM(J5:J19) | **流动负债合计** | 53 | =SUM(M5:M19) | =SUM(N5:N19) |
| 21 | 长期投资： | | | | | | | |
| 22 | 长期股权投资 | 17 | =B11 | =E11 | 长期负债： | | | |
| 23 | 长期债权投资 | 18 | | | 长期借款 | 54 | | |
| 24 | 合并价差 | 19 | | | 应付债券 | 55 | | |
| 25 | **长期投资合计** | 20 | =SUM(I22:I24) | =SUM(J22:J24) | 长期应付款 | 56 | | |
| 26 | 固定资产： | | | | 专项应付款 | 57 | | |
| 27 | 固定资产原价 | 21 | =B30 | =E30 | 其他长期负债 | 58 | | |
| 28 | 减：累计折旧 | 22 | =B31 | =E31 | 其中：待准储备资金 | 59 | | |
| 29 | 固定资产净值 | 23 | =I27-I28 | =J27-J28 | **长期负债合计** | 60 | =SUM(M23:M28) | =SUM(N23:N28) |
| 30 | 减：固定资产减值准备 | 24 | | | 递延税项： | | | |
| 31 | 固定资产净额 | 25 | | | 递延税款贷项 | 61 | | |
| 32 | 工程物资 | 26 | | | | | | |
| 33 | 在建工程 | 27 | | | **负债合计** | 62 | =M20+M29+M31 | =N20+N29+N31 |
| 34 | 固定资产清理 | 28 | | | | | | |
| 35 | 待处理固定资产净损失 | 29 | | | 少数股东权益 | 63 | | |
| 36 | **固定资产合计** | 30 | =SUM(I29:I35) | =J29+J31+J32+J33+J34+J35 | | | | |
| 37 | 无形资产及其他资产： | | | | 所有者权益： | | | |
| 38 | 无形资产 | 31 | | | 实收资本 | 64 | =B33 | =E33 |
| 39 | 长期待摊费用 | 32 | | | 资本公积 | 65 | =B34 | =E34 |
| 40 | 其他长期资产 | 33 | | | 盈余公积 | 66 | =B32 | =E32 |
| 41 | 其中：特准储备物资 | 34 | | | 其中：法定公益金 | 67 | | |
| 42 | **无形资产及其他资产合计** | 35 | =SUM(I37:I41) | =SUM(I37:I42) | 未分配利润 | 68 | =B29 | =E29 |
| 43 | 递延税项： | | | | **所有者权益合计** | 69 | =SUM(M35:M42) | =SUM(N35:N42) |
| 44 | 递延税款借项 | 36 | | | | | | |
| 45 | **资产总计** | 37 | =I20+I25+I36+I42 | =J20+J25+J36+J42 | **负债及所有者权益总计** | 70 | =M33+M43 | =N33+N43 |

图 4-6　资产负债表取数公式

（6）设计损益表

为了方便演示，与资产负债表在一个工作表上进行设计。

合并单元格 Q1、R1、S1、T1，输入“损益表”。在单元格 Q3，T3 里分别输入“编制单位”“单位”。在单元格 Q4、R4、S4、T4 里输入“项目”“行次”“上年实际数”“本年累计数”。在 Q 列中输入相应的项目和行次。

在“上年实际数”里输入上一年的实际数（略）。然后在本年累计数栏中输入取数公式，如图 4-7 所示。

损 益 表

‘2014年12月31日

编制单位： 单位：元

| 项 目 | 行次 | 上年实际数 | 本年累计数 |
|---|---|---|---|
| 一、主营业务收入 | 1 | | =D19 |
| 减：主营业务成本 | 2 | | =C20 |
| 主营业务税金及附加 | 3 | | =C21 |
| 二、主营业务利润（亏损以“-”号填列） | 4 | | =T5-T6-T7 |
| 加：其他业务利润（亏损以“-”号填列） | 5 | | =C27 |
| 减：营业费用 | 6 | | =C18 |
| 管理费用 | 7 | | =C22 |
| 财务费用 | 8 | | =C23 |
| 三、营业利润（亏损以“-”号填列） | 9 | | =T8+T9-T10-T11-T12 |
| 加：投资收益（亏损以“-”号填列） | 10 | | |
| 补贴收入 | 11 | | |
| 营业外收入 | 12 | | =D25 |
| 减：营业外支出 | 13 | | =C26 |
| 四、利润总额（亏损以“-”号填列） | 14 | | =T13+T14+T15+T16-T17 |
| 减：所得税 | 15 | | =C28 |
| 五、净利润（亏损以“-”号填列） | 16 | | =T18-T19 |

图 4-7 损益表取数公式

至此完成了调研单位的损益表设计，运算结果如图 4-8 所示。

损 益 表

‘2014年12月31日

编制单位： 单位：元

| 项 目 | 行次 | 上年实际数 | 本年累计数 |
|---|---|---|---|
| 一、主营业务收入 | 1 | | 127,448,199.00 |
| 减：主营业务成本 | 2 | | 114,153,395.56 |
| 主营业务税金 | 3 | | 3,976,383.81 |
| 二、主营业务利润（ | 4 | | 9,318,419.63 |
| 加：其他业务利润 | 5 | | 127,448,199.00 |
| 减：营业费用 | 6 | | 0.00 |
| 管理费用 | 7 | | 1,083,299.89 |
| 财务费用 | 8 | | -215.60 |
| 三、营业利润（亏损 | 9 | | 135,683,534.34 |
| 加：投资收益（亏 | 10 | | |
| 补贴收入 | 11 | | |
| 营业外收入 | 12 | | 0.00 |
| 减：营业外支出 | 13 | | 0.00 |
| 四、利润总额（亏损 | 14 | | 135,683,534.34 |
| 减：所得税 | 15 | | 2,680,860.62 |
| 五、净利润（亏损以 | 16 | | 133,002,673.72 |

图 4-8 损益表运算结果

（7）采取保护措施

为了防止公式被误删、误改或人为篡改，可以将带有公式的单元格（单元区域）设定密码保护。如果不想显示公式，还可将公式隐藏。

在 Excel/WPS 表格中，其做法如下。

首先，在保护之前，先选择需要保护的单元区域，然后单击鼠标右键，出现快捷菜单，选择“设置单元格格式”命令，选择“保护”选项卡，再选中“锁定”（和“隐藏”）复选框即可，如图 4-9 所示。

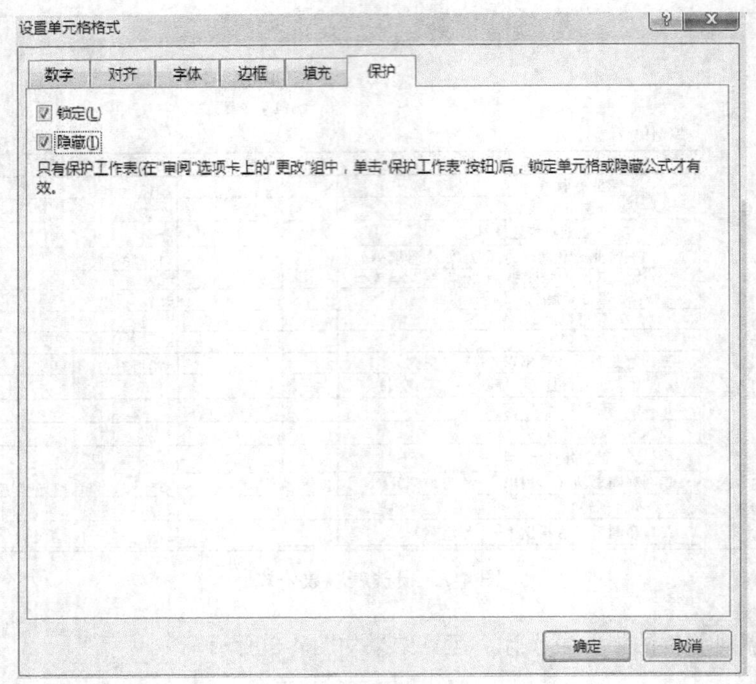


图 4-9 锁定选定的单元格

然后，再对工作表进行保护，Excel /WPS 表格则在“审阅”选项卡下“更改”组中，单击“保护工作表”，其余内容完全相同。如图 4-10 所示。

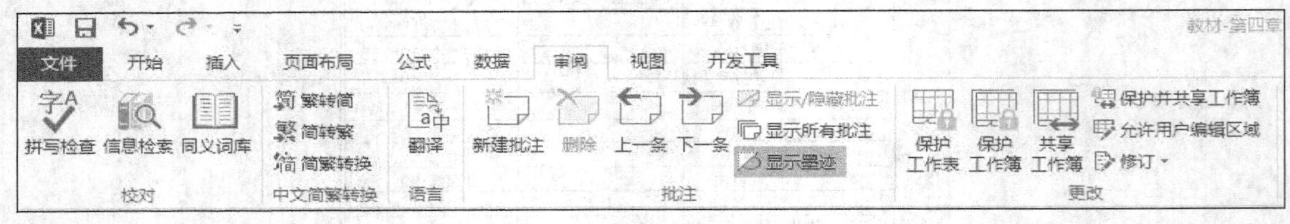


图 4-10 保护工作表设置

当再打开表格时，必须输入密码，如果不想在进入的时候输入密码，则在设置密码的时候，在密码输入栏中不输入任何的字符，也就是说设置为空密码，此时撤销工作表保护的时候，无需再输入密码。当然，对整个分析文件还可设定打开口令和修改口令保护。

最后，需要注意的是，如果原先设计的栏次、指标不敷应用，则也可对财务报表进行调整，追加分析项目。但设定保护后，必须撤销对工作表的保护，修改后还要对文件重新设置保护。

也需要注意将某些单元格（主栏项目之外而又不带有公式的单元格）排除在保护范围之外。为了保证其他单元格未锁定，一般先把整个工作表中所有的单元格都设置为未锁定，再选择需要保护的单元区域设置为锁定，并予以保护。

也可以考虑使用“允许用户编辑区域”命令来实现数据输入控制：单击全选按钮（位于行号和列表中间的那个空白按钮，也就是A和1中间的空白按钮），单击鼠标右键，在快捷菜单中选择“设置单元格格式（F）…”命令，将“保护”选项卡中的“锁定”复选框中的对勾去掉，然后选择需要进行控制数据输入的区域，重复上述操作，设置为“锁定”（勾选复选框），然后，单击“审阅”选项卡下“更改”组中的“允许用户编辑区域”命令，设置密码，然后再进行工作表保护，如图4-11所示，勾选“选定锁定单元格”和“选定未锁定的单元格”复选框，输入两次工作表保护密码即可。此后，在设定区域输入的时候，就需要先输入“允许用户编辑区域”密码了。

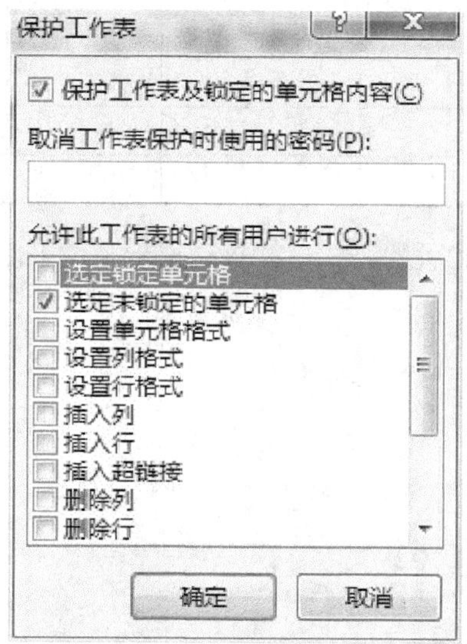


图4-11　设置工作表保护密码

对于保护密码遗失的处理将在第10章的10.3中介绍。

# 复习思考题

1．手工记账的辅助模块应该具备的功能。

2．设计一个数据区域，防止数据输入。

3．隐藏公式。

4．设计一个链接，实现不同工作表上单元格之间的链接。

5．设计一个总账数据区，并设计出资产负债表和损益表，从总账数据区取数。

6．在引用单元格中输入不同的数值，分析并验证公式“=SUM(sheet1:sheet3！A2:B3)”

“=SUM(sheet1！A2:B3,sheet2!A2:B3,sheet3!A2:B3)”与“=SUM(sheet1:sheet3!A2,sheet1:sheet3！A3，sheet1:sheet3！B2，sheet1:sheet3！B3)”的关系。另设 sheet4 在 A2:B3 输入数据并移动到 sheet3 之前，sheet1 之后的任何位置，观察求和效果的变化。

7．在 Excel/WPS 表格中设计一个试算平衡表，如下表所示。另设

试算平衡表

年　月　日

| 科目名称 | 期初余额 | | 本期发生额 | | 期末余额 | |
|---|---|---|---|---|---|---|
| | 借方 | 贷方 | 借方 | 贷方 | 借方 | 贷方 |
| 库存现金 | | | | | | |
| 银行存款 | | | | | | |
| 其他货币资金 | | | | | | |
| …… | | | | | | |
| | | | | | | |
| 合计 | | | | | | |
| 借贷方差额 | | | | | | |
| 是否平衡 | | | | | | |

在期末余额与合计行中输入相关的公式，并自动提示是否平衡。

# 流动资产管理模型的建立

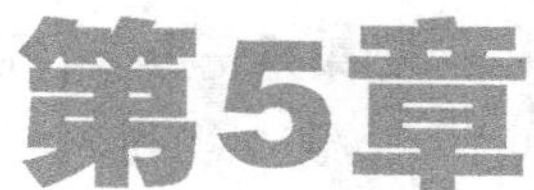

流动资产是指企业生产经营过程中短期置存的资产，它是企业资产的重要组成部分，主要是指预期在一年内或超过一年的一个营业周期内变现或耗用的资产。

流动资产具有流动性强、收益率低，甚至为零、波动性大等特点。因此，如何加速资金流动的速度，降低资金占用额，降低使用成本，也就成为财务管理的一个重要任务。本章主要是利用规划求解来快速解决实际工作中各种流动资产组合的最优化问题。

## 5.1 规划求解工具简介

在企业的日常经营管理活动中，通常会遇到一些求最优解的问题，例如，何种情况下企业的利润最大，何种情况下企业的成本最低，这都涉及规划求解问题。为此，Excel/WPS 都提供了规划求解工具，极大地满足了企业管理的需求。

WPS 表格可直接选择“数据”→“模拟分析”→“规划求解”命令即可调用规划求解工具，相对于 Excel 各个版本都要简单得多。

### 5.1.1 规划求解的加载

“规划求解”是一组命令的组成部分，有时也称作假设分析工具，它是通过更改可变单元格中的值来查看这些更改对目标单元格中公式运算结果的影响，并求得目标单元格中公式的最优值。

用户可以应用约束条件来限制“规划求解”在模型中使用的值，而且，约束条件可以引用影响目标单元格公式的其他单元格。

在 Excel 中须加载才可使用“规划求解”工具。操作步骤如下：

（1）单击“文件”选项卡，然后单击“选项”按钮，出现“Excel 选项”对话框。

（2）单击“加载项”，然后在右侧的“加载项”框中，选择“规划求解加载项”。

（3）单击“转到（G）…”按钮，弹出“可用加载宏”对话框。

（4）在“可用加载宏”对话框中，选中“规划求解加载项”复选框，然后单击“确定”按钮。

如果“规划求解加载项”未在“加载项”框中列出，请单击“浏览”找到该加载项。

如果系统指示，用户的计算机上当前未安装规划求解加载项，可根据系统提示进行安装。

加载“规划求解”工具后，“规划求解”工具将出现在“数据”选项卡的“分析”选项组中。

## 5.1.2 使用规划求解的注意事项

规划求解工具可以解决的问题有线性问题、非线性问题、整型问题。在使用的时候应该注意如下问题。

### 1. 设置目标单元格

“目标单元格”是工作表中用户最希望得到极值（最大值或最小值）或目标值的单元格。在“设置目标”文本框中，输入单元格的名称或引用位置，并指定最大值或最小值或目标值。目标单元格中应该含有与“通过更改可变单元格”文本框中指定的可变单元格有关的公式。如果不包含公式，则该单元格也必定是一个可变单元格，如图 5-1 所示。

图 5-1 Excel 和 WPS 表格的规划求解参数设置基本一致

财务管理模型中通常都是以总利润（或者总成本）所在的单元格为目标单元格。

WPS 规划求解的参数设置和 Excel 基本一致。只是缺少“帮助”按钮和“装入/保存”按钮而已，基本功能一样。

### 2. 明确可变单元格

可变单元格即决策变量单元格，是会对目标单元格数值产生影响的单元格。规划求解就是通过调整可变单元格来寻找最优解的。

（1）在指定目标单元格的情况下，需要在“通过更改可变单元格：(B)”下面的文本框设定可变单元格，通过更改可变单元格的值来求取最优解。

（2）可变单元格的个数不能超过200个，可以是连续的单元区域，也可以是分散的单元格。单击“可变单元格”的区域选择按钮，可以选择设定的可变单元格区域。

### 3. 设置约束条件

约束条件也就是“规划求解”中设置的限制条件。可以将约束条件应用于可变单元格、目标单元格或其他与目标单元格直接或间接相关的单元格。

有关约束条件的设置，Excel与WPS完全一样。“遵守约束”就是特定的单元格（区域）必须符合一定的限制条件。约束条件可以应用在目标单元格和可变单元格上。输入约束条件的时候，不能应用公式表示，只能是具体的某个单元格应该符合的条件。例如，在“约束”框中直接添加“A6+A7>100”就是错误的，如果A8中的公式为“=A6+A7”，则在“约束”框中添加“A8>100”即可。

如图5-1所示，单击“遵守约束”区域右边的“添加”按钮，弹出“添加约束”对话框，如图5-2所示。

（1）约束条件中可以指定模型中任意单元格的上下界限。

（2）“单元格引用：(E)”框中所引用的单元格一般都含有与可变单元格有关的公式。

（3）当选择“int”的时候，约束条件限制的特定可变单元格只能为整数，此时可以设定“规划求解选项”中的“允许误差”，调整可允许的误差范围。单击“bin”，则“约束值”框中会显示“二进制”。单击“dif”则约束值框中显示“AllDifferent”。选择约束方式如图5-3所示。

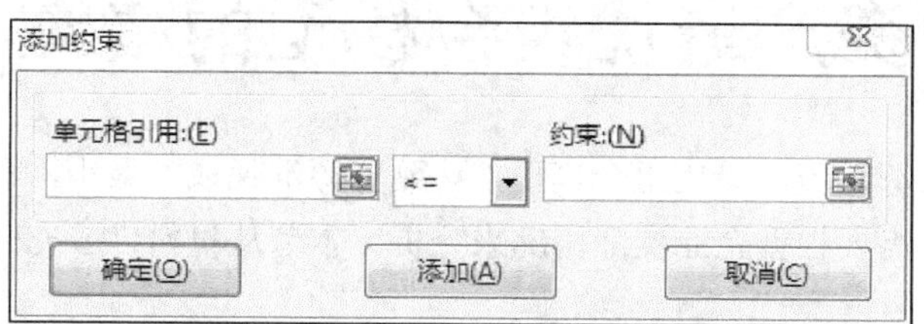

图5-2　添加约束条件

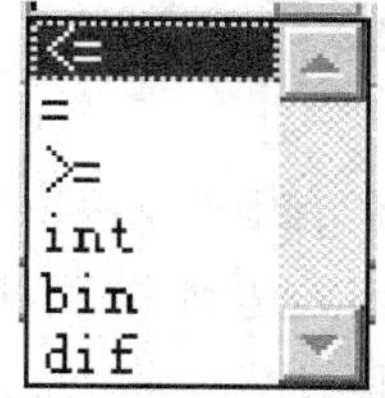

图5-3　选择约束方式

（4）约束条件最多为200个。

（5）要接受约束条件并添加另一个约束条件，可单击“添加”按钮。要接受约束条件并返回“规划求解参数”对话框，单击“确定”按钮即可。

### 4. 选择求解方法

如果问题的各个元素之间是线性关系，可以选择“单纯线性规划”求解方法，非线性问题则选择“非线性GRG”求解方法（WPS表格中称之为“非线性内点法”），提高运算速度；非平滑问题则选择“演化”求解方法，提高运算结果精度。

### 5. 设定“选项”

“选项”可设置允许用户控制求解过程中的高级特性，如图5-4所示。

WPS表格中没有单独设置规划求解选项中的演化求解方法。

规划求解工具的应用，Excel相对于WPS表格，在运算速度上更快捷。

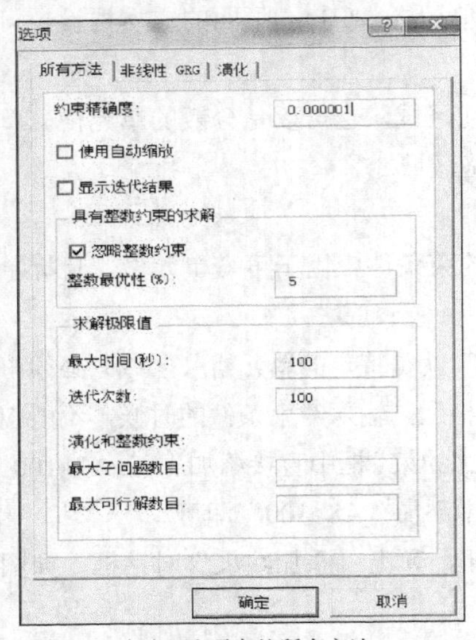


（a） 选项中的所有方法

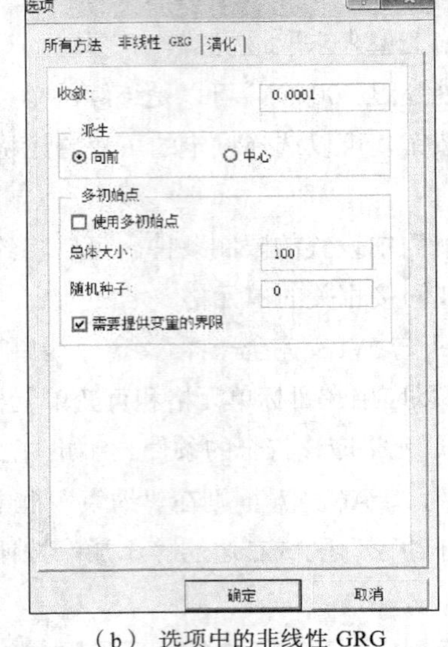


（b） 选项中的非线性 GRG

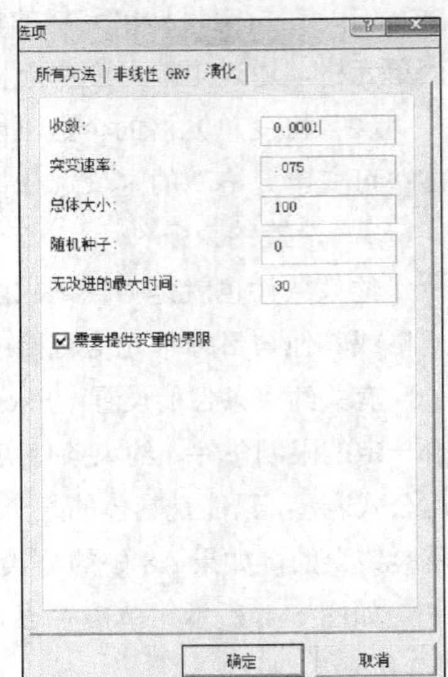


（c）规划求解选项中的演化求解方法（WPS 表格中没有单独设置）

图 5-4

# 5.2 流动资产最优组合模型的建立

在资源有限的情况下，可以建立流动资产最优组合模型，达到资源消耗成本最小，利润最大的目的，或者是达到预期的目标。具体需要根据企业实际情况来分析。本节从材料供应充分、材料供应不充分两种情况来分析。

## 5.2.1 材料供应充分时的模型设计

材料供应充分时，假设市场容量非常大的话，只需要考虑企业生产能力的充分运用即可，下面用一个案例来进行相关说明。

例如，某工厂生产 $P_1$、$P_2$、$P_3$ 三种产品，并分别经过 A、B 两道工序加工。设 A 工序可以分别在 $A_1$、$A_2$ 上完成，B 工序可以在 $B_1$、$B_2$、$B_3$ 上完成。已知产品 $P_1$ 可以在任何一种设备上加工；产品 $P_2$ 可以在任何规格的 A（$A_1$、$A_2$）设备上加工，但在完成 B 工序的时候，只能在 $B_1$ 设备上进行加工；产品 $P_3$ 只能在 $A_2$、$B_2$ 设备上加工，其他有关数据如图 5-5 所示。

建立一个 Excel/WPS 表格文件，分别建立“规划求解（材料充分供应）”“规划求解（材料供应不充分）”“规划求解（材料供应不充分时领取材料控制）”等工作表。

假设产品供不应求，销路没有问题，灰色部分和带叉的单元格为不能进行生产的部分，或者不符合实际情况，不能填写数据的部分。目标：计算出在材料充足的情况下的最优组合。

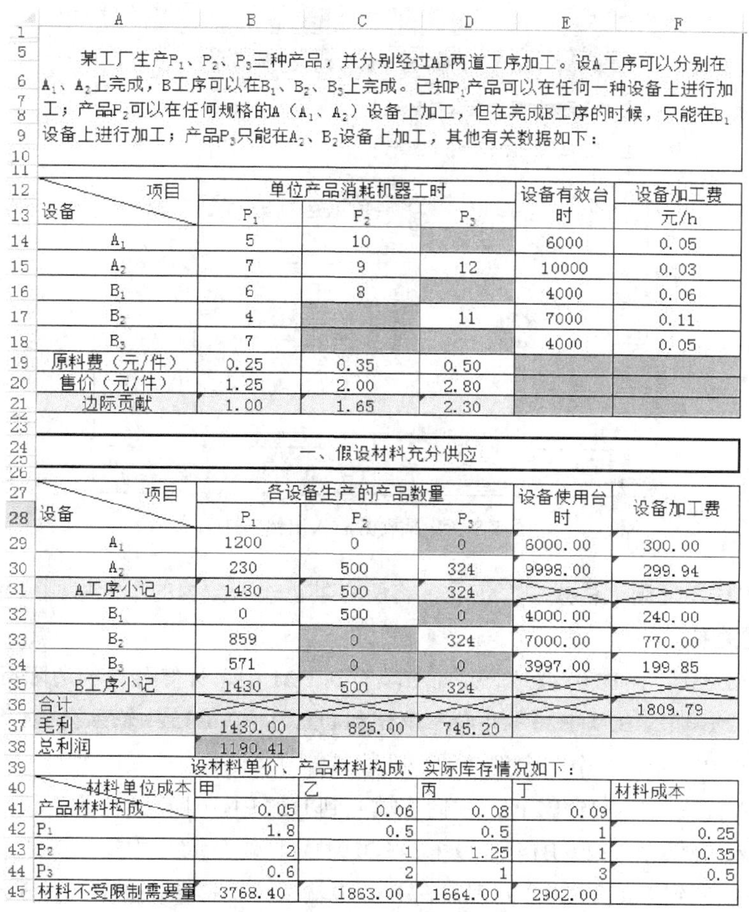

某工厂生产$P_1$、$P_2$、$P_3$三种产品，并分别经过AB两道工序加工。设A工序可以分别在$A_1$、$A_2$上完成，B工序可以在$B_1$、$B_2$、$B_3$上完成。已知$P_1$产品可以在任何一种设备上进行加工；产品$P_2$可以在任何规格的A（$A_1$、$A_2$）设备上加工，但在完成B工序的时候，只能在$B_1$设备上进行加工；产品$P_3$只能在$A_2$、$B_2$设备上加工，其他有关数据如下：

| 项目<br>设备 | 单位产品消耗机器工时 | | | 设备有效台时 | 设备加工费 |
|---|---|---|---|---|---|
| | $P_1$ | $P_2$ | $P_3$ | | 元/h |
| $A_1$ | 5 | 10 | | 6000 | 0.05 |
| $A_2$ | 7 | 9 | 12 | 10000 | 0.03 |
| $B_1$ | 6 | 8 | | 4000 | 0.06 |
| $B_2$ | 4 | | 11 | 7000 | 0.11 |
| $B_3$ | 7 | | | 4000 | 0.05 |
| 原料费（元/件） | 0.25 | 0.35 | 0.50 | | |
| 售价（元/件） | 1.25 | 2.00 | 2.80 | | |
| 边际贡献 | 1.00 | 1.65 | 2.30 | | |

一、假设材料充分供应

| 项目<br>设备 | 各设备生产的产品数量 | | | 设备使用台时 | 设备加工费 |
|---|---|---|---|---|---|
| | $P_1$ | $P_2$ | $P_3$ | | |
| $A_1$ | 1200 | 0 | 0 | 6000.00 | 300.00 |
| $A_2$ | 230 | 500 | 324 | 9998.00 | 299.94 |
| A工序小记 | 1430 | 500 | 324 | | |
| $B_1$ | 0 | 500 | 0 | 4000.00 | 240.00 |
| $B_2$ | 859 | 0 | 324 | 7000.00 | 770.00 |
| $B_3$ | 571 | 0 | 0 | 3997.00 | 199.85 |
| B工序小记 | 1430 | 500 | 324 | | |
| 合计 | | | | | 1809.79 |
| 毛利 | 1430.00 | 825.00 | 745.20 | | |
| 总利润 | 1190.41 | | | | |

设材料单价、产品材料构成、实际库存情况如下：

| 材料单位成本<br>产品材料构成 | 甲 | 乙 | 丙 | 丁 | 材料成本 |
|---|---|---|---|---|---|
| | 0.05 | 0.06 | 0.08 | 0.09 | |
| $P_1$ | 1.8 | 0.5 | 0.5 | 1 | 0.25 |
| $P_2$ | 2 | 1 | 1.25 | 1 | 0.35 |
| $P_3$ | 0.6 | 2 | 1 | 3 | 0.5 |
| 材料不受限制需要量 | 3768.40 | 1863.00 | 1664.00 | 2902.00 | |

图 5-5　产品消耗工时和设备资源拥有情况

### 1. 设置单元格格式，防止输入错误数据

选择不能进行数据输入的单元格，设置为灰色背景或是淡蓝色背景带叉（设置边框即可达到带叉效果），然后选择“数据”菜单下的“数据工具”选项卡，选择“数据验证”命令，如图 5-6 所示，对单元格 C17 进行设置，禁止输入任何数值，如图 5-7、图 5-8 所示。

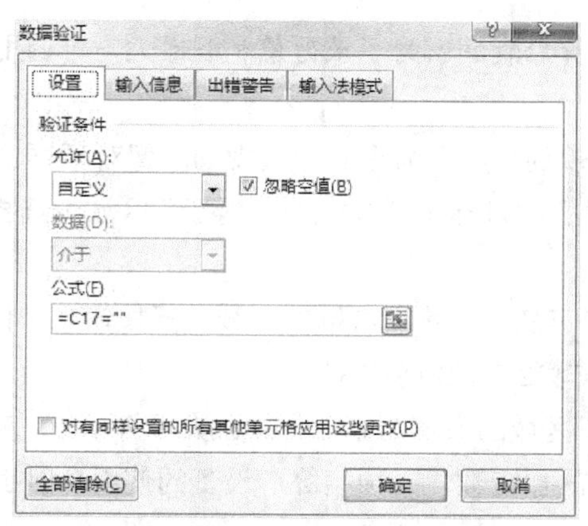


图 5-6　设置单元格数据验证条件

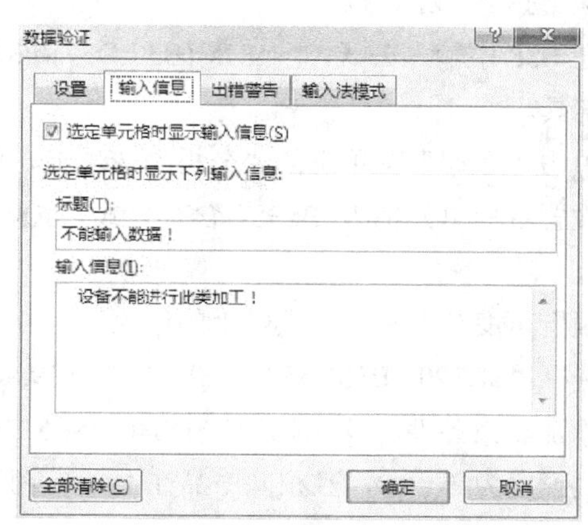


图 5-7　设置数据输入信息

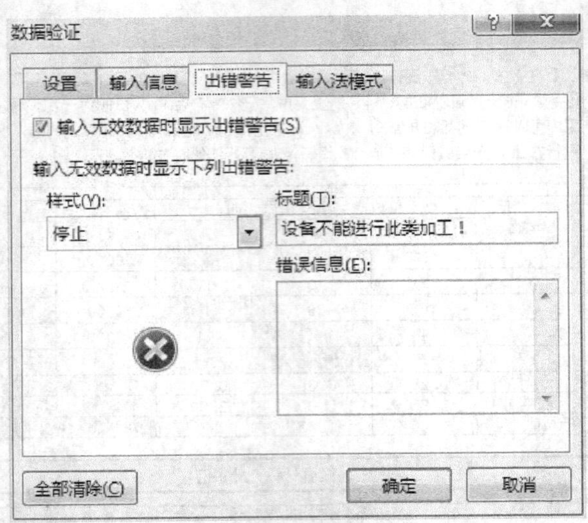


图 5-8 设置数据输入出错警告

选中单元格 C17，使用“格式刷”工具，将所有禁止输入数据的单元格刷成相同格式。

2. 设置数据关系

在 B21 中输入公式：“=B20-B19”，并向右填充到 D21 中，计算各自的边际贡献。

在 B31 中输入公式:“=B29+B30”,并向右填充到 D31 中;在 B35 中输入公式:“=B32+B33+B34”,并向右填充到 D35 中，计算各个工序生产的产品数量。

在 B37 中输入公式：“=B35*B21”，并向右填充到 D37 中，计算各自的毛利。

在 E29 中输入公式：“=B29*B14+C29*C14+D29*D14”，在 F29 中输入公式：“=F14*E29”，并将 E29、F29 向下填充到 E30、F30。同理，在 E32 中输入公式：“=B32*B16+C32*C16+D32*D16”，同时在 F32 中输入公式：“=F16*E32”，并同时向下填充到 E34 和 F34，计算出各个设备的加工台时和加工费。由于出现了 E31 和 F31 两个空白单元格，所以，E29 和 F29 不能直接填充到下面相同类型的单元格。

在 F36 中输入公式：“=SUM(F29:F34)”，计算出总的设备使用费用（空白单元格不影响求和结果）。

3. 进行规划求解

在 B38 中输入公式：“=SUM(B37:D37)-F36”，计算总利润。为了求得总利润最大，可调用规划求解工具。

单击“数据”菜单下的“分析”选项卡，单击“规划求解”命令，弹出规划求解对话框。

设置目标单元格为$B$38（含有公式，也就是数学上的目标函数），并在“等于”区域中选择“最大值”。

设置可变单元格（即数学上的约束变量），单击“可变单元格”右端的区域选择按钮，按住 Ctrl 键，选择“$B$29:$B$30,$B$32:$B$34,$C$29,$C$30,$C$32,$D$30,$D$33”。

添加约束条件，设置$B$29:$D$30、$B$32:$D$34 区域的数据为整数，并且大于等于 0，灰色部分直接设置为等于 0，且相同产品在 A、B 两道工序的加工数量必须相等，设备的使用台时小于等于设备有效台时。

可以如下进行规划求解约束条件的设置：

（1）设置产品数量大于等于 0，具体如下：

$B$29=整数

$B$29>=0

以此类推，$B$30、$B$32、$B$33、$B$34、$C$29、$C$30、$C$32、$D$30、$D$33 单元格。也可以设置相连的单元区域全部为整数。

（2）设置不能进行生产的产品数量为 0，具体如下：

$C$33=0

以此类推，$C$34、$D$29、$D$32、$D$34 单元格（也就是图中灰色单元格）也都设置为 0。

（3）设置 AB 两道工序的产品数量相等。

$B$31=$B$35

$C$31=$C$35

$D$31=$D$35

（4）设置设备使用台时小于设备有效台时。

$E$29<=$E$14

$E$30<=$E$15

$E$32<=$E$16

$E$33<=$E$17

$E$34<=$E$18

（5）单击“求解”按钮，弹出“规划求解结果”对话框，如图 5-9 所示，可以选择“运算结果报告”“敏感性报告”“极限值报告”（WPS 表格只有“运算结果报告”），则在可变单元格中出现了最优解的数据，同时，在目标单元格中求得了最优解 1190.38，如图 5-5 所示。

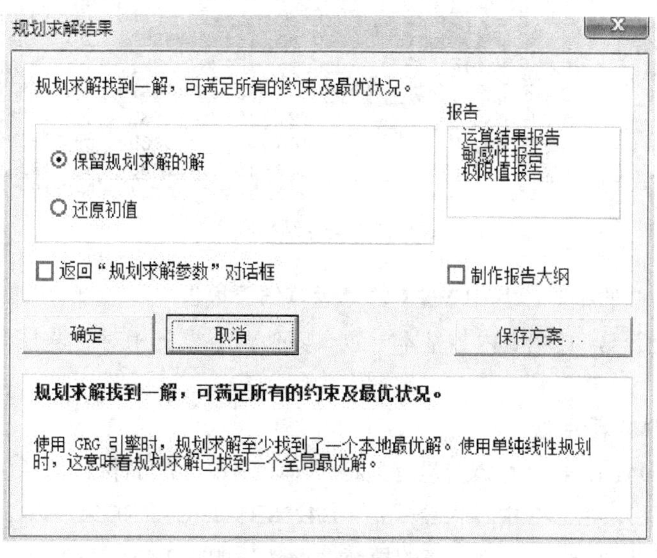


图 5-9　规划求解结果的选择

选中有关报告之后，就自动生成名为“运算结果报告 1”“敏感性报告 1”“极限值报告 1”等工作表，如图 5-10 所示。

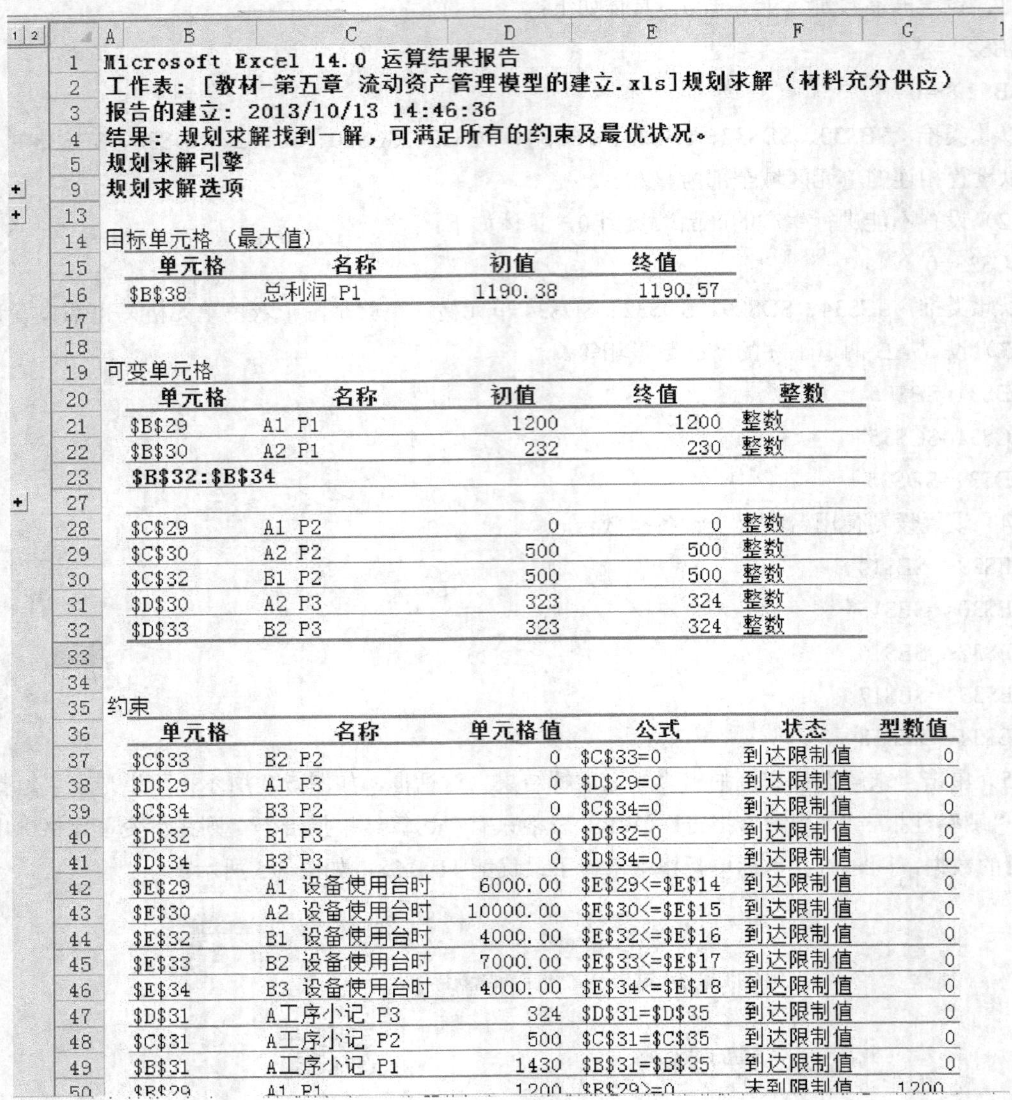

| | A | B | C | D | E | F | G |
|---|---|---|---|---|---|---|---|
| 1 | Microsoft Excel 14.0 运算结果报告 | | | | | | |
| 2 | 工作表：[教材-第五章 流动资产管理模型的建立.xls]规划求解（材料充分供应） | | | | | | |
| 3 | 报告的建立：2013/10/13 14:46:36 | | | | | | |
| 4 | 结果：规划求解找到一解，可满足所有的约束及最优状况。 | | | | | | |
| 5 | 规划求解引擎 | | | | | | |
| 9 | 规划求解选项 | | | | | | |
| 13 | | | | | | | |
| 14 | 目标单元格（最大值） | | | | | | |
| 15 | | 单元格 | 名称 | 初值 | 终值 | | |
| 16 | | $B$38 | 总利润 P1 | 1190.38 | 1190.57 | | |
| 17 | | | | | | | |
| 18 | | | | | | | |
| 19 | 可变单元格 | | | | | | |
| 20 | | 单元格 | 名称 | 初值 | 终值 | 整数 | |
| 21 | | $B$29 | A1 P1 | 1200 | 1200 | 整数 | |
| 22 | | $B$30 | A2 P1 | 232 | 230 | 整数 | |
| 23 | | $B$32:$B$34 | | | | | |
| 27 | | | | | | | |
| 28 | | $C$29 | A1 P2 | 0 | 0 | 整数 | |
| 29 | | $C$30 | A2 P2 | 500 | 500 | 整数 | |
| 30 | | $C$32 | B1 P2 | 500 | 500 | 整数 | |
| 31 | | $D$30 | A2 P3 | 323 | 324 | 整数 | |
| 32 | | $D$33 | B2 P3 | 323 | 324 | 整数 | |
| 33 | | | | | | | |
| 34 | | | | | | | |
| 35 | 约束 | | | | | | |
| 36 | | 单元格 | 名称 | 单元格值 | 公式 | 状态 | 型数值 |
| 37 | | $C$33 | B2 P2 | 0 | $C$33=0 | 到达限制值 | 0 |
| 38 | | $D$29 | A1 P3 | 0 | $D$29=0 | 到达限制值 | 0 |
| 39 | | $C$34 | B3 P2 | 0 | $C$34=0 | 到达限制值 | 0 |
| 40 | | $D$32 | B1 P3 | 0 | $D$32=0 | 到达限制值 | 0 |
| 41 | | $D$34 | B3 P3 | 0 | $D$34=0 | 到达限制值 | 0 |
| 42 | | $E$29 | A1 设备使用台时 | 6000.00 | $E$29<=$E$14 | 到达限制值 | 0 |
| 43 | | $E$30 | A2 设备使用台时 | 10000.00 | $E$30<=$E$15 | 到达限制值 | 0 |
| 44 | | $E$32 | B1 设备使用台时 | 4000.00 | $E$32<=$E$16 | 到达限制值 | 0 |
| 45 | | $E$33 | B2 设备使用台时 | 7000.00 | $E$33<=$E$17 | 到达限制值 | 0 |
| 46 | | $E$34 | B3 设备使用台时 | 4000.00 | $E$34<=$E$18 | 到达限制值 | 0 |
| 47 | | $D$31 | A工序小记 P3 | 324 | $D$31=$D$35 | 到达限制值 | 0 |
| 48 | | $C$31 | A工序小记 P2 | 500 | $C$31=$C$35 | 到达限制值 | 0 |
| 49 | | $B$31 | A工序小记 P1 | 1430 | $B$31=$B$35 | 到达限制值 | 0 |
| 50 | | $B$29 | A1 P1 | 1200 | $B$29>=0 | 未到限制值 | 1200 |

图 5-10 运算结果报告

WPS 也会生成类似的报告，其中 WPS 的“运算结果报告”一般都包含：最终结果、引擎、求解时间、迭代次数等信息，其主要内容基本一致。其他两个报告相对而言并不重要，应用也少，此处不再介绍。

4. 计算各种材料的耗用量

如图 5-5 所示，B41:E44 中的数据是有关材料单价与单位产品材料消耗量的假设数据（可以适当修改，观察有关结果），在 F42 中输入公式：“=B42*$B$41+C42*$C$41+D42*$D$41+E42*$E$41”，并向下填充到 F44，可以双击 F42 单元格的填充柄，然后删除 F45 单元格中的值即可，计算三种产品的单位材料构成成本。

在 B45 中输入公式：“=B42*$B$35+B43*$C35+B44*$D35”，并向右填充到 E45 中，计算四种材

料的总需求量。同时计算出四种材料的成本分别是 3771.40、1862.00、1664.00、2901.00，如果改动单位产品材料需要量，则总需要量随之改变。

## 5.2.2 材料供应不充分时的模型设计

假设材料的供应并不充分，则需要加入相关约束条件，保证资源在充足的情况下能够完成生产任务。在上述设计的基础上，进行补充处理。

1. 设置数据关系

如图 5-11 所示，将工作表“规划求解（材料充分供应）”上的所有数据复制到工作表“规划求解（材料供应不充分）”中，并将 F45:E45 中的公式去掉，输入全部材料不受限制时的需要量，分别为 3771.4、1862.00、1664、2901。

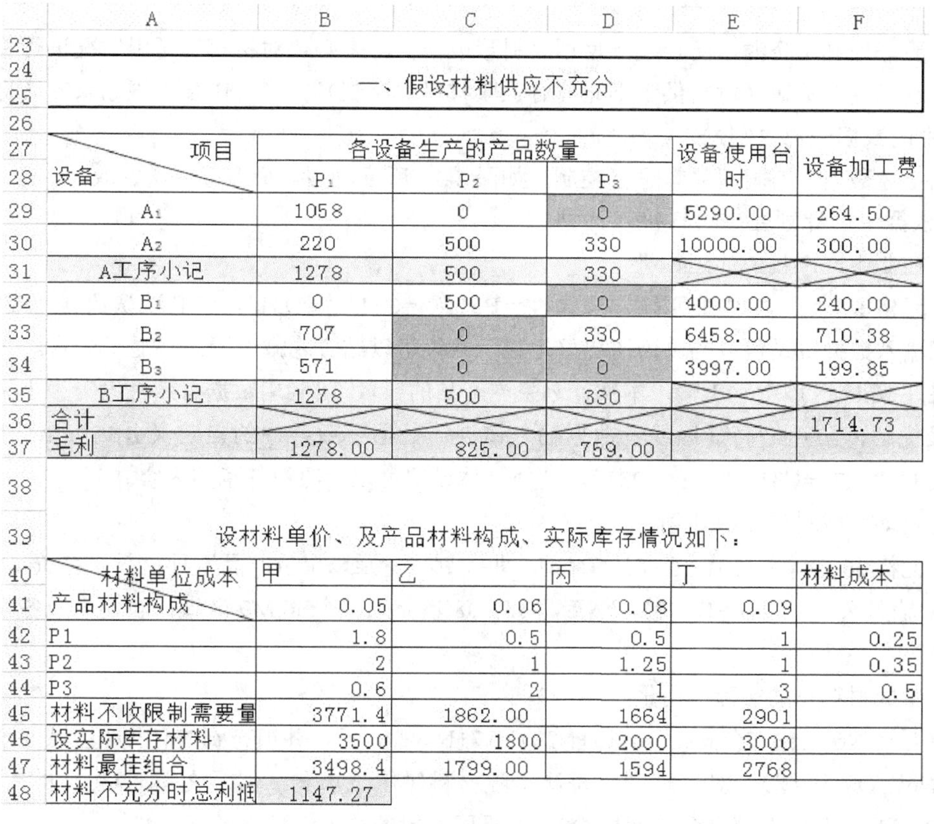

| | A | B | C | D | E | F |
|---|---|---|---|---|---|---|
| 23 | | | | | | |
| 24–25 | 一、假设材料供应不充分 | | | | | |
| 26 | | | | | | |
| 27 | 项目 | 各设备生产的产品数量 | | | 设备使用台时 | 设备加工费 |
| 28 | 设备 | $P_1$ | $P_2$ | $P_3$ | | |
| 29 | $A_1$ | 1058 | 0 | 0 | 5290.00 | 264.50 |
| 30 | $A_2$ | 220 | 500 | 330 | 10000.00 | 300.00 |
| 31 | A工序小记 | 1278 | 500 | 330 | | |
| 32 | $B_1$ | 0 | 500 | 0 | 4000.00 | 240.00 |
| 33 | $B_2$ | 707 | 0 | 330 | 6458.00 | 710.38 |
| 34 | $B_3$ | 571 | 0 | 0 | 3997.00 | 199.85 |
| 35 | B工序小记 | 1278 | 500 | 330 | | |
| 36 | 合计 | | | | | 1714.73 |
| 37 | 毛利 | 1278.00 | 825.00 | 759.00 | | |
| 38 | | | | | | |
| 39 | 设材料单价、及产品材料构成、实际库存情况如下： | | | | | |
| 40 | 材料单位成本 | 甲 | 乙 | 丙 | 丁 | 材料成本 |
| 41 | 产品材料构成 | 0.05 | 0.06 | 0.08 | 0.09 | |
| 42 | P1 | 1.8 | 0.5 | 0.5 | 1 | 0.25 |
| 43 | P2 | 2 | 1 | 1.25 | 1 | 0.35 |
| 44 | P3 | 0.6 | 2 | 1 | 3 | 0.5 |
| 45 | 材料不收限制需要量 | 3771.4 | 1862.00 | 1664 | 2901 | |
| 46 | 设实际库存材料 | 3500 | 1800 | 2000 | 3000 | |
| 47 | 材料最佳组合 | 3498.4 | 1799.00 | 1594 | 2768 | |
| 48 | 材料不充分时总利润 | 1147.27 | | | | |

图 5-11　材料供应不充分时计算总利润

在 F46:E46 中输入假设的实际库存量 3500、1800、2000、3000（这组数据可以重新设置为不同的数值，如果所有数值都大于 F45:E45 的对应数据，则将和材料不受限制所求得的数值相同）。在 B47 中输入公式：“=B42*$B35+B43*$C35+B44*$D35”，并向右填充到 E47（注意和工作表“规划求解（材料充分供应）”中的 B45:E45 区域的公式对照），计算四种材料的总需要量，自然也可以计算出四种材料的成本，此处略。

在 B48 中输入公式：“=SUM(B37:D37)-F36”。

2．进行规划求解

调用规划求解工具，将 B48 设置为目标单元格，求最大值。设置可变单元格与约束条件与前面所讲的相同，即与材料充分供应时相同。

再添加约束条件如下：

$B$47<=$B$46

$C$47<=$C$46

$D$47<=$D$46

求解，得到了材料供应不充分时的总利润为 1147.27。

重设 F46:E46 的部分数据，得到的总利润最大值通常会发生变化。

## 5.2.3 材料领用的控制模块设计

为了更好地利用资源，防止超额使用材料形成浪费，有必要对材料的领用情况进行控制。建立一个工作表"规划求解（材料供应不充分时领取材料的控制）"。将工作表"规划求解（材料供应不充分）"中的数据全部复制过来。

使用上述数据，对材料领料进行控制，如图 5-12 所示，假设最多分五次领取。

1．根据生产计划生成材料投入计划

（1）控制生产产品的计划数量

在单元格 I6、I7、I8 中分别输入公式："=B31""=C31""=D31"，使其默认数据为最优解数据。此时手工输入数据也是可以的。为了更好地显示效果可以结合隐藏设置，不显示公式。

如果在 I6:I8 区域中手工输入本次计划生产产品的数量，可利用数据有效性设置为小于等于规划求解的最优解，防止好高骛远或者数据输入错误，数据有效性中的自定义公式可以分别设置为："=I6<=B31""=I7<=C31""=I8<=D31"。其他具体设置可以参照第三章的内容。

（2）自动生成材料投入计划

在单元格 J6 中输入公式："=$I6*B42"，即计划产量乘以单位产品甲种材料。将 J6 填充到 J8，并再 J9 中输入公式："=J6+J7+J8"，然后将 J6：J8 填充到整个 J6:M9 区域，自动生成各种材料的投入计划量。

（3）生成材料总的实际领用量

在单元格 N6 中输入公式："=N13+N20+N27+N34+N41"，并填充到 N6：Q8 区域（也可以直接填充到 N6：Q9 区域），对每种产品每次实际材料领用量求和，然后在单元格 N9 中输入公式："=N6+N7+N8"，并向右填充到单元格 Q9，对不同材料的总的消耗量进行求和。

（4）生成材料领用量（剩余情况）

在单元格 R6 中输入公式："=J6-N6"，并填充到整个 R6:U9 区域，计算出理论需要量与实际领用量之间的差额。如果在领用时没有进行严格的限制，为了突出显示超出的数量，可以用条件格式，将数值为负的单元格数值显示为红色等格式。

2．每次领料控制

材料超出限额通常就存在一些责任问题，但是，如果限制得太严格，则由于提前完成计划安排的工作，而无法提前领料，妨碍先进生产单位的生产。这就涉及到是否可以提前领料的问题。

材料领取控制：设该计划分多次实施，每次领料上报计划生产数量和品种

| 本期间计划总量 | | 材料投入计划 | | | | 材料总领用量（实际） | | | | 材料领用量（剩余情况） | | | |
|---|---|---|---|---|---|---|---|---|---|---|---|---|---|
| 生产计划 | | 甲 | 乙 | 丙 | 丁 | 甲 | 乙 | 丙 | 丁 | 甲 | 乙 | 丙 | 丁 |
| $P_1$ | 1278 | 2300.4 | 639 | 639 | 1278 | 1080 | 0 | 0 | 0 | 1220 | 639 | 639 | 1278 |
| $P_2$ | 500 | 1000 | 500 | 625 | 500 | 0 | 0 | 0 | 0 | 1000 | 500 | 625 | 500 |
| $P_3$ | 330 | 198 | 660 | 330 | 990 | 0 | 0 | 0 | 0 | 198 | 660 | 330 | 990 |
| 合计 | | 3498.4 | 1799 | 1594 | 2768 | 1080 | 0 | 0 | 0 | 2418.4 | 1799 | 1594 | 2768 |

| 产品名称及计划本次生产数量 | | 材料领用量（理论） | | | | 材料领用量（实际） | | | | 材料领用量（差异） | | | |
|---|---|---|---|---|---|---|---|---|---|---|---|---|---|
| | | 甲 | 乙 | 丙 | 丁 | 甲 | 乙 | 丙 | 丁 | 甲 | 乙 | 丙 | 丁 |
| $P_1$ | 200 | 360 | 100 | 100 | 200 | 360 | | | | 0 | 100 | 100 | 200 |
| $P_2$ | 100 | 200 | 100 | 125 | 100 | | | | | 200 | 100 | 125 | 100 |
| $P_3$ | 66 | 39.6 | 132 | 66 | 198 | | | | | 40 | 132 | 66 | 198 |
| | 合计 | 599.6 | 332 | 291 | 498 | 360 | 0 | 0 | 0 | 239.6 | 332 | 291 | 498 |

| 产品名称及计划本次生产数量 | | 材料领用量（理论） | | | | 材料领用量（实际） | | | | 材料领用量（差异） | | | |
|---|---|---|---|---|---|---|---|---|---|---|---|---|---|
| | | 甲 | 乙 | 丙 | 丁 | 甲 | 乙 | 丙 | 丁 | 甲 | 乙 | 丙 | 丁 |
| $P_1$ | 200 | 360 | 100 | 100 | 200 | 360 | | | | 0 | 100 | 100 | 200 |
| $P_2$ | 100 | 200 | 100 | 125 | 100 | | | | | 200 | 100 | 125 | 100 |
| $P_3$ | 66 | 39.6 | 132 | 66 | 198 | | | | | 40 | 132 | 66 | 198 |
| | 合计 | 599.6 | 332 | 291 | 498 | 360 | 0 | 0 | 0 | 239.6 | 332 | 291 | 498 |

| 产品名称及计划本次生产数量 | | 材料领用量（理论） | | | | 材料领用量（实际） | | | | 材料领用量（差异） | | | |
|---|---|---|---|---|---|---|---|---|---|---|---|---|---|
| | | 甲 | 乙 | 丙 | 丁 | 甲 | 乙 | 丙 | 丁 | 甲 | 乙 | 丙 | 丁 |
| $P_1$ | 200 | 360 | 100 | 100 | 200 | 360 | | | | 0 | 100 | 100 | 200 |
| $P_2$ | 100 | 200 | 100 | 125 | 100 | | | | | 200 | 100 | 125 | 100 |
| $P_3$ | 66 | 39.6 | 132 | 66 | 198 | | | | | 40 | 132 | 66 | 198 |
| | 合计 | 599.6 | 332 | 291 | 498 | 360 | 0 | 0 | 0 | 239.6 | 332 | 291 | 498 |

| 产品名称及计划本次生产数量 | | 材料领用量（理论） | | | | 材料领用量（实际） | | | | 材料领用量（差异） | | | |
|---|---|---|---|---|---|---|---|---|---|---|---|---|---|
| | | 甲 | 乙 | 丙 | 丁 | 甲 | 乙 | 丙 | 丁 | 甲 | 乙 | 丙 | 丁 |
| $P_1$ | 300 | 540 | 150 | 150 | 300 | | | | | 540 | 150 | 150 | 300 |
| $P_2$ | 100 | 200 | 100 | 125 | 100 | | | | | 200 | 100 | 125 | 100 |
| $P_3$ | 66 | 39.6 | 132 | 66 | 198 | | | | | 40 | 132 | 66 | 198 |
| | 合计 | 779.6 | 382 | 341 | 598 | 0 | 0 | 0 | 0 | 779.6 | 382 | 341 | 598 |

| 产品名称及计划本次生产数量 | | 材料领用量（理论） | | | | 材料领用量（实际） | | | | 材料领用量（差异） | | | |
|---|---|---|---|---|---|---|---|---|---|---|---|---|---|
| | | 甲 | 乙 | 丙 | 丁 | 甲 | 乙 | 丙 | 丁 | 甲 | 乙 | 丙 | 丁 |
| $P_1$ | 378 | 680.4 | 189 | 189 | 378 | | | | | 680 | 189 | 189 | 378 |
| $P_2$ | 100 | 200 | 100 | 125 | 100 | | | | | 200 | 100 | 125 | 100 |
| $P_3$ | 66 | 39.6 | 132 | 66 | 198 | | | | | 40 | 132 | 66 | 198 |
| | 合计 | 920 | 421 | 380 | 676 | 0 | 0 | 0 | 0 | 920 | 421 | 380 | 676 |

图 5-12　对材料领料的控制

（1）控制本次计划生产数量

对 I13 进行有效性设置，自定义公式为：“=I13<=I6”，也就是本次计划生产的产品数量一定小于等于总的最优解数量，如果允许存在一定的残损率，则可以设置为：“=I13<=I6+x”，这个 x 就是事先允许的残损数量，也可以设置为：“=I13<=I6*(1+y)”(设 y 为一个百分比)，实际工作中应该考虑这个问题，这里我们没有采用这个标准，而是不超过理论上的最优数量；

设置数据有效性的输入信息标题为“必须小于或等于最优生产量！”，输入信息为：“本次计划的

生产量必须小于或等于最优解的生产量！”；

设置“出错警告”的样式为“停止”，禁止输入不合规定的数据，标题为：“输入错误！”，错误信息为：“请检查输入数据是否小于或等于最优解的生产量！”。

复制格式到I14、I15，保证第一次计划数量一定小于等于最优解。

需要注意的是，在对I20、I27、I34、I41进行有效性公式设置的时候，分别为“=I20<=I6-I13”、“=I27<=I6-I13-I20”、“=I34<=I6-I13-I20-I27”、“=I41<=I6-I13-I20-I27-I34”，同理，对产品 $P_2$、$P_3$ 生产领料数量也需要进行相似设置。

（2）计算本次生成计划中各种材料的理论领用量

在J13中输入公式：“=$I13*B42”，并填充到J13:M15区域，即本次计划产量乘以单位成本材料消耗量，计算出本次生产计划对各种材料的理论消耗量。在J16中输入公式：“=SUM(J13:J15)”，并向右填充到M16，求出各种材料的理论消耗量的合计数。

（3）实际领用量控制

与上面相同原理，利用数据有效性，设置每种材料的领用量必须小于等于理论消耗量，也可以设置为理论消耗量加上一个比例。此处设计未考虑损耗比例问题。

选择N6:Q8区域，将自定义公式设置为：“=N13<=J6”；

选择N20:Q22区域，将自定义公式设置为：“=N20<=J6-N13”；

选择N27:Q29区域，将自定义公式设置为：“=N27<=J6-N13-N20”；

选择N34:Q36区域，将自定义公式设置为：“=N27<=J6-N13-N20”；

选择N41:Q43区域，将自定义公式设置为：“=N41<=J6-N13-N20-N27-N34”。

数据有效性的输入信息中的标题可以设置为：“领料必须小于计划数量！”、输入信息可以设置为：“领料必须小于计划生产需要量！”；

数据有效性的出错警告中的样式可以选择为“停止”，标题设置为“数据太大！”，错误信息设置为“超过计划！”

（4）计算出理论需要量与实际利用量的差异

在R13中输入公式：“=J13-N13”，并填充到R13:U15区域，计算出理论需要量减去实际领用量的差额。即结余情况，并分别计算出相关合计数。

其他的计划部分可以比照上述设置进行设置。

在上述设置完成的情况下，对于无需输入数据的单元区域和自动生成数据的单元区域设置保护，禁止数据输入，防止误操作。

上述领料限制，要求按照每次领用的顺序来进行数据填写，否则容易出现逻辑错误。其原因是数据有效性设置中因为空单元格与0并不完全等同。可以通过如下方法来避免有关错误：首先选择需要的全部数据，批量输入数值0，然后选择“文件”选项卡下的“选项”命令，进入“Excel选项”对话框，选择“高级”选项，取消选中“此工作簿的显示选项（S）”下的“在具有零值的单元格中显示零（Z）”的复选框。但这样处理的后果是有些单元格中有0值也不能正常显示了。

### 5.2.4 材料的领用与汇总

企业内部为了各种用途领用各种材料，通常需要根据一定的条件来进行汇总统计。进行汇总统计的方法很多，可以利用分类汇总、数据透视表、筛选、数组等工具来实现。这将在第 6 章中进行详细讲解。此处只利用数组公式来实现。

设晨阳公司领用材料的日常记录如图 5-13 所示。

| | A | B | C | D | E | F | G | H | I | J | K |
|---|---|---|---|---|---|---|---|---|---|---|---|
| 1 | | | | | | | | | | | |
| 2 | | | 晨阳公司领用材料记录 | | | | | | | 汇总条件 | |
| 3 | | | | | | | | | | | |
| 4 | 日期 | 领用部门 | 材料名称 | 用途 | 数量 | 单价 | 金额 | 领料人 | | 开始日期 | 2013-1-1 |
| 5 | 2013-1-1 | 第一车间 | 甲材料 | P1 | 200 | 5.00 | 1000.00 | 张三 | | 结束日期 | 2013-1-20 |
| 6 | 2013-1-1 | 第二车间 | 乙材料 | P2 | 100 | 6.00 | 600.00 | 李四 | | 领用部门 | 第一车间 |
| 7 | 2013-1-5 | 第一车间 | 乙材料 | P1 | 150 | 6.00 | 900.00 | 王五 | | 材料名称 | 甲材料 |
| 8 | 2013-1-6 | 第二车间 | 甲材料 | P2 | 120 | 5.00 | 600.00 | 王五 | | 用途 | P1 |
| 9 | 2013-1-15 | 第一车间 | 丙材料 | P3 | 200 | 5.00 | 1000.00 | 张三 | | 单价 | 5 |
| 10 | 2013-1-16 | 第一车间 | 丁材料 | P1 | 80 | 6.00 | 480.00 | 李四 | | 领料人 | 张三 |
| 11 | 2013-1-20 | 第二车间 | 丙材料 | P3 | 130 | 6.00 | 780.00 | 胡七 | | | |
| 12 | 2013-1-1 | 第一车间 | 甲材料 | P1 | 100 | 5.00 | 500.00 | 张三 | | 汇总结果 | |
| 13 | 2013-1-1 | 第二车间 | 乙材料 | P2 | 200 | 5.00 | 1000.00 | 李四 | | | |
| 14 | 2013-1-5 | 第一车间 | 乙材料 | P1 | 300 | 6.00 | 1800.00 | 王五 | | 领料数量 | 300 |
| 15 | 2013-1-6 | 第二车间 | 甲材料 | P2 | 400 | 6.00 | 2400.00 | 王五 | | 领料金额 | 1500 |

图 5-13 领用材料的日常记录

对于这种情况，可能需要根据日期、领用部门、材料名称、用途、领用人等信息进行数量和金额的汇总。

在 A 列至 H 列区域输入的是日常领料记录，行数为预设到 65536 行，在 K4：K10 区域输入的是汇总的条件（"+" 表示或者，"*" 表示并且）。

在单元格 K14 中输入公式："=SUM(($A$5:$A$65536>=$K$4)*($A$5:$A$65536<=$K$5)*($B$5:$B$65536=$KS6)*($C$5:$C$65536=$K$7)*($D$5:$D$65536=$K$8)*($F$5:$F$65536=$K$9)*($H$5:$H$65536=$K$10)*$E$5:$E$65536)"，按 Ctrl+Shift+Enter 组合键完成输入，公式两端出现了一对大括号，自动按照上述条件计算出领料数量。

在单元格 K15 中输入公式："=SUM(($A$5:$A$65536>=$K$4)*($A$5:$A$65536<=$K$5)*($B$5:$B$65536=$K$6)*($C$5:$C$65536=$K$7)*($D$5:$D$65536=$K$8)*($F$5:$F$65536=$K$9)*($H$5:$H$65536=$K$10)*$G$5:$G$65536)"，按 Ctrl+Shift+Enter 组合键完成输入，公式两端出现了一对大括号，自动按照上述条件计算出领料金额。

# 复习思考题

1. 设某巧克力公司生产两种巧克力产品：朱古力和朱尔斯，其相关数据如下。

| | 朱古力 | 朱尔斯 |
|---|---|---|
| 单位边际贡献 | $ 1.10 | $ 2.10 |
| 单位机器工时 | 0.02 | 0.05 |
| 单位直接人工工时 | 0.20 | 0.25 |

公司可以利用的有限资源为：机器工时 750，直接人工工时 5000。

求产品如何组合才能使公司的效益达到最大（分两种情况：A．巧克力是可以按照重量来销售的；B．巧克力必须是成块销售的。）

2．利用数据有效性控制数据输入，并提示出错。

3．设置单元格零值不显示。

4．设置单元格零值显示为“－”。

5．设置目标单元格、可变单元格、约束条件都有哪些要求？

6．利用巴摩尔模型建立最佳现金持有量模型，一直条件如下：

（1）本年度现金需要总量为 T=500000 元；

（2）每次将证券转变为现金或者借款的固定成本为 b=200 元；

（3）单位现金持有的机会成本为 10%；

设现金的使用未均匀消耗，求最佳现金持有量。

# 第6章 销售管理模型的建立

企业之间的竞争，是对产品和市场占领的竞争，某种程度上是销售的竞争。销售是一个单位实现利润的必要手段，离开了销售，企业将不复存在。为了企业更好地生存与发展，企业必须重视销售，对不同市场的需求提供不同产品，对销售网点、经销商、销售人员进行管理，有的放矢地采取不同的策略与奖励措施，提高用户对产品的满足度、提升员工的工作动力。本章主要从销售流向、销售业绩和销售预测方面进行分析。

## 6.1 销售流向分析模型的建立

每个销售网点都有自己的销售数据，在收集到企业所有销售网点的数据之后，就有必要对各销售网点的销售数据进行汇总分析。

### 6.1.1 销售数据的取得

由于销售活动主要在企业外部进行，分散于不同的地点，因此，数据的取得主要是通过网上传输的方式进行，这就涉及外部数据的导入问题。

在外地的销售网点通常会有几种录入数据的方式，可能在网页上直接录入数据，也可能应用不同的数据库，也有可能直接使用 Excel/WPS 表格文件的。对于不同的数据类型，分析人员可以考虑将数据导入 Excel/WPS 表格当中。

Excel 导入外部数据的时候，在“数据”选项卡下的“获取外部数据”组中有“自 Access”“自网站”“自文本”“自其他来源”“现有连接”几种选项。在 WPS 表格中，“数据”菜单下有“导入数据”和“全部刷新”选项，不能直接导入网页数据，如图 6-1 所示。

图 6-1 Excel 获取外部数据选项卡（左）与 WPS 表格的导入数据命令（右）

建立一个 Excel/WPS 表格文件，命名为“第 6 章销售管理模型的建立”，并建立 “导入网页数据”“导入文本数据”“导入 Access”等多个数据表。

1. 导入网页数据

选择“导入网页数据”工作表，在 Excel 中，“数据”选项卡下可以直接单击“获取外部数据”选项组中“自网站”命令，弹出“新建 Web 查询”对话框，即可输入网址，然后单击“导入”按钮，弹出“导入数据”对话框，指定数据的放置位置，单击“确定”按钮，完成数据导入。

需要注意的是，导入的网页数据通常带有不可见字符，无法进行直接计算。此事就需要采用一些文本函数提取可见字符，再使用 Value()函数转换为数值进行计算。如果仅仅是文本型数字，在单元格的左上角可能会有一个绿色三角形，则可以在选择单元格或单元区域后，单击左侧的转换按钮，选择“转换为数字”即可用于数学运算。

在 WPS 表格中直接导入网页数据尚无更加直接的方法，一般都是通过将数据复制到文本文件后，再导入 WPS 表格文件。有时也可以直接复制到 WPS 表格文件中。

2. 导入文本数据

（1）Excel 中导入文本数据

在 Excel 中，如果选择“数据”选项卡下“获取外部数据”组中的“自文本”命令，则弹出图 6-2 所示对话框。选择相关路径和文件名，单击“导入”命令按钮，出现“导入文本向导”对话框，如图 6-3 所示。

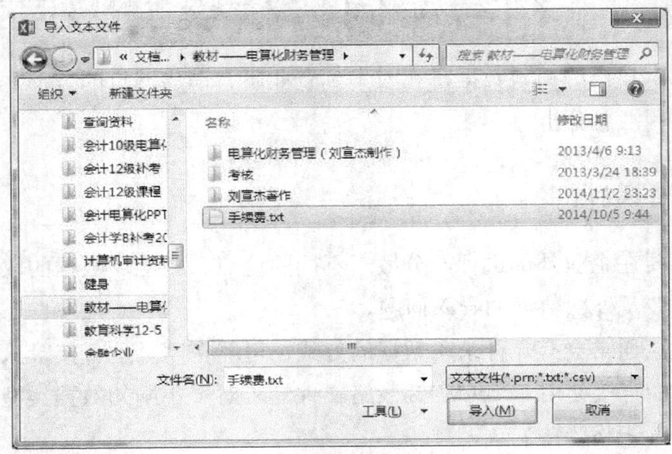


图 6-2　导入文本文件——选择文件来源

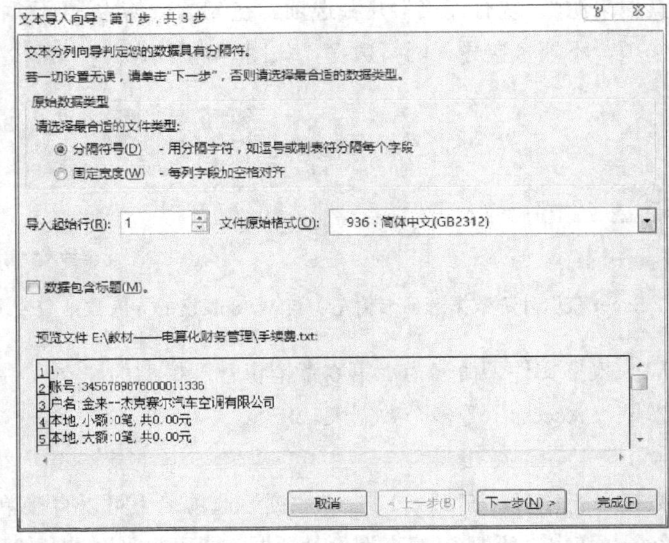


图 6-3　文本导入向导第一步——设置分隔方式与起始行

如果数据比较规则，也可以考虑使用固定宽度来分列导入，如图 6-4 所示。

也可以先设置分隔符号，其中“其他（O）：”分隔字符可以是一个英文字母或者标点符号，也可以是一个汉字，这一点在现实工作中非常实用。设置完成后单击“下一步”按钮。

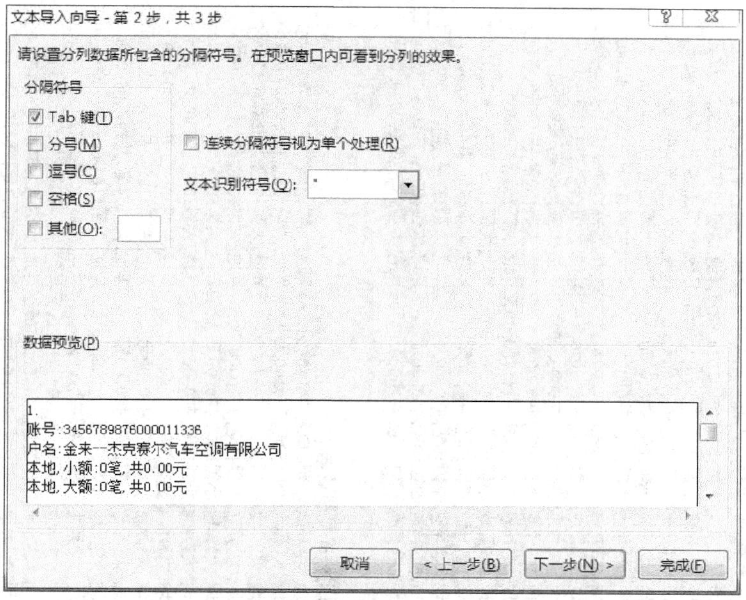

图 6-4　文本导入向导第二步——设置分隔符号

图 6-5 所示为设置各列的数据格式。列比较多的时候，无关紧要的列可以选择不导入，以避免无效数据的干扰。

与导入网页数据一样，设置完成数据的放置位置之后，单击“确定”按钮如图 6-6 所示，即可完成数据的导入，导入后的数据如图 6-7 所示。

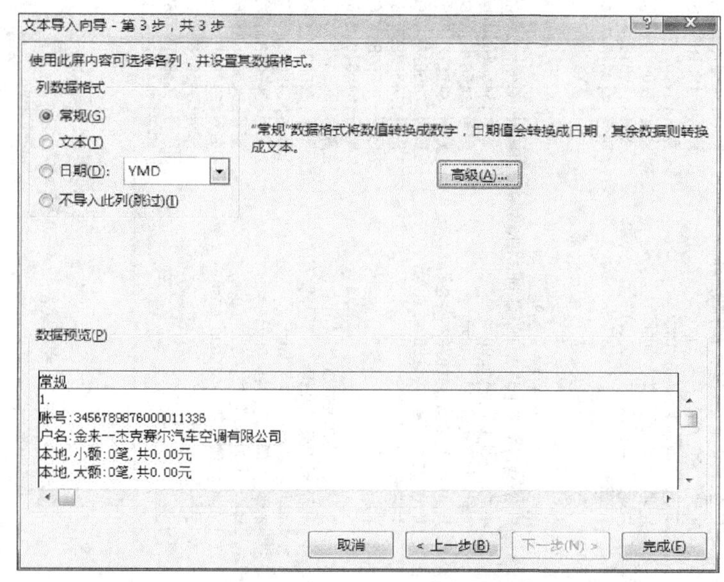


图 6-5　文本导入向导第三步——设置列格式或不导入列

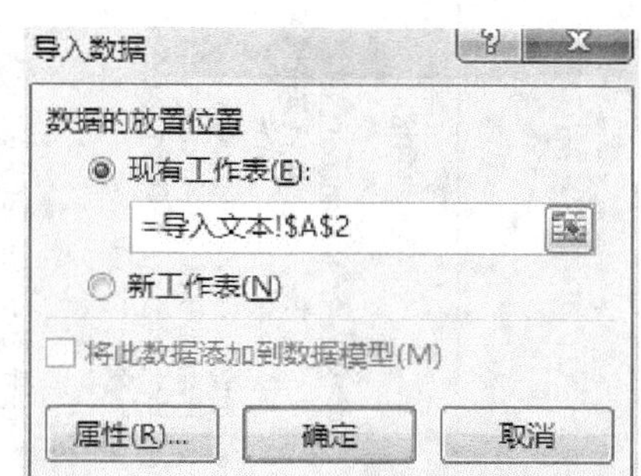


图 6-6　设置文本导入位置

| | A | B | C | D | E | F | G | H | I | J |
|---|---|---|---|---|---|---|---|---|---|---|
| 1 | 导入的数据 | | | | | | | 手动转置复制数据或者利用宏程序转置复制数据 | | |
| 2 | 1 | | 1 | 账号:3456789876( | 户名:金来--杰克 | 本地,小 | 本地,大 | 异地,小额:43笔,共140655.34 | 异地,大额:21笔,共721730.20元 | 手续费:83.10 |
| 3 | 账号:345678987600011336 | | 2 | 账号:3456789876( | 户名:长春金来徐 | 本地,小 | 本地,大 | 异地,小额:0笔,共0.00元 | 异地,大额:1笔,共18000.00元 | 手续费:1.50 |
| 4 | 户名:金来--杰克赛尔汽车空调有限公司 | | 3 | 账号:3456789876( | 户名:吉林省富士 | 本地,小 | 本地,大 | 异地,小额:66笔,共97338.88元 | 异地,大额:8笔,共313570.50元 | 手续费:91.20 |
| 5 | 本地,小额:0笔,共0.00元 | | 4 | 账号:34567898762 | 户名:长春秦通联 | 本地,小 | 本地,大 | 异地,小额:1笔,共10000.00元 | 异地,大额:2笔,共65000.00元 | 手续费:4.20 |
| 6 | 本地,大额:0笔,共0.00元 | | 5 | 账号:34567898762 | 户名:吉林省东亚 | 本地,小 | 本地,大 | 异地,小额:0笔,共0.00元 | 异地,大额:21笔,共1025000.00元 | 手续费:31.50 |
| 7 | 异地,小额:43笔,共140655.34元 | | 6 | 账号:34567898762 | 户名:吉林省顺达 | 本地,小 | 本地,大 | 异地,小额:0笔,共0.00元 | 异地,大额:5笔,共230000.00元 | 手续费:7.50 |
| 8 | 异地,大额:21笔,共721730.20元 | | 7 | 账号:34567898762 | 户名:吉林市华威 | 本地,小 | 本地,大 | 异地,小额:0笔,共0.00元 | 异地,大额:15笔,共716000.00元 | 手续费:22.50 |
| 9 | 手续费:83.10 | | 8 | 账号:34567898762 | 户名:吉林市四扬 | 本地,小 | 本地,大 | 异地,小额:0笔,共0.00元 | 异地,大额:11笔,共519600.00元 | 手续费:16.50 |
| 10 | | | 9 | 账号:34567898762 | 户名:吉林市慧达 | 本地,小 | 本地,大 | 异地,小额:0笔,共0.00元 | 异地,大额:4笔,共140000.00元 | 手续费:6.00 |
| 11 | 2 | | 10 | 账号:34567898762 | 户名:吉林市丰满 | 本地,小 | 本地,大 | 异地,小额:1笔,共9000.00元 | 异地,大额:164笔,共8006000.00元 | 手续费:247.20 |
| 12 | 账号:345678987600011983 | | 11 | 账号:34567898762 | 户名:吉林新富奥 | 本地,小 | 本地,大 | 异地,小额:0笔,共0.00元 | 异地,大额:20笔,共1000000.00元 | 手续费:30.00 |
| 13 | 户名:长春金来徐港电子有限公司 | | 12 | 账号:34567898762 | 户名:四川金来丰 | 本地,小 | 本地,大 | 异地,小额:12笔,共41760.00元 | 异地,大额:0笔,共0.00元 | 手续费:14.40 |
| 14 | 本地,小额:0笔,共0.00元 | | 13 | 账号:34567898762 | 户名:吉林市鸿程 | 本地,小 | 本地,大 | 异地,小额:5笔,共40500.00元 | 异地,大额:126笔,共5900152.00元 | 手续费:195.00 |
| 15 | 本地,大额:0笔,共0.00元 | | 14 | 账号:34567898762 | 户名:吉林优方科 | 本地,小 | 本地,大 | 异地,小额:0笔,共0.00元 | 异地,大额:1笔,共40000.00元 | 手续费:1.50 |
| 16 | 异地,小额:0笔,共0.00元 | | 15 | 账号:34567898762 | 户名:吉林市昭阳 | 本地,小 | 本地,大 | 异地,小额:0笔,共0.00元 | 异地,大额:17笔,共840000.00元 | 手续费:25.50 |
| 17 | 异地,大额:1笔,共18000.00元 | | 16 | 账号:34567898762 | 户名:吉林市高新 | 本地,小 | 本地,大 | 异地,小额:0笔,共0.00元 | 异地,大额:20笔,共1000000.00元 | 手续费:30.00 |
| 18 | 手续费:1.50 | | 17 | 账号:34567898762 | 户名:吉林省豪特 | 本地,小 | 本地,大 | 异地,小额:1笔,共10000.00元 | 异地,大额:3笔,共142000.00元 | 手续费:5.70 |
| 19 | | | | | | | | | | |
| 20 | 3 | | | | | | | | | |
| 21 | 账号:345678987600052536 | | | | | | | 利用公式复制数据 | | |
| 22 | 户名:吉林省富士特流体设备制造有限公司 | | 1 | 账号:3456789876( | 户名:金来--杰克 | 本地,小 | 本地,大 | 异地,小额:43笔,共140655.34 | 异地,大额:21笔,共721730.20元 | 手续费:83.10 |
| 23 | 本地,小额:0笔,共0.00元 | | 2 | 账号:3456789876( | 户名:长春金来徐 | 本地,小 | 本地,大 | 异地,小额:0笔,共0.00元 | 异地,大额:1笔,共18000.00元 | 手续费:1.50 |
| 24 | 本地,大额:0笔,共0.00元 | | 3 | 账号:3456789876( | 户名:吉林省富士 | 本地,小 | 本地,大 | 异地,小额:66笔,共97338.88元 | 异地,大额:8笔,共313570.50元 | 手续费:91.20 |
| 25 | 异地,小额:66笔,共97338.88元 | | 4 | 账号:34567898762 | 户名:长春秦通联 | 本地,小 | 本地,大 | 异地,小额:1笔,共10000.00元 | 异地,大额:2笔,共65000.00元 | 手续费:4.20 |
| 26 | 异地,大额:8笔,共313570.50元 | | 5 | 账号:34567898762 | 户名:吉林省东亚 | 本地,小 | 本地,大 | 异地,小额:0笔,共0.00元 | 异地,大额:21笔,共1025000.00元 | 手续费:31.50 |
| 27 | 手续费:91.20 | | 6 | 账号:34567898762 | 户名:吉林省顺达 | 本地,小 | 本地,大 | 异地,小额:0笔,共0.00元 | 异地,大额:5笔,共230000.00元 | 手续费:7.50 |
| 28 | | | 7 | 账号:34567898762 | 户名:吉林市华威 | 本地,小 | 本地,大 | 异地,小额:0笔,共0.00元 | 异地,大额:15笔,共716000.00元 | 手续费:22.50 |
| 29 | 4 | | 8 | 账号:34567898762 | 户名:吉林市四扬 | 本地,小 | 本地,大 | 异地,小额:0笔,共0.00元 | 异地,大额:11笔,共519600.00元 | 手续费:16.50 |
| 30 | 账号:345678987620011614 | | 9 | 账号:34567898762 | 户名:吉林市慧达 | 本地,小 | 本地,大 | 异地,小额:0笔,共0.00元 | 异地,大额:4笔,共140000.00元 | 手续费:6.00 |
| 31 | 户名:长春秦通联铸造材料开发有限公司 | | 10 | 账号:34567898762 | 户名:吉林市丰满 | 本地,小 | 本地,大 | 异地,小额:1笔,共9000.00元 | 异地,大额:164笔,共8006000.00元 | 手续费:247.20 |
| 32 | 本地,小额:0笔,共0.00元 | | 11 | 账号:34567898762 | 户名:吉林新富奥 | 本地,小 | 本地,大 | 异地,小额:0笔,共0.00元 | 异地,大额:20笔,共1000000.00元 | 手续费:30.00 |
| 33 | 本地,大额:0笔,共0.00元 | | 12 | 账号:34567898762 | 户名:四川金来丰 | 本地,小 | 本地,大 | 异地,小额:12笔,共41760.00元 | 异地,大额:0笔,共0.00元 | 手续费:14.40 |
| 34 | 异地,小额:1笔,共10000.00元 | | 13 | 账号:34567898762 | 户名:吉林市鸿程 | 本地,小 | 本地,大 | 异地,小额:5笔,共40500.00元 | 异地,大额:126笔,共5900152.00元 | 手续费:195.00 |
| 35 | 异地,大额:2笔,共65000.00元 | | 14 | 账号:34567898762 | 户名:吉林优方科 | 本地,小 | 本地,大 | 异地,小额:0笔,共0.00元 | 异地,大额:1笔,共40000.00元 | 手续费:1.50 |
| 36 | 手续费:4.20 | | 15 | 账号:34567898762 | 户名:吉林市昭阳 | 本地,小 | 本地,大 | 异地,小额:0笔,共0.00元 | 异地,大额:17笔,共840000.00元 | 手续费:25.50 |
| 37 | | | 16 | 账号:34567898762 | 户名:吉林市高新 | 本地,小 | 本地,大 | 异地,小额:0笔,共0.00元 | 异地,大额:20笔,共1000000.00元 | 手续费:30.00 |
| 38 | 5 | | 17 | 账号:34567898762 | 户名:吉林省豪特 | 本地,小 | 本地,大 | 异地,小额:1笔,共10000.00元 | 异地,大额:3笔,共142000.00元 | 手续费:5.70 |

图 6-7　导入的数据与处理后的数据

数据导入 A 列（导入的数据只有 1 列）以后，由于数据是单独出现的，没有形成数据清单或数据库，难以计算，因而就需要进行处理。可以手动选择每个单位的数据进行复制，然后，在粘贴的时候选择转置。例如，选择单元区域 A2:A9，按 Ctrl+C 组合键进行复制，再选择单元格 C2，单击鼠标右键，在弹出的快捷菜单中选择“选择性粘贴”，在“选择性粘贴”对话框上选择“转置”复选框，完成粘贴，则将一行变成了一列。以此类推，对每一个公司的数据都需要进行此项操作。

对于数据量非常大或者经常重复做的工作（此处假设为 2000 个单位的数据，可以在 Visual Basic 编辑器中选中本项目，插入模块，建立宏程序。在宏程序中也可以用 input 语句来自定义单位数量，此处忽略），可以考虑利用宏程序来实现此项功能。程序如下：

```
Sub 转置数据()
    Range("A2").Select
    Dim n As Integer
    n = 0
For n = 0 To 2000 Step 1
  If Range("A" & (9 * n + 2)).Value <> "" Then              '选择数据源
     Range("A" & (9 * n + 2) & ":A" & (9 * n + 9)).Select '每组 9 行数据
     Selection.Copy
     Range("C" & (n + 2)).Select
     Selection.PasteSpecial Paste:=xlPasteAll, Operation:=xlNone, SkipBlanks:= _
        False, Transpose:=True
     Application.CutCopyMode = False    '进行转置粘贴
  Else
    n = n + 1
  End If
Next
End Sub
```

为了方便使用宏程序可以设置快捷方式。也可以用公式来实现数据的转置复制，如图 6-7 所示。

在单元格 C22 中输入公式：“=INDIRECT("r"&(ROW(A1)-1)*9+1+COLUMN(A1)&"c1"，)”，并向下填充，完成序号的提取。例如：计算“=INDIRECT("r"&0*9+1+1&"c1"，)”，就是：“=INDIRECT("r"&3 &"c1"，)”，也就是提取第 3 行第 1 列的数值，这里使用的是 R1C1 格式。

在单元格 D22 中输入公式：“=INDIRECT("r"&(ROW(A1)-1)*9+2+COLUMN(A1)&"c1"，)”，向右填充到单元格 J22，完成第一个公司数据的提取。

选择单元区域 D22:J22，向下填充，完成所有数据的提取。

如果需要进行计算，可以选择 I 列（或者其他列的需要处理的数据），复制 I 列数值到 L 列，并选中 L 列单击“数据 ”菜单中“数据工具”选项卡中的“分列”命令，选择有共性的分隔字符，进行分列。如图 6-8 所示，需要对金额进行相关的运算，金额的前面都有一个“共”字，可以设置为分隔符号，这样就可以直接把金额和笔数单独分列。相关操作如图 6-9、图 6-10 所示。

得到数据如图 6-11 所示，如果需要对分列后得到的 M 列数据进行计算，可以用分列并将分隔符号设置为“元”字，也可以用批量删除，调用“替换”工具，查找值为“元”，替换栏中不输入任何数据，单击“替换”或者“全部替换”即可删除全部的“元”字。此处不再累述。

同上，为了美观，也可以用批量替换也就是将“笔”，替换为“空”。

（2）WPS 表格导入文本数据

单击“数据”菜单下功能区中“导入数据”命令，出现导入数据的第一步，选择数据源。如图 6-12 所示。

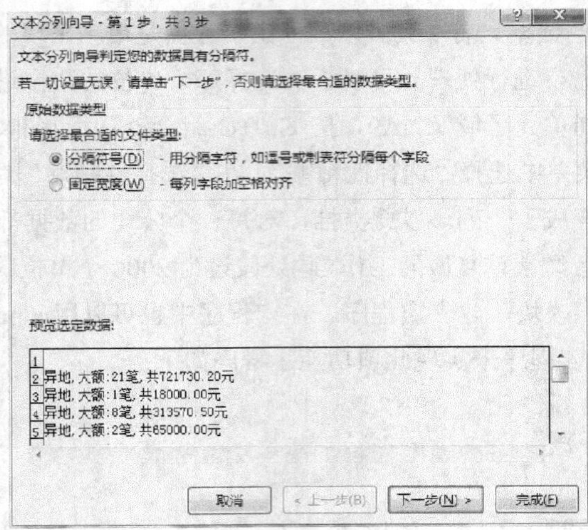


图 6-8 设定分隔符号或者设置固定宽度

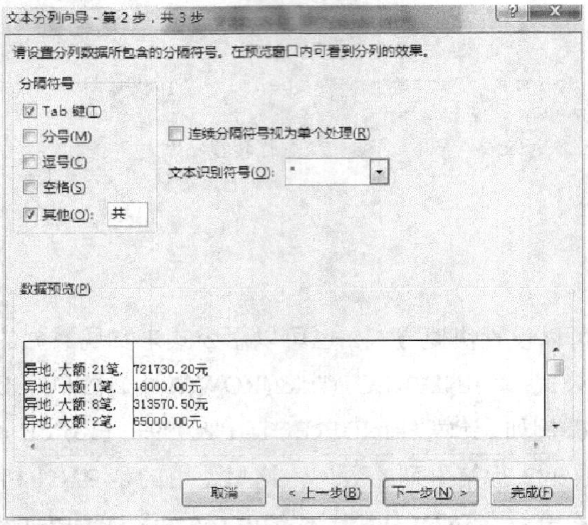

图 6-9 设置分隔符号为“共”字

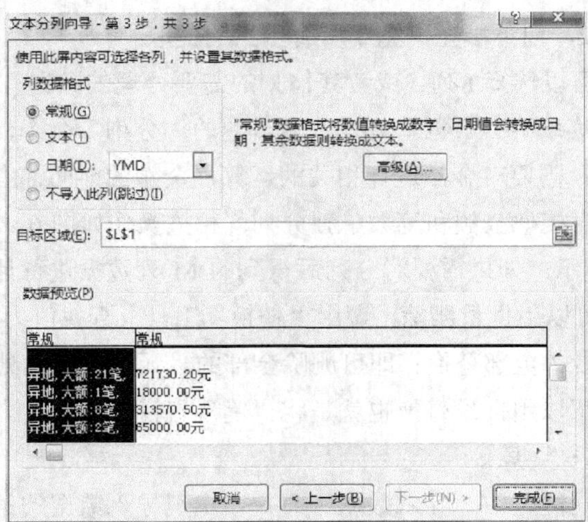


图 6-10 选择需要的数据格式和放置的地址并删除不需要的数据

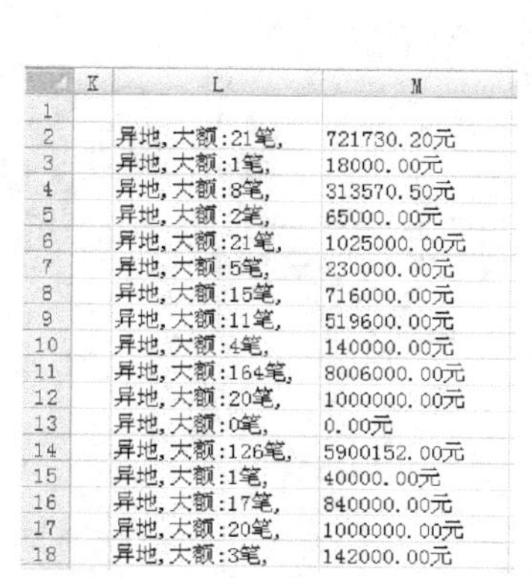

| | K | L | M |
|---|---|---|---|
| 1 | | | |
| 2 | | 异地,大额:21笔, | 721730.20元 |
| 3 | | 异地,大额:1笔, | 18000.00元 |
| 4 | | 异地,大额:8笔, | 313570.50元 |
| 5 | | 异地,大额:2笔, | 65000.00元 |
| 6 | | 异地,大额:21笔, | 1025000.00元 |
| 7 | | 异地,大额:5笔, | 230000.00元 |
| 8 | | 异地,大额:15笔, | 716000.00元 |
| 9 | | 异地,大额:11笔, | 519600.00元 |
| 10 | | 异地,大额:4笔, | 140000.00元 |
| 11 | | 异地,大额:164笔, | 8006000.00元 |
| 12 | | 异地,大额:20笔, | 1000000.00元 |
| 13 | | 异地,大额:0笔, | 0.00元 |
| 14 | | 异地,大额:126笔, | 5900152.00元 |
| 15 | | 异地,大额:1笔, | 40000.00元 |
| 16 | | 异地,大额:17笔, | 840000.00元 |
| 17 | | 异地,大额:20笔, | 1000000.00元 |
| 18 | | 异地,大额:3笔, | 142000.00元 |

图 6-11　分列数据后得到的数据

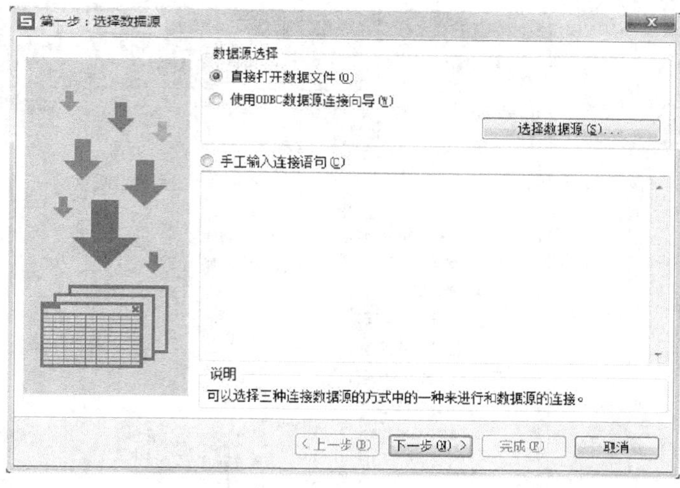


图 6-12　选择数据源

在导入数据源之后，WPS 表格先进行文件的转换，自动进行文件类型和数据的确认，如图 6-13 所示。

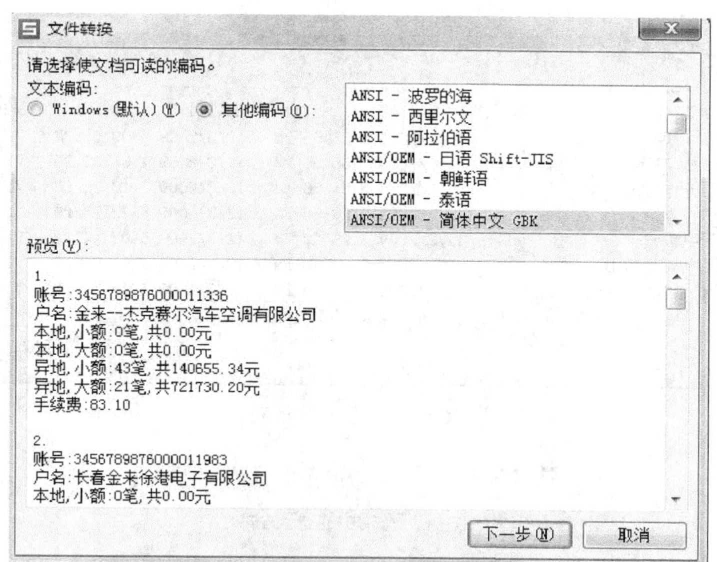


图 6-13　WPS 表格读入文件后的转换

WPS 表格导入文本文件的其余步骤与 Excel 文本文件的导入基本一样，此处不再累述。

3. 导入数据库

（1）在 Excel 中导入数据库中某个数据表的全部数据

单击“自 Access”命令，则出现“选取数据源”对话框，如图 6-14 所示。选择“灯具供应商”数据源后，单击“打开（O）”按钮，弹出“选取表格”对话框，如图 6-15 所示。选择“LED”数据表，单击“确定”按钮，弹出“导入数据”对话框，如图 6-16 所示。

由于现在的数据库都带有多个数据表，因此，还需要选择其他的数据表，导入的数据自动按照字段分列放置。如图 6-17 所示，导入了字段及其各个记录的内容。

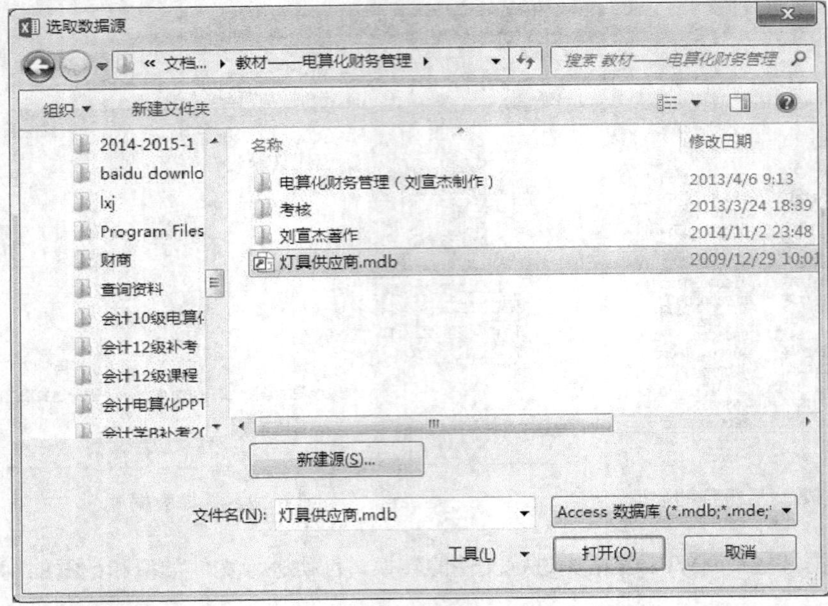


图 6-14　选取数据源

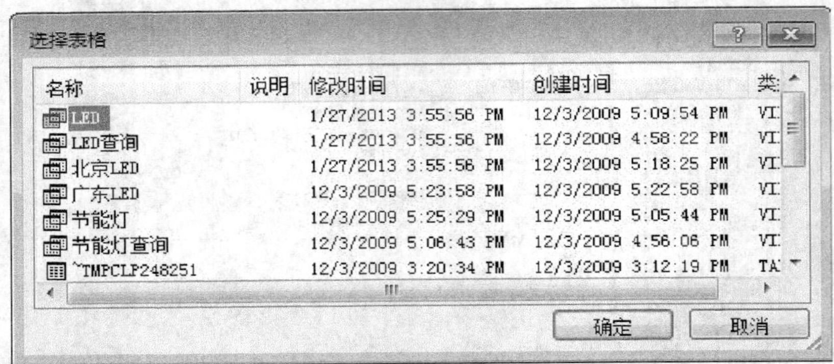


图 6-15　选取数据表

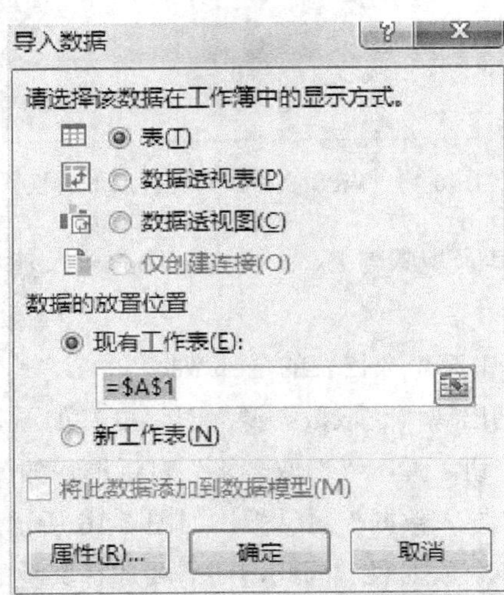


图 6-16　设置导入数据的位置与显示方式

| | A | B | C | D | E | F | G | H | I | J | K | L | M | N | O | P |
|---|---|---|---|---|---|---|---|---|---|---|---|---|---|---|---|---|
| 1 | 省市 | 灯具类型 | 单位名称 | 电话 | 传真 | 移动电话 | 负责人 | 联系人 | 职位 | 地址 | 邮政编码 | 经济类型 | 注册资金 | 经营方式 | 年销售额 | 成立时间 |
| 2 | 杭州 | 工矿 | 杭州伍威皇电子 | 0571-826 | 0571-8260 | 1313614313 | 马亚芬 | 梁耀 | 销售部 经 | 杭州市萧山区红山三 | 311234 | 有限责任公司 | 人民币500万 | 生产加工 | 人民币 1000 | 2003 |
| 3 | 四川 | 照明灯具设计 | 四川光学研究发 | 0816 639 | 0816 6396 | 1328155802 | 王彬 | 王海英 | 销售经理 | 四川绵阳市涪城区经开区南湖路325 | | 股份合作企业 | 人民币 100 | 生产加工、商 | 人民币 300 | 2006 年 |
| 4 | 天津 | 灯具配附件 | 天津市斯特尔德 | 022 5971 | 022 5971 | 13821526051 | | 王起运 | 电子商务 | 天津市大港区 大港区 | 300270 | 私营独资企业 | 无需验资 | 生产加工、商 | 1000 万元/年 - 2000 | |
| 5 | 浙江 | 水下 | 宁波创基百迪灯 | 86-574-8 | 86-574-88241499 | | 陈先生 | 吴镇 | 业务部 业 | 浙江宁波市鄞州区下 | 315104 | 私营独资企业 | 无需验资 | 生产加工、经 | 人民币 1000 | 2002 |
| 6 | 东莞 | 广告 | 东莞市钦成电子 | 0769 889 | 0769 83300766 | | 梁文骥 | 梁文骥 | 经理 | 广东东莞市寮步镇上 | 523416 | 有限责任公司 | 人民币 200 | 生产加工、商 | 人民币 5000 | 2005 年 |
| 7 | 东莞 | 码头、桥梁 | 能星科技有限公司 | 0769-239 | 0769-82224812 | | | 易江 | 营销-工程 | 广东东莞市寮步镇横坑管理区金银岭 | | 私营有限责任 | 无需验资 | 生产加工 | 人民币 100 | 2006 |
| 8 | 北京 | 专门用途 | 北京海潮瑞德尔 | 010-62338615 | | | 王朝 | 陈迁 | 主管 | 北京市海淀区北四环 | 100083 | 私营有限责任 | 人民币1500万 | 生产加工、商业服务 | | 1994 |
| 9 | 广州 | 隧道 | 广州硅科照明有 | 020-8527 | 020-8527 | 15920131869 | | 黄海洲 | 经理 | 广东广州市天河区天 | 510665 | 私营独资企业 | 无需验资 | 生产加工、经销批发 | | 2003 |
| 10 | 北京 | 隧道 | 山西光宇电源有 | 010-6212 | 010-6212 | 13701095614 | | 王海龙 | 市场部 销 | 北京市海淀区大钟寺 | 100098 | 私营独资企业 | 无需验资 | 生产加工 | 人民币 1 亿 | 1988 |
| 11 | 杭州 | 工艺装饰 | 杭州煌家照明电 | 0571-228 | 22688-814 | 13950178229 | | 吕文君 | 区域经理 | 浙江杭州市萧山区新塘 | | 私营有限责任 | 人民币500万 | 生产加工、经 | 人民币 1000 万元/年 | |
| 12 | 杭州 | 隧道 | 浙江中企光电股 | 0571 828 | 0571 8262 | 1358828337 | 李 | 高益明 | 销售 | 浙江杭州市萧山区萧山市心中路莱 | | 股份有限公司 | 人民币 2800 | 生产加工 | | 2007 年 |
| 13 | 广西 | 室内照明 | 南宁酷特光学材 | 0771 232 | 0771 2321 | 1397719590 | 杨祚志 | 杨祚志 | 经理 | 南宁市广西南宁市衡阳西路北二巷 | | 有限责任公司 | 人民币 50 万 | 生产加工、 经销批发 | | 2003 年 |
| 14 | 江苏 | 医疗 | 南通瑞特照明电 | 0513 867 | 0513 86711902 | | 王紫来 | 倪飞先 | 销售部 销 | 江苏南通市平潮镇湾 | 226300 | 有限责任公司 | 人民币 200 | 生产加工、 经 | 人民币 5000 万元/年 | |
| 15 | 陕西 | 防爆 | 西安立人科技股 | 029-8832 | 029-88338430 | | 李锦锋 | 张博 | 营销中心 | 陕西西安市高新六路 | 710065 | 私营独资企业 | 无需验资 | 生产加工、经 | 人民币 5000 | 1999 |
| 16 | 深圳 | 防爆 | 江苏江旭照明科 | 0755 332 | 0755 83747401 | | 罗正良 | 王钢先 | 常务副总 | 广东深圳市华强北路群星广场A142 | | 有限责任公司 | 人民币 500 | 生产加工 | | 2006 年 |
| 17 | 东莞 | 隧道 | 亚太低压照明(香 | 0769 866 | 0769 8231 | 1581845359 | 陈陆平 | 陈陆平 | 总经理 | 广东东莞市寮步镇缪 | 523820 | 私营股份有限 | 人民币 100 | 生产加工 | 人民币 100 | 2005 年 |
| 18 | 杭州 | 隧道 | 杭州五联照明科 | 0571 861 | 0571 8618 | 1391708787 | 陈少华 | 李耀明 | 行政 总经 | 浙江杭州市余杭区临 | 201600 | 有限责任公司 | 人民币 200 | 生产加工 | 人民币 2000 | 2007-04 |
| 19 | 江苏 | 运动场馆 | 光普电子（苏州 | 0512-666 | 0512-6665 | 13601556332 | | 朱海林 | 业务 业务 | 江苏苏州市长江路73 | 215011 | 外资企业 | 人民币3000万 | 生产加工 | 人民币 1 亿元/年以上 | |
| 20 | 中国 | led专用 | 济南先锋新型节 | 0531 866 | 0531 88368701 | | 孟强 | 孟强先 | 业务 经理 | 山东济南市山大路14 | 250013 | 有限责任公司 | 人民币 25 万 | 生产加工、 经 | 人民币 300 | 2007 年 |
| 21 | 上海 | 码头、桥梁 | 上海简致电子科 | 021 6488 | 021 6488 | 1348204800 | 宋刚 | 宋刚先 | 总经理 | 上海市莘建路376弄15号903室 | | 有限责任公司 | 人民币 50 万 | — | 300 万元/年 | 2005 年 |
| 22 | 上海 | 隧道 | 上海隆光蜃景光 | 021 5169 | 021 5156 | 1391890082 | 谢金崇 | 谢金崇 | 行政 总经 | 上海闵行区中春路76 | 201101 | 有限责任公司 | 人民币 500 | 生产加工 | 3000 万元/年 | 2005 年 |
| 23 | 浙江 | 水下 | 宁波保税区祥晟 | 0574 877 | 86 574 87716563 | | 徐翠定 | 徐翠定 | 经理 | 浙江宁波市江东区东胜路7号 | | 有限责任公司 | 人民币 50 万 | 生产加工、 经销批发 | | 2002 年 |
| 24 | 上海 | 照明灯具设计 | 上海切尔照明电 | 021-5414 | 021-5414 | 1350190508 | 郭长明 | 刘万春 | 销售 经理 | 上海市宝山区 九星市 | 201101 | 私营有限责任 | 无需验资 | 生产加工、经销批发 | | 2002 |
| 25 | 福建 | 指示 | 厦门开元设计贸 | 0592-6762948 | | 1385995444 | 赖建文 | 赖建文 | 经理 | 福建厦门市湖里区厦门湖里区悦华路 | | 个体经营 | 无需验资 | 生产加工、经销批发 | | 2006 |
| 26 | 北京 | 照明灯具设计 | 河北华美光电子 | 86-010-6 | 86-010-62 | 13521370577 | | 李艳 | 采购 | 中国 北京 北京市 海 | 100000 | 中外合作经营 | 无需验资 | 生产加工、招商代理 | | |
| 27 | 深圳 | 防爆 | 深圳市德普威科 | 0755-264 | 0755-2665 | 13422884486 | | 刘刚 | | 广东深圳市南山区创 | 518054 | 股份有限公司 | 人民币50万 | 生产加工、经 | 人民币 200 | 2002 |
| 28 | 深圳 | 摄影 | 晨阳光电科技有 | 0755-611 | 0755-61162309 | | 王东 | 卢乐娇 | 销售 | 广东深圳市深圳龙华大浪华昌路 | | 私营独资企业 | 无需验资 | 生产加工 | 人民币 30 万 | 2005 |
| 29 | 山东 | 照明灯具设计 | 威海金山机械有 | 0631-569 | 0631-5695 | 1356310065 | 黄虎日 | 黄虎日 | 经理 | 山东威海市吉林路67 | 264200 | 个体经营 | 无需验资 | 生产加工 | 人民币 30 万 | 2005 |
| 30 | 四川 | 室外照明 | 四川科维实业有 | 028 8608 | 028 8608 | 1398200850 | 曹型勇 | 聂勋昌 | 交通灯事 | 四川成都市西南航空 | 610225 | 有限责任公司 | 人民币 800 | 经销批发 | 人民币 2000 | 1994 年 |
| 31 | 中国 | led广告 | 广州市北极星科 | 020 8483 | 020 8483 | 1341613435 | 陈星清 | 陈石贤 | 厂部 经理 | 广东广州市番禺区市 | 511400 | 私营合伙企业 | 人民币 35 万 | 生产加工、 经 | 人民币 700 | 2003 年 |

图 6-17 导入的数据（数据表全部导入）

如果在导入数据之前，先单击如图 6-16 中的“属性”按钮，则可以设置其刷新的方式和频率、连接的位置、保存密码等，如图 6-18 所示。

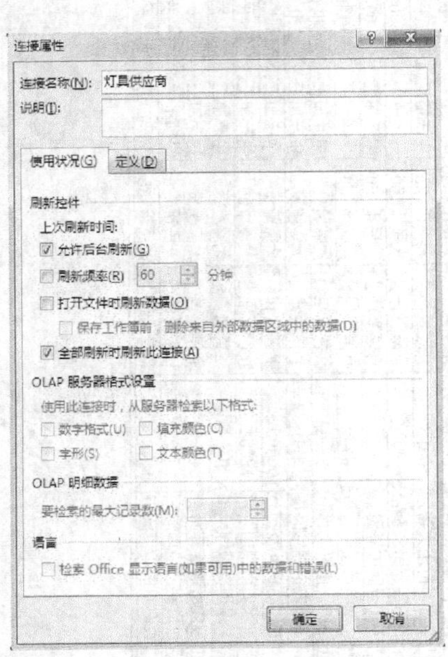

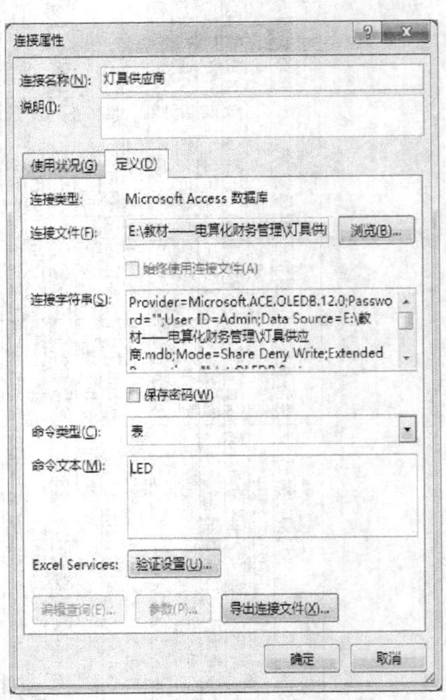

图 6-18　连接属性设置

（2）在 Excel 中导入数据库某个数据表的部分数据

如果需要对数据库某个数据表的有关字段进行排序、筛选，则可以使用“自其他来源”选项卡中的“Microsoft Query 工具”，如图 6-19 所示，弹出“选择数据源”对话框，如图 6-20 所示。

图 6-19　Microsoft Query 工具

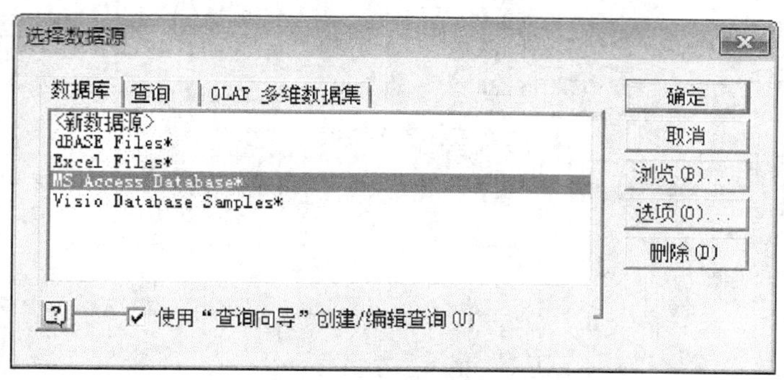


图 6-20　选择数据源

选中“数据库”列表中的“MS Access Database*”选项，单击“确定”按钮，出现如图 6-21 对话框，选择相关数据源。

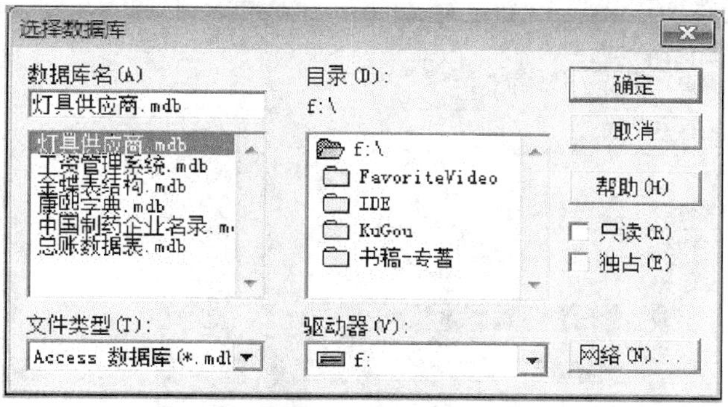

图 6-21　选择数据库

选择“灯具供应商”数据源之后，单击“确定”按钮，出现“选择列”对话框，选择具体的数据表（此处选择的为 LED 表），并选择其中具体的列（字段），单击对话框中间的箭头，选择相关字段并排序，也可以对选中的数据进行预览，如图 6-22 所示。

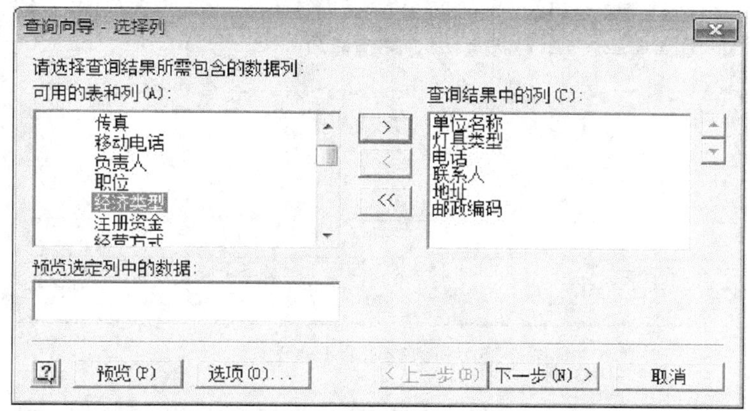


图 6-22　选择有关字段并排序

导入数据时，有时还需要对数据进行进一步的筛选，如图 6-23 所示。

设定筛选条件之后，还可以对某些字段进行排序，如图 6-24 所示。

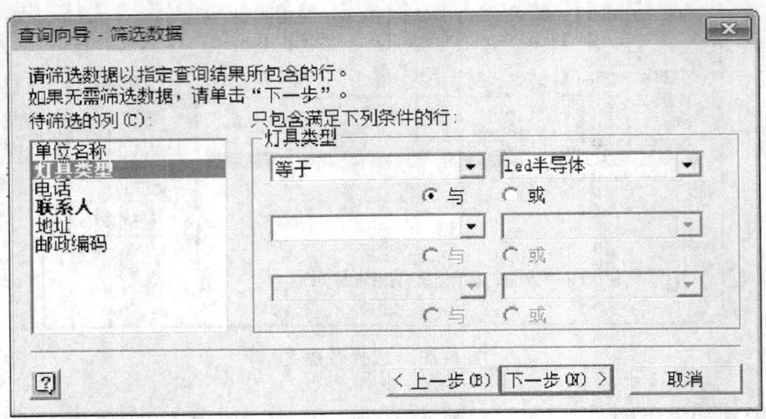


图 6-23　设定字段筛选条件

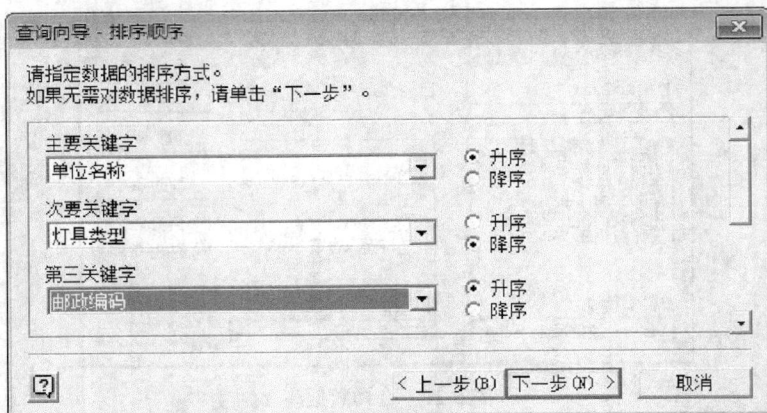

图 6-24　设定字段排序方式

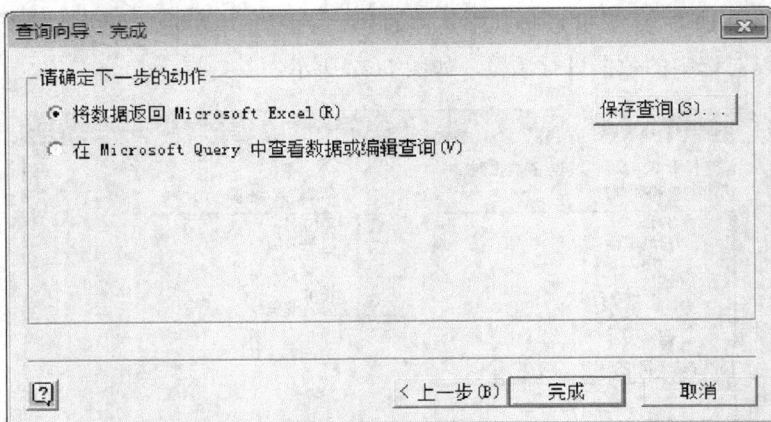

图 6-25　将数据返回 Excel 文件中

如图 6-25 所示，单击“完成”按钮，出现如图 6-16 所示的“导入数据”对话框，导入数据，则导入的数据只是按照预定要求导入的部分字段和记录并进行了排序。

如果选择“在 Microsoft Query 中查看或编辑查询（V）”时，则出现如图 6-26 所示的 Microsoft Query 窗口。

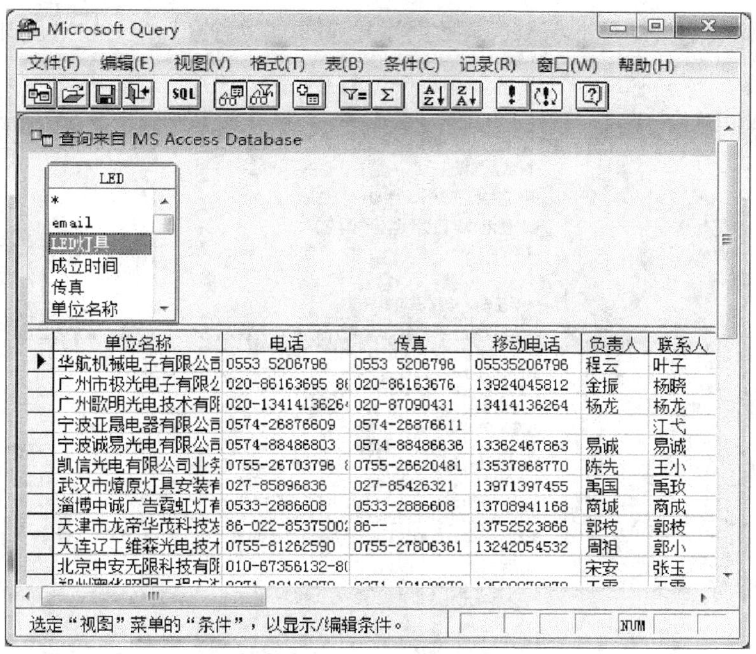

图 6-26　Microsoft Query 窗口

Microsoft Query 可以对数据进行观察和选择，也可以显示和编辑有关条件。在上部显示多个表，在下面显示表的具体内容，并能在“文件”菜单下选择是否导入 Excel 文件。

（3）在 WPS 表格中导入数据库

以直接导入 Access 数据库为例，选择“数据”选项卡中的“导入数据”命令，在“数据源选择”中选择“直接打开数据文件（D）”，单击“选择数据源（S）…”或者“下一步”命令，选择相应的数据源，如果知道数据类型，可以直接选择相关数据类型，如图 6-27 所示。

图 6-27　WPS 表格直接打开 Access 数据库

如果选择具体数据源（本处为 Access 数据库），可单击“打开”命令按钮，则直接进入第一步，如图 6-28 所示。

图 6-28　WPS 表格导入数据库第一步：选择数据源

如果不进行文件格式的选择，直接单击“打开”命令按钮，则直接进入第二步，与图 6-21 相似，可以进行表名与字段的选择（比 Excel 方便），但缺少对数据的预览，如图 6-29 所示。

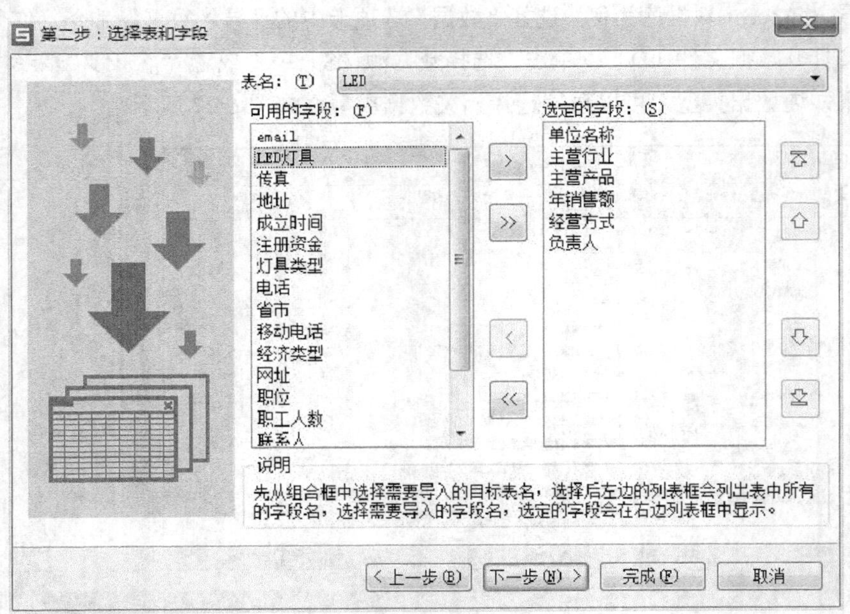


图 6-29　WPS 表格导入数据库第二步：选择表和字段

单击“下一步”按钮，可以设置排序字段和升降序，对有关字段进行筛选，并直接在下面显示操作的命令行，也可以选择直接输入查询语句，如图 6-30 所示。

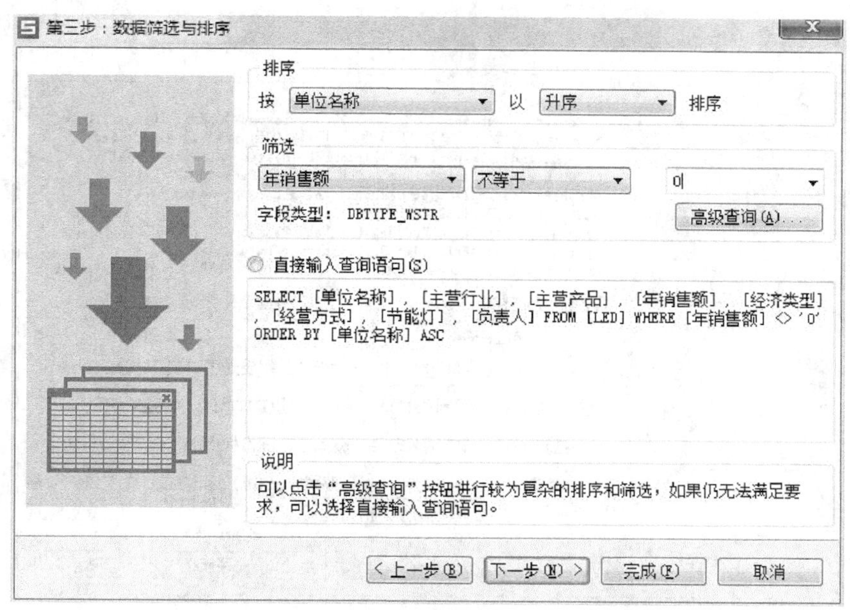


图 6-30 WPS 表格导入数据库第三步：数据筛选与排序

单击“高级查询”按钮，则可以进行多重排序和多重筛选条件设置。每进行一次设置，需单击一次“添加到列表”按钮（有两个），均可进行添加，如图 6-31 所示。

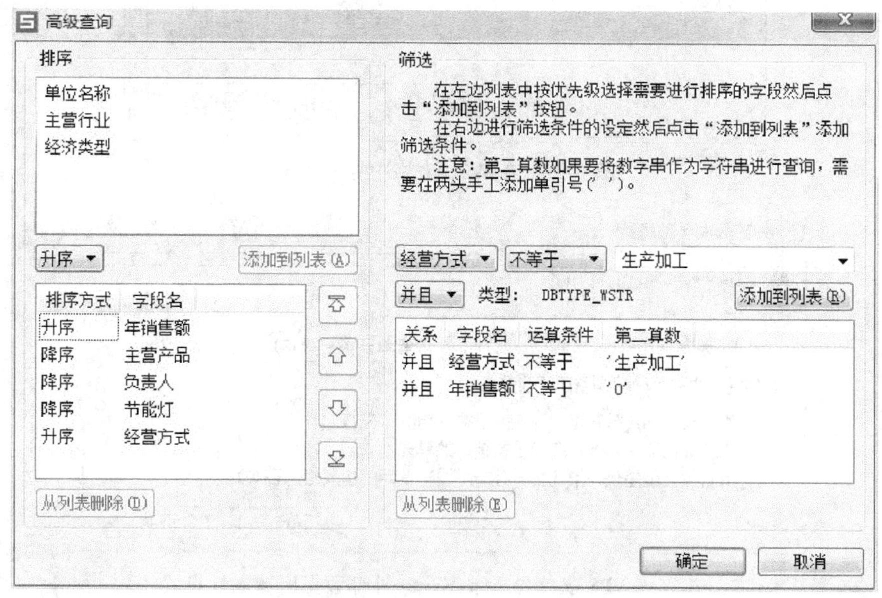


图 6-31 设置高级查询

单击“确定”按钮，返回第三步，再单击“下一步”按钮，进入第四步“预览”界面，如图 6-32 所示。

单击“完成”按钮即出现“导入数据”对话框，如图 6-33 所示。

单击“属性”按钮，则可以进行外部数据区域属性设置，如图 6-34 所示。

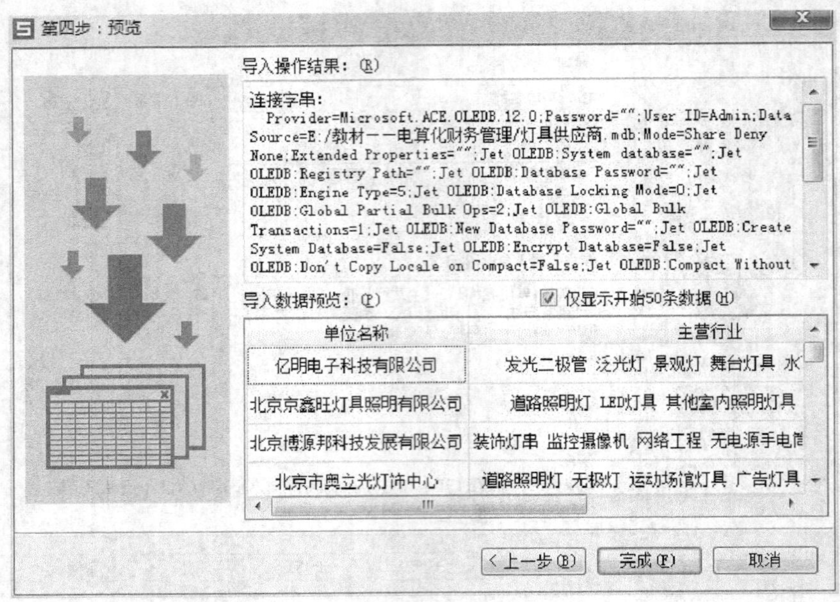


图 6-32　WPS 表格导入数据库第四步：预览

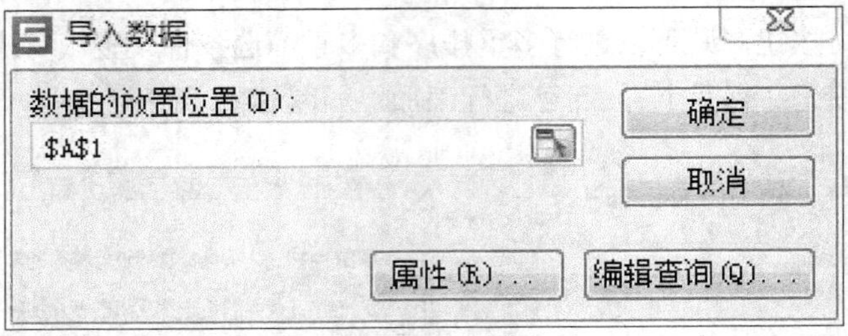

图 6-33　在 WPS 表格中导入数据

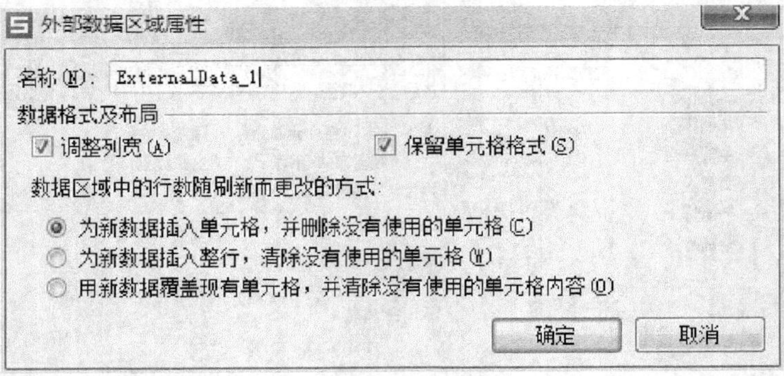

图 6-34　WPS 表格导入数据——外部数据区域属性设置

单击“编辑查询”，则出现“编辑 OLE DB 查询”对话框，可以对数据来源、选择命令类型、编辑命令语句进行具体编辑，如图 6-35 所示。

在如图 6-35 所示的界面，设置数据的放置位置之后，单击“确定”按钮，直接导入数据。

如果“使用 ODBC 数据源连接向导（W）”的话，则比较复杂，这里就不再讲述。WPS 导入数据可以默认、自动判断数据类型，也可以指定数据类型，这方面比 Excel 要方便一些。

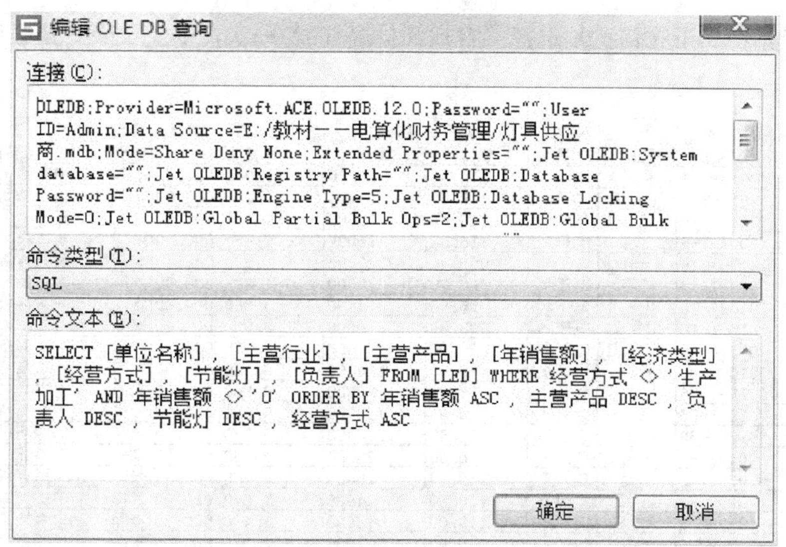


图 6-35 WPS 表格导入数据——编辑 OLE DB 查询

4. 导入 Excel/WPS 表格文件数据

在 Excel 和 WPS 表格中，导入 Excel/WPS 表格文件，与导入数据库基本一样，也需要选择工作簿名，之后再选择工作表名、字段名，同样可以进行排序、筛选之后导入数据。此处不再累述。

5. 复制 Word/WPS 文档数据

对于 Word/WPS 文档中的表格，一般不能直接导入到 Excel/WPS 表格当中，可以通过复制的方式复制到 Excel/WPS 表格当中。

## 6.1.2 销售流向分析模型的建立

销售流向分析模型能够及时准确地按照时间、销售网点、产品、销售人员、经销商等关键词进行分类汇总，帮助管理者进行具体分析。本节结合 Excel 提供的排序、筛选、函数、分类汇总工具等数据分析工具讨论和研究销售流向分析模型的建立方法。

1. 获得销售数据并整理数据

建立一个 Excel/WPS 表格文件，命名为：“第 6 章销售管理模型的建立”，建立如下几个工作表：“销售数据”“销售流向分析（可打印）”“销售流向分析（函数）”“销售流向分析（随时查看）”“销售流向（流水不变）”等。

在“销售数据”工作表中输入或者导入销售日记账，假设晨阳公司 2013 年上半年的销售数据如图 6-36 所示，进行数据处理，使需要计算的有关文本数据转变为可以计算的数值型数据。

2. 进行分类汇总

（1）进行分类汇总并可以进行打印

以销售数据按照销售网点进行分类汇总为例。

① 按照“销售网点”进行排序

将销售数据全部复制到“销售流向分析（可打印）”工作表中（也可以建立工作表副本），在 Excel 中选择“数据”选项卡下的“排序和筛选”组，单击“排序”命令，如图 6-37 所示。在 WPS 表格中则需要单击“排序”下拉箭头，选择“自定义排序（U）…”命令，出现“排序”对话框，如图6-38所示。

| | A | B | C | D | E | F | G | H |
|---|---|---|---|---|---|---|---|---|
| 1 | 日期 | 销售网点 | 产品名 | 单价 | 数量 | 金额 | 销售人员 | 经销商 |
| 2 | 2013-1-1 | 长春 | 电风扇 | 110.00 | 18000 | 1,980,000.00 | 李萍 | 中东商城 |
| 3 | 2013-1-3 | 黑龙江 | 电风扇 | 110.00 | 11000 | 1,210,000.00 | 李萍 | 佳木斯商城 |
| 4 | 2013-1-5 | 江苏 | 电风扇 | 110.00 | 13000 | 1,430,000.00 | 刘祥 | 无锡大中 |
| 5 | 2013-1-9 | 上海 | 电风扇 | 110.00 | 15000 | 1,650,000.00 | 张旺 | 吉祥集团 |
| 6 | 2013-1-10 | 长春 | 电子琴 | 995.00 | 2000 | 1,990,000.00 | 李萍 | 长春百货 |
| 7 | 2013-1-13 | 江苏 | 电子琴 | 995.00 | 5000 | 4,975,000.00 | 刘祥 | 常州悦民 |
| 8 | 2013-1-16 | 上海 | 电子琴 | 995.00 | 4000 | 3,980,000.00 | 张旺 | 浦东百货 |
| 9 | 2013-1-16 | 黑龙江 | 电子琴 | 995.00 | 10000 | 9,950,000.00 | 李萍 | 哈尔滨国贸 |
| 10 | 2013-1-16 | 黑龙江 | 电子琴 | 995.00 | 5000 | 4,975,000.00 | 李萍 | 大庆中商 |
| 11 | 2013-1-20 | 长春 | 录音机 | 75.00 | 124000 | 9,300,000.00 | 李萍 | 白城商贸 |
| 12 | 2013-1-25 | 黑龙江 | 录音机 | 75.00 | 120000 | 9,000,000.00 | 李萍 | 齐齐哈尔商店 |
| 13 | 2013-1-26 | 江苏 | 录音机 | 75.00 | 120000 | 9,000,000.00 | 刘祥 | 苏州商贸 |
| 14 | 2013-1-30 | 上海 | 录音机 | 75.00 | 210000 | 15,750,000.00 | 张旺 | 华东商场 |
| 15 | 2013-2-1 | 长春 | 电风扇 | 110.00 | 20000 | 2,200,000.00 | 李萍 | 四平北方 |
| 16 | 2013-2-2 | 上海 | 电风扇 | 110.00 | 16000 | 1,760,000.00 | 张旺 | 利民百货 |
| 17 | 2013-2-3 | 江苏 | 电风扇 | 110.00 | 14000 | 1,540,000.00 | 刘祥 | 中央大厦 |
| 18 | 2013-2-3 | 黑龙江 | 电风扇 | 110.00 | 13000 | 1,430,000.00 | 李萍 | 佳木斯商城 |
| 19 | 2013-2-10 | 长春 | 电子琴 | 995.00 | 3000 | 2,985,000.00 | 李萍 | 松原便民 |
| 20 | 2013-2-14 | 上海 | 电子琴 | 995.00 | 4000 | 3,980,000.00 | 张旺 | 吉祥集团 |
| 21 | 2013-2-14 | 江苏 | 电子琴 | 995.00 | 7000 | 6,965,000.00 | 刘祥 | 锁金商场 |
| 22 | 2013-2-14 | 黑龙江 | 电子琴 | 995.00 | 6000 | 5,970,000.00 | 李萍 | 哈尔滨国贸 |
| 23 | 2013-2-20 | 长春 | 录音机 | 75.00 | 154000 | 11,550,000.00 | 李萍 | 中东商城 |
| 24 | 2013-2-27 | 上海 | 录音机 | 75.00 | 220000 | 16,500,000.00 | 张旺 | 浦东百货 |
| 25 | 2013-2-27 | 黑龙江 | 录音机 | 75.00 | 125000 | 9,375,000.00 | 李萍 | 大庆中商 |
| 26 | 2013-2-28 | 江苏 | 录音机 | 75.00 | 140000 | 10,500,000.00 | 刘祥 | 花园电器 |
| 27 | 2013-3-1 | 长春 | 电风扇 | 110.00 | 30000 | 3,300,000.00 | 李萍 | 长春百货 |
| 28 | 2013-3-2 | 江苏 | 电风扇 | 110.00 | 16000 | 1,760,000.00 | 刘祥 | 泰州贸易 |
| 29 | 2013-3-3 | 上海 | 电风扇 | 110.00 | 18000 | 1,980,000.00 | 张旺 | 华东商场 |
| 30 | 2013-3-5 | 黑龙江 | 电风扇 | 110.00 | 20000 | 2,200,000.00 | 李萍 | 齐齐哈尔商店 |
| 31 | 2013-3-9 | 上海 | 电子琴 | 995.00 | 5000 | 4,975,000.00 | 张旺 | 利民百货 |
| 32 | 2013-3-10 | 长春 | 电子琴 | 995.00 | 5000 | 4,975,000.00 | 李萍 | 白城商贸 |
| 33 | 2013-3-11 | 江苏 | 电子琴 | 995.00 | 8000 | 7,960,000.00 | 刘祥 | 无锡大中 |
| 34 | 2013-3-12 | 黑龙江 | 电子琴 | 995.00 | 7000 | 6,965,000.00 | 李萍 | 佳木斯商城 |
| 35 | 2013-3-20 | 长春 | 录音机 | 75.00 | 134000 | 10,050,000.00 | 李萍 | 四平北方 |
| 36 | 2013-3-22 | 上海 | 录音机 | 75.00 | 200000 | 15,000,000.00 | 张旺 | 吉祥集团 |
| 37 | 2013-3-24 | 江苏 | 录音机 | 75.00 | 111000 | 8,325,000.00 | 刘祥 | 常州悦民 |
| 38 | 2013-3-26 | 黑龙江 | 录音机 | 75.00 | 156000 | 11,700,000.00 | 李萍 | 哈尔滨国贸 |
| 39 | 2013-4-1 | 江苏 | 电风扇 | 110.00 | 18000 | 1,980,000.00 | 刘祥 | 苏州商贸 |

图 6-36　销售日记账

在排序的时候，首先应该考虑的是有没有标题行。本案例中默认有标题行。然后，在“主关键字”中选择“销售网点”即可（其他字段也可以，主要是看分类管理的目的来决定），则所有的数据都按照销售网点来排序。

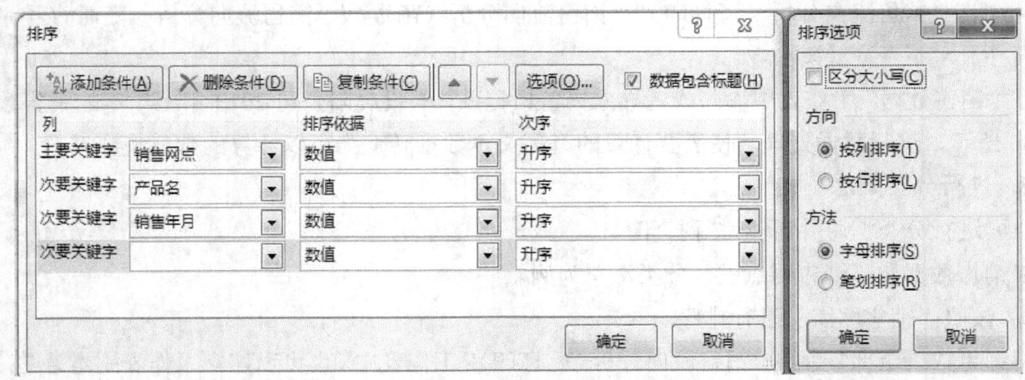


图 6-37　Excel 排序命令窗口及其选项

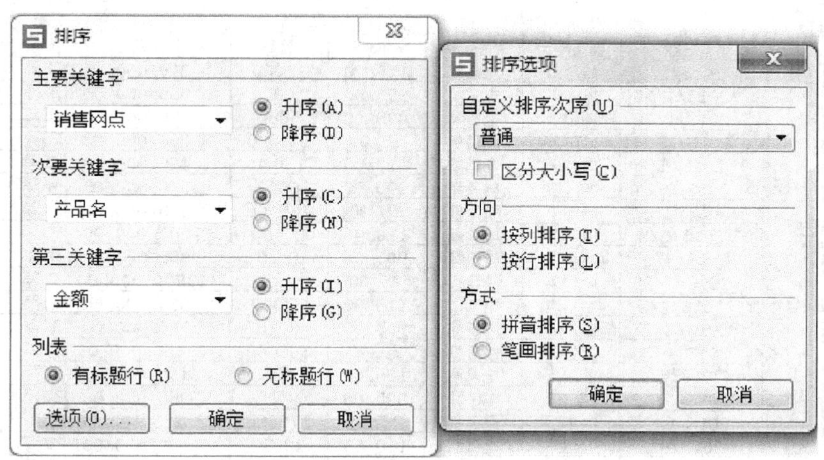


图 6-38 WPS 表格的排序选项界面

需要注意的是：排序前将鼠标放置于数据区域，则排序的时候是自动选择整个数据区域的数据，而不是直接选择销售网点所在列进行排序。

在 Excel/WPS 表格中，如果将光标落在需要排序的字段的某个数值上，也可以直接点升序或者降序命令进行排序，自动默认数据区域为整个数据区。

排序的时候，WPS 表格只能进行 3 个字段的排序，如图 6-38 所示。Excel 2007 以上版本则可以进行多个字段的排序。

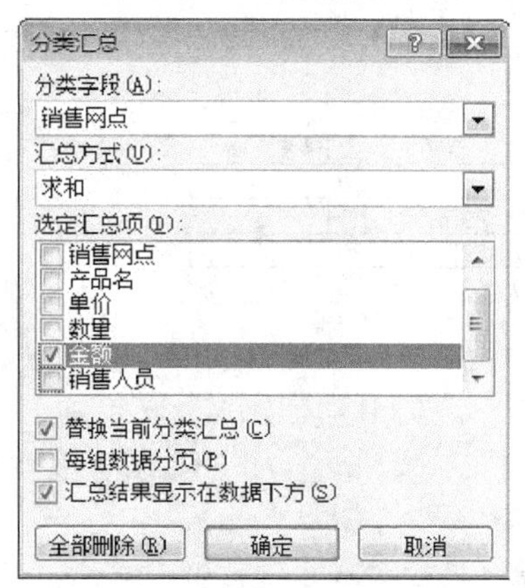


图 6-39 分类汇总对话框

② 按照“销售网点”进行分类汇总

在 Excel 中，选择“数据”菜单下的“分级显示”选项卡中的“分类汇总”命令，弹出“分类汇总”对话框如图 6-39 所示。

在“分类字段（A）”下拉菜单中选择“销售网点”。

在“汇总方式（U）”下拉菜单中选择“求和”（汇总方式可以有“求和”“计数”“平均值”“最大值”“最小值”“乘积”“数值计数”“标准偏差”“总体标准偏差”“方差”“总体方差”等）。

在“选定汇总项（D）”选项列表中选择“金额”。

选择“确定”按钮，则分类汇总完成，出现图 6-40（a）所示内容，显示了所有明细和各个销售网点的合计数以及所有销售网点的销售金额合计数。

在图 6-40（a）的左上方，有“1”、“2”、“3”三个命令按钮，并且左侧有五个“-”号：

单击命令按钮“1”，显示所有销售网点的销售金额的汇总数 538615.00，如图 6-40（b）所示。同时在左侧出现了一个“+”号。

单击命令按钮“2”，显示每个销售网点的销售金额合计数和总的合计数，如图 6-40（c）所示。在左侧出现了四个“+”号和一个“-”号。

单击命令按钮“3”，显示所有的明细和各级的汇总数。

单击命令按钮“+”，可以展开当时处于收缩状态的数据。

单击命令按钮“-”，可以将当时处于展开状态的数据进行收缩。

| | A | B | C | D | E | F | G |
|---|---|---|---|---|---|---|---|
| 1 | 日期 | 销售网点 | 产品名 | 单价 | 数量 | 金额 | 销售人员 |
| 2 | 2013/1/3 | 哈尔滨 | 电风扇 | 110.00 | 11000 | 1,210,000.00 | 李萍 |
| 3 | 2013/1/16 | 哈尔滨 | 电子琴 | 995.00 | 10000 | 9,950,000.00 | 李萍 |
| 4 | 2013/1/16 | 哈尔滨 | 电子琴 | 995.00 | 5000 | 4,975,000.00 | 李萍 |
| 5 | 2013/1/25 | 哈尔滨 | 录音机 | 75.00 | 120000 | 9,000,000.00 | 李萍 |
| 6 | 2013/2/3 | 哈尔滨 | 电风扇 | 110.00 | 13000 | 1,430,000.00 | 李萍 |
| 7 | 2013/2/14 | 哈尔滨 | 电子琴 | 995.00 | 6000 | 5,970,000.00 | 李萍 |
| 8 | 2013/2/27 | 哈尔滨 | 录音机 | 75.00 | 125000 | 9,375,000.00 | 李萍 |
| 9 | 2013/3/5 | 哈尔滨 | 电风扇 | 110.00 | 20000 | 2,200,000.00 | 李萍 |
| 10 | 2013/3/12 | 哈尔滨 | 电子琴 | 995.00 | 7000 | 6,965,000.00 | 李萍 |
| 11 | 2013/3/26 | 哈尔滨 | 录音机 | 75.00 | 156000 | 11,700,000.00 | 李萍 |
| 12 | 2013/4/5 | 哈尔滨 | 电风扇 | 110.00 | 33000 | 3,630,000.00 | 李萍 |
| 13 | 2013/4/17 | 哈尔滨 | 电子琴 | 995.00 | 8000 | 7,960,000.00 | 李萍 |
| 14 | 2013/4/30 | 哈尔滨 | 录音机 | 75.00 | 166000 | 12,450,000.00 | 李萍 |
| 15 | 2013/5/2 | 哈尔滨 | 电风扇 | 110.00 | 40000 | 4,400,000.00 | 李萍 |
| 16 | 2013/5/12 | 哈尔滨 | 电子琴 | 995.00 | 9000 | 8,955,000.00 | 李萍 |
| 17 | 2013/5/23 | 哈尔滨 | 录音机 | 75.00 | 177000 | 13,275,000.00 | 李萍 |
| 18 | 2013/6/3 | 哈尔滨 | 电风扇 | 110.00 | 50000 | 5,500,000.00 | 李萍 |
| 19 | 2013/6/28 | 哈尔滨 | 录音机 | 75.00 | 180000 | 13,500,000.00 | 李萍 |
| 20 | | **哈尔滨 汇总** | | | | 132,445,000.00 | |
| 21 | 2013/1/5 | 江苏 | 电风扇 | 110.00 | 13000 | 1,430,000.00 | 刘祥 |
| 22 | 2013/1/13 | 江苏 | 电子琴 | 995.00 | 5000 | 4,975,000.00 | 刘祥 |
| 23 | 2013/1/26 | 江苏 | 录音机 | 75.00 | 120000 | 9,000,000.00 | 刘祥 |
| 24 | 2013/2/3 | 江苏 | 电风扇 | 110.00 | 14000 | 1,540,000.00 | 刘祥 |
| 25 | 2013/2/14 | 江苏 | 电子琴 | 995.00 | 7000 | 6,965,000.00 | 刘祥 |
| 26 | 2013/2/28 | 江苏 | 录音机 | 75.00 | 140000 | 10,500,000.00 | 刘祥 |
| 27 | 2013/3/2 | 江苏 | 电风扇 | 110.00 | 16000 | 1,760,000.00 | 刘祥 |
| 28 | 2013/3/11 | 江苏 | 电子琴 | 995.00 | 8000 | 7,960,000.00 | 刘祥 |
| 29 | 2013/3/24 | 江苏 | 录音机 | 75.00 | 111000 | 8,325,000.00 | 刘祥 |

（a）

| | A | B | C | D | E | F | G |
|---|---|---|---|---|---|---|---|
| 1 | 日期 | 销售网点 | 产品名 | 单价 | 数量 | 金额 | 销售人员 |
| 78 | | **总计** | | | | 538,615,000.00 | |

（b）

| | A | B | C | D | E | F | G |
|---|---|---|---|---|---|---|---|
| 1 | 日期 | 销售网点 | 产品名 | 单价 | 数量 | 金额 | 销售人员 |
| 20 | | **哈尔滨 汇总** | | | | 132,445,000.00 | |
| 39 | | **江苏 汇总** | | | | 128,295,000.00 | |
| 58 | | **上海 汇总** | | | | 156,225,000.00 | |
| 77 | | **长春 汇总** | | | | 121,650,000.00 | |
| 78 | | **总计** | | | | 538,615,000.00 | |

（c）

图 6-40　分类汇总结果显示

③ 按照其他字段进行汇总

按照所需字段，设置关键字，重复上述操作步骤，先进行排序，然后再分类汇总。

（2）利用函数进行数据处理后进行分类汇总

对销售数据按照销售年月进行分类汇总为例。

将销售数据复制到“销售流向分析（函数）”工作表中，在需要按照日期来进行汇总的时候，如果每天的数据都很多，按照每一天来进行分类汇总，则同上，如果需要按照月份来进行汇总，则上述数据需要处理。

在 A 列和 B 列中间插入一列（可以鼠标右键单击 B 列，在弹出的快捷菜单上选择“插入”即可）之后，产生新的 B 列，在单元格 B1 中输入“销售年月”，在单元格 B2 中输入公式：“=YEAR(A2)&"年"&MONTH(A2)&"月"”（根据个人使用习惯，可以将“年”和“月”置换为“-”、“/”、“.”等形式），向下填充到数据区最后一行，即第 73 行，也可以双击填充柄，自动填充到第 73 行。

然后选择“销售年月”进行排序并进行分类汇总即可，可得到如图 6-41 所示的结果。

| | A | B | C | D | E | F | G | H |
|---|---|---|---|---|---|---|---|---|
| 1 | 日期 | 销售年月 | 销售网点 | 产品名 | 单价 | 数量 | 金额 | 销售人员 |
| 15 | | 2013年1月 汇总 | | | | 657000 | 75,190,000.00 | |
| 28 | | 2013年2月 汇总 | | | | 722000 | 74,755,000.00 | |
| 41 | | 2013年3月 汇总 | | | | 710000 | 79,190,000.00 | |
| 54 | | 2013年4月 汇总 | | | | 827000 | 93,510,000.00 | |
| 67 | | 2013年5月 汇总 | | | | 911000 | 106,825,000.00 | |
| 79 | | 2013年6月 汇总 | | | | 963000 | 109,145,000.00 | |
| 80 | | 总计 | | | | 4790000 | 538,615,000.00 | |

图 6-41　按照销售年月进行分类汇总

（3）不想分类打印，可随时查看各类数据的明细和统计情况

对销售数据按照自动筛选进行分类汇总为例。

将数据复制到“销售流向分析(随时查看)”工作表中，在 Excel 中，选择“数据”菜单下的“排序和筛选”选项卡中的“筛选”命令，进入筛选状态。WPS 表格中则是直接单击“数据”选项卡中的“自动筛选”命令，进入筛选状态。

在单元格 G74 中输入公式：“=SUBTOTAL(9，F2:F73)”，直接求出汇总数 538615000.00；如果不想显示手工隐藏的数据，则可以把公式修改为：“=SUBTOTAL(109，F2:F73)”。

单击“销售网点”右侧的下拉按钮，选择一个销售网点，如选择“长春”之后，直接就显示出了“长春”的销售金额之和为 121,650,000.00，其他数据都隐藏了；当然，也可以选择其中几个网点进行显示。

再单击“产品名”右侧的下拉按钮，选择“电风扇”和“电子琴”，则显示出哈尔滨网点销售的电子琴和电风扇的销售金额。结果如图 6-42 所示。

| | A | B | C | D | E | F | G |
|---|---|---|---|---|---|---|---|
| 1 | 日期 | 销售网点 | 产品名 | 单价 | 数量 | 金额 | 销售人员 |
| 2 | 2013-1-3 | 哈尔滨 | 电风扇 | 110.00 | 11000 | 1,210,000.00 | 李萍 |
| 3 | 2013-1-16 | 哈尔滨 | 电子琴 | 995.00 | 10000 | 9,950,000.00 | 李萍 |
| 4 | 2013-1-16 | 哈尔滨 | 电子琴 | 995.00 | 5000 | 4,975,000.00 | 李萍 |
| 6 | 2013-2-3 | 哈尔滨 | 电风扇 | 110.00 | 13000 | 1,430,000.00 | 李萍 |
| 7 | 2013-2-14 | 哈尔滨 | 电子琴 | 995.00 | 6000 | 5,970,000.00 | 李萍 |
| 9 | 2013-3-5 | 哈尔滨 | 电风扇 | 110.00 | 20000 | 2,200,000.00 | 李萍 |
| 10 | 2013-3-12 | 哈尔滨 | 电子琴 | 995.00 | 7000 | 6,965,000.00 | 李萍 |
| 12 | 2013-4-5 | 哈尔滨 | 电风扇 | 110.00 | 33000 | 3,630,000.00 | 李萍 |
| 13 | 2013-4-17 | 哈尔滨 | 电子琴 | 995.00 | 8000 | 7,960,000.00 | 李萍 |
| 15 | 2013-5-2 | 哈尔滨 | 电风扇 | 110.00 | 40000 | 4,400,000.00 | 李萍 |
| 16 | 2013-5-12 | 哈尔滨 | 电子琴 | 995.00 | 9000 | 8,955,000.00 | 李萍 |
| 18 | 2013-6-3 | 哈尔滨 | 电风扇 | 110.00 | 50000 | 5,500,000.00 | 李萍 |
| 74 | | | | | | 63,145,000.00 | |

图 6-42　利用自动筛选来分类汇总

根据不同的筛选条件，可得出不同的筛选结果。对照前面分类汇总的结果，会发现其合计数和分类汇总数据相符。

此函数有一个特殊的功能，就是进行自动筛选后，只有被筛选出来的数据才统计到合计数中，达到分类统计的目的。对于筛选出来的结果，如果我们再对其中的某些行进行隐藏，分类汇总的结果如果需要包含手工隐藏的值，那么 SUBTOTAL(function_num，ref1，ref2，...) 中的 Function_num 参数必须设置为 1～11 的值，如果不包含手工隐藏的值，则设置为 101～111 的数值，它们分别代表不同的分类汇总的类别，具体如表 6-1 所示。

表 6-1　Function_num 所代表的不同的分类汇总的类别

| Function_num（包含手工隐藏行） | Function_num（忽略手工隐藏行） | 分类汇总的类别 |
|---|---|---|
| 1 | 101 | 平均数 |
| 2 | 102 | 数值计数 |
| 3 | 103 | 计数 |
| 4 | 104 | 最大值 |
| 5 | 105 | 最小值 |
| 6 | 106 | 乘积 |
| 7 | 107 | 标准偏差 |
| 8 | 108 | 总体标准偏差 |
| 9 | 109 | 求和 |
| 10 | 110 | 方差 |
| 11 | 111 | 总体方差 |

ref1、ref2 为要进行分类汇总计算的 1～254 个区域或引用。

（4）不影响正常数据，可随时查看汇总结果

将数据放置于另一个工作表“销售流向（流水不变）”中，并输入图 6-43 所示的文字和公式，则公式所在单元格显示出正确的数值，可以通过前面的分类汇总结果来予以验证。

| | A | B | C | D |
|---|---|---|---|---|
| 1 | 汇总条件 | | 汇总方式计数 | 汇总方式求和-销售金额 |
| 2 | 销售网点 | 上海 | =COUNTIF(销售数据!$B:$B,B2) | =SUMIF(销售数据!$B:$B,B2,销售数据!$F:$F) |
| 3 | 产品名 | 电风扇 | =COUNTIF(销售数据!$C:$C,B3) | =SUMIF(销售数据!$C:$C,B3,销售数据!$F:$F) |
| 4 | 组合汇总 | | | =SUM((销售数据!$B$2:$B$73=B2)*(销售数据!$C |

图 6-43　用公式来进行分类汇总

得到的结果如图 6-44 所示。

| | A | B | C | D | E |
|---|---|---|---|---|---|
| 1 | 汇总条件 | | 汇总方式计数 | 汇总方式求和-销售金额 | |
| 2 | 销售网点 | 上海 | 18 | 156225000 | 156225000 |
| 3 | 产品名 | 电风扇 | 24 | 80850000 | 80850000 |
| 4 | 组合汇总 | | | 18590000 | |

图 6-44　用公式进行分类汇总得到的数据

也可以对单元格 B2 设置数据验证，设置有效性条件为“允许（A）”区域为“序列”，“来源（S）”区域输入：“长春，上海，哈尔滨，江苏”（中间的逗号必须为英文的逗号，否则结果出错），即可进行选择性输入。同理，产品名部分也可以如此设置。

所有公式中关于区域的表示，在不知道数据最终有多少行的时候，可以直接用列来表示，如 $B:$B 表示 B 列，如果数据区间是已知的，不会发生变动，则可以直接写出区域，例如，将公式：“=SUMIF(销售数据!$B:$B，B2，销售数据!$F:$F)”直接修改为：“=SUMIF(销售数据!$B2:$B73，B2，销售数据!$F2:$F73)”，这样可以节省计算机运算的时间和占用的内存空间，尤其是组合汇总的时候，应用到了数组公式：“{=SUM((销售数据!$B$2:$B$73=B2)*(销售数据!$C$2:$C$73=B3)*销售

数据!$F$2:$F$73)}”，当数据量特别大，数组公式特别多的时候，占用的内存更大，运算速度比较慢，此时可以考虑在另一个文件中导入或拷贝数据，减少输入时数组公式的反应时间。数组公式的优点是可以设置很多个条件，“*”号表示并且，“+”号表示或者。在输入完成的时候，需要同时按Ctrl+Shift+Enter组合键。

通过对销售流向分析，可以清晰地看到产品销售的季节性、销售网点的收入、产品相对畅销程度、产品主要流向，并可以对各个销售网点和销售人员进行业绩评价。

# 6.2 销售业绩分析模型的建立

为了对企业销售进行全方位的分析，需要从不同的角度收集数据，并且动态地反映企业销售的情况。这就涉及Excel/WPS表格的另一个非常重要的工具——数据透视表和数据透视图。

## 6.2.1 数据透视表简介

Excel和WPS表格都提供了数据透视表工具。数据透视表是一种可以快速汇总大量数据的交互式工具。可以有效、灵活地将各种以流水方式记录的数据，在重新组合和添加算法的过程中，快速进行各种目标的统计和分析。使用数据透视表可以深入分析数值数据，可以从不同角度回答一些预计不到的数据问题。

### 1. 建立数据透视表的条件

建立数据透视表应该具备如下三个方面的条件。

（1）完整的表体结构：也就是说第一行是字段名，字段名都是文本值，不允许有空白；

（2）自动定义记录：从第二行开始，每一行都是一条记录，且不能是空白值；

（3）规范的列向数据：也就是每一个记录的字段都有数据，且所有记录的同一字段（即同一列）的值必须是相同的类型，不能有空值。如果有空白单元格，在显示的数据中就有空白单元格，无法表示其意义。

### 2. 数据透视表的数据源

数据透视表的数据源可以是如下几类。

（1）Excel/WPS表格数据清单或者数据库。

（2）外部数据源，在使用的时候需要进行外部数据源的链接。

（3）多重合并计算数据区域（WPS未单独列示此项）。

（4）另一个数据透视表。

## 6.2.2 建立销售业绩分析模型

建立一个新的工作表，命名为“销售业绩分析”，复制“销售流向分析(函数)”工作表中的所有数据，删除分类汇总。

### 1. 建立数据透视表

在Excel中，单击“插入”选项卡下的“数据透视表”命令中的“数据透视表”命令，在WPS

中，选择在“数据”选项卡下的功能区的最左端的“数据透视表”命令，如果光标在数据区域中，则自动选择当前数据区域，否则，需要选择一个表或区域，同时选择数据透视表放置的位置，如图6-45 所示。

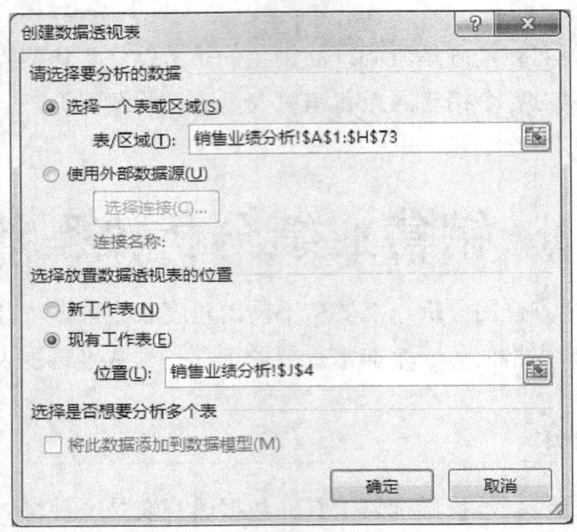


图 6-45　创建数据透视表

Excel 创建数据透视表的界面基本一致，相对于 WPS 缺少“使用另一个数据透视表（P）:”选项，但多了一个“选择是否想要分析多个表”选项，即“将此数据添加到数据模型（M）”。

单击“确定”按钮，创建成功。也可以直接单击“推荐的数据透视表”命令，则出现根据数据智能化生成的各种数据透视表样式可供选择，非常方便快捷。

如果选择“使用外部数据源”的时候，单击“选择连接（C）…”，WPS 表格则需要导入外部数据的，单击完成之后才出现数据透视表设置界面，如图 6-48 所示。Excel 则出现如图 6-46 所示选择连接的对话框，可选择很多类型的外部数据。

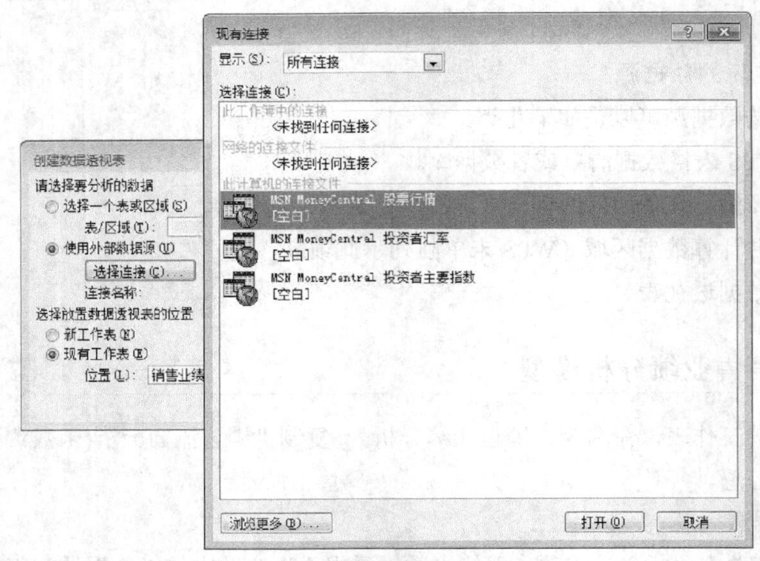


图 6-46　选择连接对话框

## 2. 设置数据透视关系

在数据透视表创建之后，需要设置数据关系，如图 6-47 所示，直接将有关字段拖放于 Excel 工作表中的相应位置即可，本例中直接在“数据透视表字段列表”中将“销售网点”拖放于“将页字段拖放于此处”位置（拖放于“数据透视表字段列表”的“报表筛选”下面的空白处也可以），其他的分别将“产品名”作为列字段，将“销售年月”作为行字段，将“金额”作为数据项。

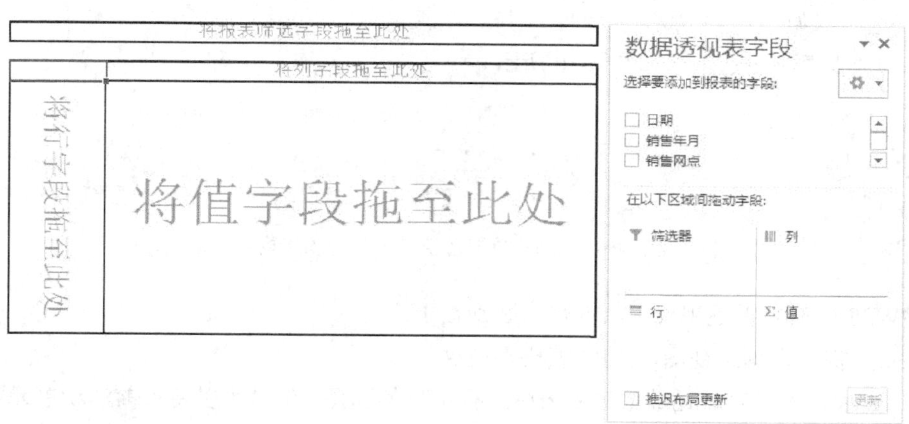


图 6-47　Excel 数据透视表字段拖放

为了更多地反映其他情况，可以将其他字段再拖放到数据透视表的页字段、列字段、行字段的位置，如图 6-47 所示右侧部分，如果需要删除有关字段，则可以将字段拖放回“数据透视表字段列表”中，平时不建议设置太多的字段。

在 WPS 表格中，数据透视表有关选项出现在工作表的右端，如图 6-48 所示。

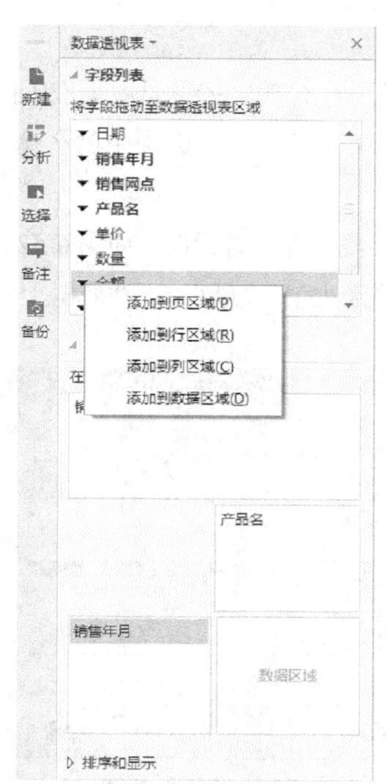


图 6-48　WPS 表格数据透视表设置

图 6-49　WPS 表格数据透视表选项卡内容

WPS 表格数据透视表和 Excel 数据透视表的设置一样，可以将字段直接拖放到“页区域”“列区域”“行区域”“数据区域”，也可以在每个字段前面的下拉箭头中选择添加到的区域，WPS 表格的数据透视表设置，不能直接向工作表中的数据透视表位置直接拖曳字段，这是和 Excel 明显区别的地方，其他基本都一致。

当光标放置在数据透视表位置的时候，标题栏下面就出现“数据透视表”选项卡。WPS 表格的数据透视表选项卡如图 6-49 所示。

Excel 的数据透视表选项卡如图 6-50 所示。

图 6-50　Excel 数据透视表工具选项卡内容

Excel/WPS 表格数据透视表工具的最大区别在于：

（1）Excel 提供数据透视图，WPS 表格不提供；

（2）WPS 表格不能直接在数据透视表中进行项目的选择，但是可以将目前活动单元格所在的行和列（目前活动单元格所在的行和列分别是“电风扇”和“2013 年 4 月”），自动生成一个名为“sheetn”（n=1，2，3，4，……）工作表，显示有关明细数据。如图 6-51 所示。

| | A | B | C | D | E | F | G | H |
|---|---|---|---|---|---|---|---|---|
| 1 | 日期 | 销售年月 | 销售网点 | 产品名 | 单价 | 数量 | 金额 | 销售人员 |
| 2 | 2013-04-05 | 2013年4月 | 哈尔滨 | 电风扇 | 110 | 33000 | 3630000 | 李萍 |
| 3 | 2013-04-01 | 2013年4月 | 江苏 | 电风扇 | 110 | 18000 | 1980000 | 刘祥 |
| 4 | 2013-04-04 | 2013年4月 | 上海 | 电风扇 | 110 | 20000 | 2200000 | 张旺 |
| 5 | 2013-04-01 | 2013年4月 | 长春 | 电风扇 | 110 | 40000 | 4400000 | 李萍 |

图 6-51　WPS 表格对数据透视表中明细数据的显示

在 Excel 数据透视表中，单击数据透视表中的下拉箭头，则可以进行有关字段的选择，例如，单击“产品名”右边的下拉箭头，可以选择“电风扇”、“电子琴”、“录音机”三个选项中的一个或者多个。每个字段旁边都有一个下拉箭头，用于选择具体值。

在 Excel 数据透视表中，双击“求和项：金额”按钮，则出现“值字段设置”对话框，如图 6-52 所示。“值汇总方式”和分类汇总一样，共计有“求和”“计数”“平均值”“最大值”“最小值”“乘积”“数值计数”“标准偏差”“总体标准偏差”“方差”“总体方差”等 11 种，“值显示方式”有“无计算”“全部汇总百分比”“列汇总的百分比”“行汇总的百分比”“百分比”“父行汇总的百分比”“父列汇总的百分比”“父级汇总的百分比”“差异”“差异百分比”“按某一字段汇总”“按某一字段汇总的百分比”“升序排列”“降序排列”“指数”等 15 种，有效地解决了企业销售业绩管理的需求。如图 6-52 所示。

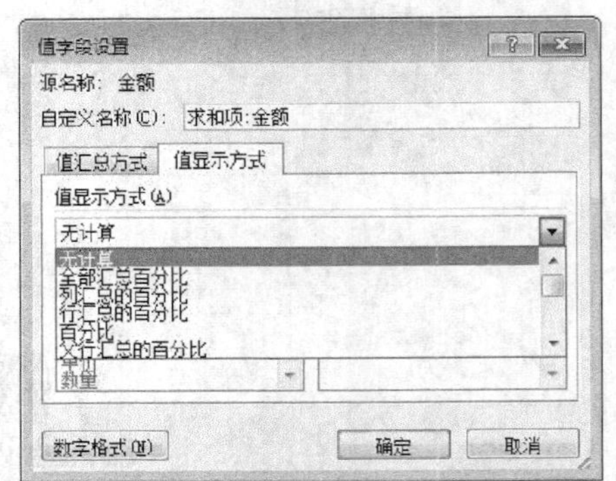


图 6-52　值字段设置

数据透视表建立之后，有关数据的更新，可以选择“数据”菜单下的“连接”选项卡中有“全部刷新”命令选项，可以根据外部数据源数据的变更而更新数据透视表中的数据。

需要说明的是：对于日记账，如果采用数据透视表，按日期显示则比较杂乱，可以在如图 6-33 中，日期栏（A 列）后面插入一列，输入标题“销售年月”，与分类汇总部分进行类似设置，在 B2 单元格中输入公式：“=YEAR(A2)&“年”&MONTH(A2)&“月””，然后向下填充，将日期转换为年月格式，Excel/WPS 表格中皆可如此处理。

# 6.3 销售预测模型的建立

根据历史记录，预测以后的销售情况等，一般有两种方法。一种是按照时间顺序进行预测，一种是不同销售周期的相同时间点之间的比较，比如每年春节期间的销售量之间的对比。

## 6.3.1 使用的函数介绍

此处使用 Excel/WPS 表格提供的函数 LINEST()与 INDEX()组合来进行预测。LINEST()函数可通过使用最小二乘法计算与现有历史数据最佳拟合的直线，并返回描述此直线的数组。

涉及一个自变量时，y=ax+b;

涉及多个自变量时，$y=a_1x_1+a_2x_2+...+b$

语法：LINEST(known_y's，[known_x's]，[const]，[stats])，其中：

（1）known_y's 代表关系表达式 y=ax+b 中已知的 y 值历史数据。

如果 known_y's 对应的单元格区域为单独一列（行），则 known_x's 的每一列（行）则被视为对应的一个独立变量。

（2）known_x's 代表关系表达式 y=ax+b 中已知的 x 值历史数据。

known_x's 对应的单元格区域可以包含一组或多组变量。如果仅使用一个变量，那么只要 known_y's 和 known_x's 具有相同的维数，则它们可以是任何形状的区域。如果使用多个变量，则 known_y's 必须为向量（即必须为一行或一列）。涉及多个变量的时候，但需要注意验证返回的 $a_n$ 的顺序。

如果省略 known_x's，则表示自然数序列。

（3）const 为逻辑值，用于指定是否将常量 b 强制设为 0。

如果 const 为 TRUE 或被省略，正常计算常数项 b 的值。如果 const 为 FALSE，b 将被强制设置为 0，并同时调整 a 的值，使 y =ax，即成为过原点的直线。

（4）stats 为逻辑值，用于指定是否返回附加回归统计值。

如果 stats 为 TRUE，则 LINEST 函数返回附加回归统计值，这时返回的数组见表 6-2。

表 6-2　LINEST()函数返回的附加回归统计值

| 统计值 | | | | | 说明 |
|---|---|---|---|---|---|
| $a_n$ | $a_{n-1}$ | …… | $a_1$ | b | 变量系数和常数项 |
| $se_n$ | $se_{n-1}$ | …… | $se_1$ | $se_b$ | 变量系数和常数项的标准误差值 |
| $r^2$ | sey | | | | 相关系数平方（完全相关为 1，完全不相关为 0）和因变量的标准误差 |
| F | D.F | | | | F 统计和自由度 |
| SSreg | SSresid | | | | 回归平方和和残差平方和 |

如果 stats 为 FALSE 或被省略，LINEST 函数只返回系数 a 和常量 b。

## 6.3.2 建立数据源区域

建立一个工作表并命名为“销售预测”，在工作表“销售流向分析(函数)”中选择单元区域$A$1:$H$73，并在现有工作表创建数据透视表，如图 6-51 所示。

选择电风扇的六个月的销售金额，建立数据区，在单元格 F3 中输入公式：“=VALUE(MID(A3，FIND("年"，A3)+1，FIND("月"，A3)-FIND("年"，A3)-1))”，并向下填充到单元格 F8，则自动取出月份数 1～6，在单元格 G3 中输入公式：“=B3”，并向下填充到单元格 G8，取出销售金额的历史数据。

## 6.3.3 建立预测模型

1. 一个自变量的情况

现假设销售额与期间（月份）之间的关系为 y=ax+b，其中 y 代表销售金额，x 代表期间，历史数据共有 6 期，7～9 三期为预测的数据。

在单元格 J3 中输入公式：“=INDEX(LINEST(G3:G8，F3:F8，TRUE，TRUE)，1，1)”，求出 a 值（只有 1 个 a 值和 b 值，取出统计值中的第 1 行第 1 列）；

在单元格 J4 中输入公式：“=INDEX(LINEST(G3:G8，F3:F8，TRUE，TRUE)，1，2)”，求出 b 值（只有 1 个 a 值和 b 值，取出统计值中的第 1 行第 2 列）；

在单元格 J5 中输入公式：“=INDEX(LINEST(G3:G8，F3:F8，TRUE，TRUE)，3，1)”，求出相关系数平方（取出统计值中的第 3 行第 1 列）。

设定单元格 J7 为需要预测的期间，在单元格 J8 中输入公式：“=IF(J7=""，""，J3*J7+J4)”。如果在单元格 J7 中输入一个需要预测的期间数，则单元格 J8 中自动计算出预测的销售金额，如果单元格 J7 中没有数值，则单元格 J8 为空白单元格。

在单元格 F9、F10、F11 中输入 7、8、9，在单元格 G9 中输入公式：“=$J$3*F9+$J$4”，并向下填充到单元格 G11，自动预测出第 7 期至第 9 期的销售金额。

根据期间和销售金额绘制折线图并添加趋势线，可以观察相关数据关系。如图 6-53 所示。

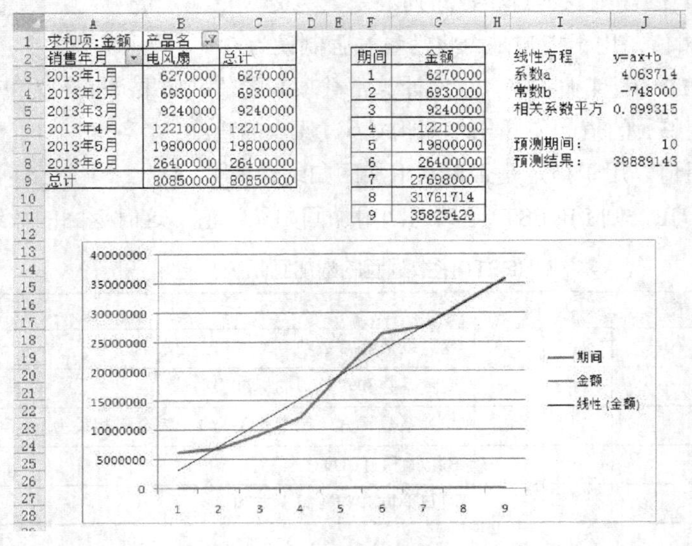


图 6-53 历史数据与预测结果

如果使用 TREND()函数，也可以求出相关的预测值，如果在单元格 G9 中输入公式：“=TREND($G$3:$G$8，$F$3:$F$8，$F9:$F$11，TRUE)”，并向下填充到单元格 G11，预测结果也相同。

2．多个自变量的情况

假设销售金额 y 和销售广告的投入 $x_1$、销售人员数 $x_2$、促销比例 $x_3$ 之间存在线性关系，假设它们之间的关系为：y=a1*x1+a2*x2+a3*x3+b，b 为常数项，如图 6-54 所示。

| | K | L | M | N | O | P | Q | R | S | T | U |
|---|---|---|---|---|---|---|---|---|---|---|---|
| 1 | | | | | 历史数据（多变量） | | | | | | |
| 2 | | 期间 | 1 | 2 | 3 | 4 | 5 | 6 | 7 | 8 | 9 |
| 3 | | 销售广告费（万元） | 10 | 12 | 15 | 16 | 13 | 14 | 16 | 18 | 19 |
| 4 | | 销售人员数（个） | 50 | 55 | 57 | 61 | 62 | 64 | 63 | 65 | 66 |
| 5 | | 促销比例（百分数） | 2 | 2.5 | 2.8 | 3 | 3.2 | 3.1 | 3.4 | 3.5 | 3.6 |
| 6 | | 销售金额（万元） | 200 | 220 | 230 | 235 | 234 | 240 | 245 | 247 | 250 |
| 7 | | | | | | | | | | | |
| 8 | | | | 多变量 预测部分：$y=a_1*x_1+a_2*x_2+a_3*x_3+b$ | | | | | | | |
| 9 | | | | $a_3$ | 12.93 | | | | | | |
| 10 | | | | $a_2$ | 1.19 | | | | | | |
| 11 | | | | $a_1$ | 1.01 | | | | | | |
| 12 | | | | b | 107.63 | | | | | | |
| 13 | | | | $r^2$ | 0.9774 | | | | | | |
| 14 | | 销售广告费（万元） | 20 | | | | | | | | |
| 15 | | 销售人员数（个） | 67 | | | | | | | | |
| 16 | | 促销比例（百分数） | 3.7 | | | | | | | | |
| 17 | | 销售金额（万元） | 255.59 | | | | | | | | |

图 6-54　多变量预测

在 O9 中输入公式：“=INDEX(LINEST($M$6:$U$6，$M$3:$U$5，TRUE，TRUE)，1，1)”，求得 $a_3$；

在 O10 中输入公式：“=INDEX(LINEST($M$6:$U$6，$M$3:$U$5，TRUE，TRUE)，1，2)”，求得 $a_2$；

在 O11 中输入公式：“=INDEX(LINEST($M$6:$U$6，$M$3:$U$5，TRUE，TRUE)，1，3)”，求得 $a_1$；

在 O12 中输入公式：“=INDEX(LINEST($M$6:$U$6，$M$3:$U$5，TRUE，TRUE)，1，4)”，求得常数项 b；

在 O13 中输入公式：“=INDEX(LINEST($M$6:$U$6，$M$3:$U$5，TRUE，TRUE)，3，1)”，求得相关系数平方 $r^2$，$r^2>0.9$，说明求得的线性方程可用，精确度比较高。

在单元格 M17 中输入公式：“=O11*M14+O10*M15+O9*M16+O12”，然后在单元区域 M14:M16 输入预期的销售广告费、销售人员个数、促销比例，求得预测结果。注意 O 列数据与 M 列数据之间的逆序关系，然后用历史数据验证一下。

在设计预测模型时，也可以考虑使用 TREND()函数和 FORECAST()函数，在使用上和 LINEST()函数类似，此处不再累述。

# 复习思考题

1．在 Excel 中导入网页、文本、数据库等数据；在 WPS 表格中导入文本、数据库文件等数据。

2．处理相关文本数据的分列：

（1）按固定宽度分列。

（2）按某个符号分列。

（3）按某个特定汉字分列。

（4）批量删除删除特定的汉字或者标点符号。

3．建立一个销售日记账工作表。

（1）按年月分类汇总。

（2）按照销售网点分类汇总。

（3）按照销售人员分类汇总。

（4）利用 SUBTOTAL()函数察看不同的分类汇总结果。

（5）利用 COUNTIF()和 SUMIF()函数进行分类汇总。

4．建立一个销售日记账工作表，并进行数据透视表分析，转换字段，进行求和、所占百分比分析。

5．在网上搜集一个公司的利润、销售额等数据，进行下期的预测。

# 第7章 筹资管理模型的建立

目前我国的资金市场主体非常多，不仅有商业银行，还有各种信托投资公司、理财公司、证券公司、金融租赁公司、财务公司、小额贷款公司、证券交易所等机构，企业筹资渠道越来越多，选择余地越来越大。

不同的企业有不同的财务状况、风险偏好、行业标准、知识结构、组织结构和决策机制，选择不同的筹资方式，就有不同的要求，但决策的基本原理是相同的，因此，建立筹资管理模型，根据不同的数据，得到不同的决策参考依据，就非常重要。

本章主要讲述一些基本的筹资模型，用于快速反映企业需求的资金量、筹资方式与资金成本之间的关系。

## 7.1 时间价值函数介绍

时间价值是企业筹资与投资的重要指标。本节主要介绍 Excel/WPS 提供的部分时间价值函数。

### 7.1.1 时间价值函数的种类

表 7-1 列出了 Excel/WPS 提供的财务函数。对于 Excel 包含而 WPS 未包含的函数，在用 WPS 打开表格的时候一般会直接转变为数值。

表 7-1 财务函数

| 函数名称 | 说明 |
| --- | --- |
| ACCRINT | 定期支付利息的债券的应计利息函数 |
| ACCRINTM | 在到期日支付利息的债券的应计利息函数 |
| AMORDEGRC | 每个记账期的折旧额（法国）函数 |
| AMORLINC | 每个记账期的折旧额（法国）函数 |
| COUPDAYBS | 从付息期开始到成交日之间的天数函数 |
| COUPDAYS | 包含成交日的付息期天数（WPS 没有这个函数） |
| COUPDAYSNC | 从成交日到下一付息日之间的天数函数 |
| COUPNCD | 成交日之后的下一个付息日函数（WPS 没有这个函数） |
| COUPNUM | 成交日和到期日之间的应付利息次数函数（WPS 没有这个函数） |
| COUPPCD | 成交日之前的上一付息日函数（WPS 没有这个函数） |
| CUMIPMT | 两个付款期之间累积支付的利息函数 |
| CUMPRINC | 两个付款期之间为贷款累积支付的本金函数 |
| DB | 固定余额递减法函数 |
| DDB | 双倍余额递减法折旧函数 |

续表

| 函数名称 | 说明 |
| --- | --- |
| DISC | 债券的贴现率函数（WPS 没有这个函数） |
| DOLLARDE | 分数转小数价格函数（WPS 没有这个函数） |
| DOLLARFR | 小数转分数价格函数（WPS 没有这个函数） |
| DURATION | 定期支付利息的债券的每年期限函数（WPS 没有这个函数） |
| EFFECT | 年有效利率函数（WPS 没有这个函数） |
| FV | 终值函数 |
| FVSCHEDULE | 应用一系列复利率计算的初始本金的未来值函数（WPS 没有这个函数） |
| INTRATE | 完全投资型债券的利率函数（WPS 没有这个函数） |
| IPMT | 年金中所包含的利息函数 |
| IRR | 一系列现金流量的内含报酬率 |
| ISPMT | 计算特定投资期内要支付的利息 |
| MDURATION | 假设面值为 100 的有价证券的 Macauley 修正期限函数（WPS 没有这个函数） |
| MIRR | 修正内含报酬率函数 |
| NOMINAL | 年名义利率函数（WPS 没有这个函数） |
| NPER | 投资的年金期数函数 |
| NPV | 净现值函数 |
| ODDFPRICE | 每张票面为 100 且第一期为奇数的债券的现价函数（WPS 没有这个函数） |
| ODDFYIELD | 第一期为奇数的债券的收益函数（WPS 没有这个函数） |
| ODDLPRICE | 每张票面为 100 且最后一期为奇数的债券的现价函数（WPS 没有这个函数） |
| ODDLYIELD | 最后一期为奇数的债券的收益函数（WPS 没有这个函数） |
| PMT | 年金函数 |
| PPMT | 年金中的本金函数 |
| PRICE | 票面为 100 且定期支付利息的债券的现价函数 |
| PRICEDISC | 票面为 100 的已贴现债券的现价函数（WPS 没有这个函数） |
| PRICEMAT | 票面为 100 且在到期日支付利息的债券的现价函数（WPS 没有这个函数） |
| PV | 现值函数 |
| RATE | 年金利率函数 |
| RECEIVED | 完全投资型债券在到期日收回的终值函数（WPS 没有这个函数） |
| SLN | 直线折旧函数 |
| SYD | 年数总和法折旧函数 |
| TBILLEQ | 国库券的等价债券收益函数（WPS 没有这个函数） |
| TBILLPRICE | 面值 100 的国库券的价格函数（WPS 没有这个函数） |
| TBILLYIELD | 国库券的收益率函数（WPS 没有这个函数） |
| VDB | 倍率余额递减法函数 |
| XIRR | 一组现金流返回的内部收益率函数 |
| XNPV | 一组现金流（不定期发生）的净现值函数（WPS 没有这个函数） |
| YIELD | 定期支付利息的债券的收益函数（WPS 没有这个函数） |
| YIELDDISC | 已贴现债券的年收益函数（WPS 没有这个函数） |
| YIELDMAT | 在到期日支付利息的债券的年收益函数（WPS 没有这个函数） |

### 7.1.2 年金函数相关介绍

对于筹集的资金，企业可以选择一次性还本付息、等额偿还等方式。一次性还本付息的方式比较简单，此处主要讲述年金归还方式。

1. 年金函数的相关参数

年金函数主要涉及如下几个参数。

rate：每期利率（资金成本率）。

nper：年金总期数。

pmt：年金。

pv：年金现值。

fv：年金终值。

type：年金类型。省略或者为 0，表示普通年金，也叫做后付年金；如果设为 1，则表示先付年金。

per：具体某个期数。

现金流入通常用正数来表示，反之用负数表示。

2. 年金函数

每期固定收（支）的确定金额，即称之为年金。

（1）语法

PMT(rate,nper,pv,[fv],[type])

（2）功能

在已知利率、总期数、现值或者终值、年金种类的情况下计算年金，其中含有本金和利息，不包括税款、保留支付及某些与贷款有关的费用。

参数 rate 和 nper 的时间长度单位一致，通常都为年

如果要计算总的收支金额，用 PMT()乘以 nper()即可。

方括号 [ ] 表示可选项，此处需要注意的是 pv 和 fv 二者至少要有 1 个，且通常只有 1 个。如果二者同时出现，则表示累加。

当 pv 的值未知时，则 pv 处为空。

当 type 的值为 1 时，type 的值不能省略。

当 fv 的值未知时，fv 处为空。

［例 7-1］如图 7-1 所示，设银行年利率为 6%，为了在第 5 年年末能收回 5000 元，则每年年初应该存款多少？

在单元格 A11 中输入公式："=PMT(B2,B3,,B5,B6)"，得到结果￥-836.78 元，也就是说每年年初存入 836.78 元，即可以在第 5 年的年末收回 5000 元。

［例 7-2］如图 7-1 所示，设银行贷款利率为 6%，在第 1 年年初获得贷款 3736.29 元，如果在每年的年初还款，5 年还清，则每年应该还款多少？

在单元格 A14 中输入公式："=PMT(B2,B3,A13,,B6)"，得到结果￥-836.78 元，也就是说每年年初还款 836.78 元，即可在第 5 年内还清贷款。

根据例 7-1 和例 7-2，如果是年末存入，将单元格 B6 的值改为 0 或者删除即可，得到计算结果为￥886.98 元，也就是说每年年末存入 886.98 元，则第 5 年的年末可以提取 5000 元。如果是年末

还款，将单元格 B6 的值改为 0 或者删除即可，得到计算结果为￥886.98 元，也就是说每年年末还款 886.98 元，则贷款 3736.29 元可以在第 5 年年末还清。

公式 PMT()中 B3 和 B5 中间是两个“,”号，省略了现值。

如果将后两项删除，则公式 PMT()的结果为 0，由此可知，在公式 PMT()中 pv 虽然没有用方括号括上，也是可以不输入任何值的，但此时必须输入 fv 的值。

由例 7-1 和例 7-2 可知，对于年金函数，pv 和 fv 的值只需输入一个，且 pv=3736.29 与 fv=5000 所得到的结果是一样的。如果同时输入，则结果会被累加，变成原结果的 2 倍。如图 7-1 所示，在单元格 A15 中输入公式：“=PMT(B2,B3,3736.29,5000,B6)”，年金计算结果为-1673.55，为上述结果的 2 倍。

| | A | B | C |
|---|---|---|---|
| 1 | 项目 | 已知数值 | |
| 2 | 年利率rate: | 6% | |
| 3 | 总还款期数nper: | 5 | |
| 4 | 年金现值pv: | ? | |
| 5 | 年金终值fv: | 5000 | |
| 6 | 年金种类type: | 1 | |
| 9 | | | |
| 10 | 计算结果 | 公式 | |
| 11 | ¥-836.78 | =PMT(B2,B3,,B5,B6) | |
| 12 | ¥5,000.00 | =FV(B2,B3,A11,,B6) | |
| 13 | ¥3,736.29 | =PV(B2,B3,A11,,B6) | |
| 14 | ¥-836.78 | =PMT(B2,B3,A13,,B6) | |
| 15 | ¥-1,673.55 | =PMT(B2,B3,3736.29,5000,B6) | |
| 16 | 6% | =RATE(B3,A11,A13,,B6) | |
| 17 | 6% | =RATE(B3,A11,,A12,B6) | |
| 18 | #NUM! | =RATE(B3,A11,A13,A12,B6) | |
| 19 | 5 | =NPER(B2,A11,A13,,B6) | |
| 20 | 5 | =NPER(B2,A11,,A12,B6) | |
| 21 | 10 | =NPER(B2,A11,A13,A12,B6) | |

图 7-1　年金公式

3. 年金终值函数

（1）语法

FV(rate,nper,pmt,[pv],[type])

（2）功能

计算年金到期的期末总金额，实际上就是将每次的年金都折算为最后一期期末的价值之和。

［例 7-3］已知年利率为 6%，每年年初存入 836.78 元，问第 5 年年末能收回多少款？

如图 7-1 所示，在单元格 A12 中输入公式：“=FV(B2,B3,A11,,B6)”或者“=FV(6%,5,-836.78,,1)”，得到结果为 5000 元。

4. 年金现值函数

（1）语法

PV(rate, nper, pmt, [fv], [type])

（2）功能

在已知利率、总期数、年金金额或者年金终值、年金种类的情况下计算年金折算为投资初期的价值，也就是将所有年金都用一个利率折算到初期之后的价值之和。

［例 7-4］已知年利率为 6%，如果在以后 5 年每年的年初存入 836.78 元，那么现在可以贷款多少？

如图 7-1 所示，在单元格 A13 中输入公式："=PV(B2,B3,A11,,B6)"或者"=PV(6%,5,-836.78,,1)"，得到结果为 3736.29 元。

5. 年金利率函数

（1）语法

RATE(nper, pmt, pv, [fv], [type], [guess])

（2）功能

返回年金利率。运用迭代法计算结果，可能无解或有多个解。如果在连续进行 20 次迭代计算后，相邻两次结果没有收敛于 0.0000001，将返回错误值 #NUM!。此时，可以通过设置 guess 值（必须介于 0～1 之间），围绕 guess 值重新进行计算，直到找到正确值为止，guess 省略的时候默认值为 10%。

［例 7-5］已知贷款金额为 3736.29 元，每年年初还 836.78 元，5 年还清，问贷款利率是多少？

如图 7-1 所示，在单元格 A16 中输入公式："=RATE(B3,A11,A13,,B6)"，得到结果为 6%。

［例 7-6］如果现在每年年初存入 836.78 元，在第 5 年年末可以取回 5000 元，问存款利率是多少？

如图 7-1 所示，在单元格 A17 中输入公式："=RATE(B3,A11,,A12,B6)"，得到结果 6%。

在单元格 A18 中输入公式："=RATE(B3,A11,A13,A12,B6)"，返回结果出错，说明 pv 和 fv 不能同时出现。

6. 年金期数函数

（1）语法

NPER(rate, pmt, pv, [fv],[type])

（2）功能

基于固定利率及等期等额付款方式，返回年金的总期数。

［例 7-7］如果已知贷款年利率为 6%，贷款金额为 3736.29，每年的年初存入 836.78 元，问多长时间能还清贷款？

如图 7-1 所示，在单元格 A19 中输入公式："=NPER(B2,A11,A13,,B6)"，得到结果为 5 年。

与例题 7-6 同理，如果公式中不输入 pv 值，输入 fv 值，在单元格 A20 中输入公式："=NPER(B2,A11,,A12,B6)"，同样得到正确的结果 5 年，如图 7-1 所示。

如果同时在公式中输入 pv 和 fv 的值，则结果为 10 年，结果不正确，也就是说对于 NPER()而言，pv 和 fv 的值也只要输入一个就可以了。

7. 年金中的本金函数

不同的期间，年金相同，但是年金中所包含的本金是不同的，利息自然也不同。

（1）语法

PPMT(rate, per, nper, pv, [fv], [type])

（2）功能

在期数 per 已知的情况下，计算出年金中的本金，其他参数同 PMT()。

8. 年金中的利息函数

年金中的利息通常是用尚未支付的款项乘以当期利率计算出来的。与 PPMT()相同，已知 per 的情况下，其他参数与 PMT()相同，即可计算出当期年金中包含的利息。

（1）语法

IPMT(rate, per, nper, pv, [fv], [type])

（2）功能

计算出年金中的利息，其他参数与 PPMT()和 PMT()相同。

由于年金中只包含本金和利息两个部分，所以，就存在 PMT()=PPMT()+IPMT()的等式关系。

［**例 7-8**］如图 7-1 所示，设银行贷款年利率为 6%，如果现在放出贷款 3736.29 元，每年年初收回多少款项可以在 5 年内全部收回款项？每年收回的本金和利息分别是多少？

在单元格 G11 中输入公式："=PMT($B$2,$B$3,-3736.29,,$B$6)"（或者"=PMT(6%,5,-3736.29,,1)"）；

在单元格 H11 中输入公式："=PPMT($B$2,F11,$B$3,-3736.29,,$B$6)"（或者"=PPMT(6%,F11,5,-3736.29,,1)"）；

在单元格 I11 中输入公式："=IPMT($B$2,F11,$B$3,-3736.29,,$B$6)"（或者"=IPMT(6%,F11,5,-3736.29,,1)"）；

在单元格 J11 中输入公式："=H11+I11"；

选择单元区域 G11:J11，并向下填充到单元区域 G15:J15，得到的结果如图 7-2 所示，可以验证 PMT()=PPMT()+IPMT()。

| | F | G | H | I | J |
|---|---|---|---|---|---|
| 10 | 年份 | PMT() | PPMT() | IPMT() | PPMT()+IPMT() |
| 11 | 1 | 836.78 | 836.78 | 0.00 | 836.78 |
| 12 | 2 | 836.78 | 662.80 | 173.97 | 836.78 |
| 13 | 3 | 836.78 | 702.57 | 134.20 | 836.78 |
| 14 | 4 | 836.78 | 744.73 | 92.05 | 836.78 |
| 15 | 5 | 836.78 | 789.41 | 47.36 | 836.78 |

图 7-2 计算 PMT()、PPMT()和 IPMT()并验证三者关系

需要注意的是，如果不输入 pv，直接使用 fv，则得出的结果会出现错误。由于结果涉及四舍五入，显示的数值和计算的结果可能不对应，即使结果仍然是 PMT()=PPMT()+IPMT()，但仍然存在逻辑错误。

如图 7-3 所示，单元区域 M11:P15 中函数输入如下：

| | L | M | N | O | P |
|---|---|---|---|---|---|
| 10 | 年份 | PMT() | PPMT() | IPMT() | PPMT()+IPMT() |
| 11 | 1 | 836.78 | 836.78 | 0.00 | 836.78 |
| 12 | 2 | 836.78 | 886.98 | -50.21 | 836.78 |
| 13 | 3 | 836.78 | 940.20 | -103.43 | 836.78 |
| 14 | 4 | 836.78 | 996.61 | -159.84 | 836.78 |
| 15 | 5 | 836.78 | 1,056.41 | -219.63 | 836.78 |

图 7-3 使用 fv 求 PMT()、PPMT()、IPMT()出现了逻辑错误

单元格 M11 中输入的函数为："=PMT($B$2,$B$3,,-5000,$B$6)"

单元格 N11 中输入的函数为："=PPMT($B$2,L11,$B$3,,-5000,$B$6)"

单元格 O11 中输入的函数为："=IPMT($B$2,L11,$B$3,,-5000,$B$6)"

单元格 P11 中输入的函数为："=N11+O11"

将单元区域 M11:P11 向下填充到第 15 行。

通过对上述有关年金相关公式的研究说明，某些时候，对于同一项目，一般 pv 和 fv 是不能同时在公式中进行赋值的。如果赋值则相当于累加分开计算的运算结果。对于年金中的本金和年金中的利息的计算，在使用 fv 参数的时候，需要慎重。

# 7.2 长期负债分析模型的建立

长期负债是企业融资的主要方式之一，主要应用于长期建设项目，还款方式中主要采用年金方式或者一次性还款方式。长期借款为最常用的负债方式。进行长期负债首先需要确定长期负债的用途，如工业基建贷款等长期大型工程等；其次是根据借款的年限来确定贷款的利率，然后根据现金流量的预测，确定偿还的次数；最后根据上述各种因素进行综合考虑，确定借款期限和还款次数以及每次偿还的金额。

## 7.2.1 建立分期偿还借款模型

建立分期偿还借款模型需要建立一个基本数据区，并设置数据之间的关系，才能得到每期需偿还的金额。

1. 建立基本数据区

建立一个工作表，命名为："长期负债分析模型"，并建立一个数据区，如图 7-4 所示，贷款利率表为 2012 年中国人民银行公布的标准年利率。

| | A | B | C | D | E | F |
|---|---|---|---|---|---|---|
| 1 | | | | | | |
| 2 | | 分期偿还长期负债分析模型 | | | 贷款利率表 | |
| 3 | | | | | | |
| 4 | | 借款用途： | 工业贷款 | | 贷款期限 | 贷款利率 |
| 5 | | 借款金额： | 5000000 | | 5-30年 | 6.55% |
| 6 | | 借款年限： | 4 | | 3-5（含）年 | 6.40% |
| 7 | | 每年还款次数： | 3 | | 1-3（含） | 6.15% |
| 8 | | 借款年利率： | 6.40% | | 1年 | 6.00% |
| 9 | | 总付款期数： | 12 | | 6个月 | 5.60% |
| 10 | | 年金类型： | 后付 | | | |
| 11 | | 每期偿还金额： | 476,678.03 | | | |

图 7-4 分期偿还长期负债分析模型

2. 设置数据关系

对单元格 C7 单元格设置数据验证，设置有效条件为允许序列，来源设置为"1,2,3,4,6,12"（逗号为英文输入状态下的逗号），表示每年的还款次数可选项；

在单元格 C8 中输入公式："=IF(C6>=5,F5,IF(C6>=3,F6,IF(C6>=1,F7,IF(C6>=0.5,F8,F9))))"，并

设置保护，从而可以根据借款年限自动从利率表中提取相应的利率；

在单元格 C9 中输入公式：“=C6*C7”，自动计算总付款期数；

对单元格 C10 设置数据验证，将来源设置为：“先付,后付”，用于选择年金类型；

在单元格 C11 中输入公式：“=ABS(PMT(C8/C7,C9,C5,,IF(C10="后付",0,1)))”，用于计算年金，也就是每次还款的金额。

3. 使用说明

上述模型建立之后，输入借款金额、借款年限，选择每年还款的次数以及年金的类型，就可以根据年限和贷款利率表自动选择贷款的利率并计算出年金，用户可以根据具体情况调整并进行决策。

## 7.2.2 长期负债双变量分析方法

在上述模型中，每改变一个变量，得到的年金都会发生变化，而实际决策中通常需要改变多个变量，进行综合考虑。下面根据模型中的两个变量同时发生变化的情况，进行年金计算的设计，使用的工具为模拟运算表。

1. 借款金额和借款利率双因素变动分析

在单元格 B14 中输入公式：“=ABS(PMT(C8/C7,C9,C5,,IF(C10="后付",0,1)))”（或者“=C11”），在单元区域 B15:B18 中输入可能的借款金额，在单元区域 C14:I14 中输入可能的借款利率。注意：此时单元区域 C15:I18 为空白区域，如图 7-5 所示。

| | A | B | C | D | E | F | G | H | I |
|---|---|---|---|---|---|---|---|---|---|
| 13 | | 1、借款金额/借款利率 | | | | | | | |
| 14 | | 476,678.03 | 5.60% | 6.00% | 6.15% | 6.40% | 6.55% | 7.00% | 7.50% |
| 15 | | 4500000.00 | 422041.48 | 425518.18 | 426825.90 | 429010.22 | 430323.68 | 434276.95 | 438692.07 |
| 16 | | 5000000.00 | 468934.98 | 472797.98 | 474251.00 | 476678.03 | 478137.43 | 482529.94 | 487435.63 |
| 17 | | 5500000.00 | 515828.48 | 520077.78 | 521676.11 | 524345.83 | 525951.17 | 530782.94 | 536179.20 |
| 18 | | 6000000.00 | 562721.98 | 567357.58 | 569101.21 | 572013.63 | 573764.91 | 579035.93 | 584922.76 |

图 7-5 借款金额和借款利率双因素变动分析

选中单元区域 B14:I18，单击“数据”选项卡下的“数据工具”功能区中的“模拟分析”的下拉箭头，调用“模拟运算表”（Excel 2007 中称为数据表），出现如图 7-6 所示的模拟运算表对话框，输入引用行的单元格，即可直接计算出所有的结果，如图 7-6 所示。

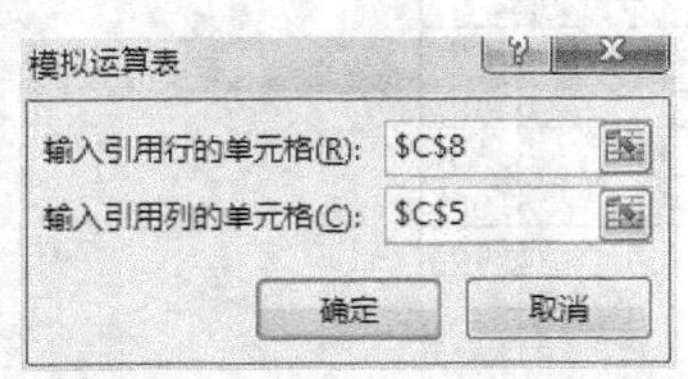


图 7-6 模拟运算表引用单元格输入

如果给单元格 C8 命名为“借款年利率”，将单元格 C5 命名为“借款金额”，则图 7-6 就在上下两个空白处直接显示为“借款年利率”和“借款金额”，比较容易记忆和理解。

由于在 WPS 表格中没有“模拟运算表”工具，可以直接在单元格 C15 中输入公式：“=ABS(PMT(C$14/$C$7,$C$9,$B15,,IF($C$10="后付",0,1)))”，再填充到整个单元区域 C15:I18 中，可以先向下填充到单元格 C18，然后再选中单元区域 C15：C18，向右填充到 I 列；也可以向右进行行填充，再向下填充整个区域；还可以先选中整个单元区域 C15：C18，输入公式后按 Ctrl+Enter 组合键批量输入。如上方法都能得到和“模拟运算表”一样的结果。

2. 借款利率和借款年限双因素变动分析

如图 7-7 所示，在单元格 B21 中输入公式：“=ABS(PMT(C8/C7,C9,C5,,IF(C10="后付",0,1)))”（或者

“=C11”)，在单元区域 B22:B28 中输入可能的借款利率，在单元区域 C21:I21 中输入可能的借款年限。

调用“模拟运算表”工具，得到如下运算结果，如图 7-7 所示。

在 WPS 表格中，也可以在单元格 C22 中输入公式：“=ABS(PMT($B22/$C$7,$C$7*C$21,$C$5,,IF($C$10="后付",0,1)))”，填充到整个单元区域 C22:I28 区域，填充方法同上，也能得到同样的结果，如图 7-7 所示。

| | A | B | C | D | E | F | G | H | I |
|---|---|---|---|---|---|---|---|---|---|
| 20 | | 2、借款利率/借款年限 | | | | | | | |
| 21 | | 476,678.03 | 2 | 3 | 4 | 5 | 6 | 7 | 8 |
| 22 | | 5.60% | 888616.71 | 608685.45 | 468934.98 | 385256.46 | 329613.52 | 289990.49 | 260379.49 |
| 23 | | 6.00% | 892629.06 | 612577.19 | 472797.98 | 389127.36 | 333510.51 | 293923.84 | 264355.49 |
| 24 | | 6.15% | 894135.86 | 614039.88 | 474251.00 | 390584.44 | 334978.46 | 295406.49 | 265855.18 |
| 25 | | 6.40% | 896649.79 | 616481.67 | 476678.03 | 393019.55 | 337432.99 | 297886.81 | 268365.17 |
| 26 | | 6.55% | 898159.72 | 617949.13 | 478137.43 | 394484.60 | 338910.46 | 299380.54 | 269877.45 |
| 27 | | 7.00% | 902696.56 | 622362.22 | 482529.94 | 398897.60 | 343364.27 | 303886.52 | 274442.49 |
| 28 | | 7.50% | 907749.86 | 627284.45 | 487435.63 | 403832.28 | 348350.40 | 308936.64 | 279564.10 |

图 7-7　借款利率和借款年限双因素变动分析

### 3. 借款年利率和每年还款次数双因素变动分析

如图 7-8 所示，在单元格 B31 中输入公式：“=ABS(PMT(C8/C7,C9,C5,,IF(C10="后付",0,1)))”(或者“=C11”)，在单元区域 B22:B28 中输入可能的借款利率，在单元区域 C21:I21 中输入可能的借款年限。

调用“模拟运算表”工具即可得到如图 7-8 所示结果。

在 WPS 表格中，在单元格 C32 中输入公式：“=ABS(PMT($B32/C$31,$C$6*C$31,$C$5,,IF ($C$10="后付",0,1)))”，填充到单元区域 C32:H38，同样可以得到与模拟运算表一样的结果，如图 7-8 所示。

| | A | B | C | D | E | F | G | H |
|---|---|---|---|---|---|---|---|---|
| 30 | | 3、借款年利率/每年还款次数 | | | | | | |
| 31 | | 476,678.03 | 1 | 2 | 3 | 4 | 6 | 12 |
| 32 | | 5.60% | 1429763.71 | 706285.05 | 468934.98 | 350978.97 | 233503.74 | 116510.38 |
| 33 | | 6.00% | 1442957.46 | 712281.94 | 472797.98 | 353825.39 | 235367.36 | 117425.15 |
| 34 | | 6.15% | 1447916.88 | 714537.22 | 474251.00 | 354896.13 | 236068.46 | 117769.31 |
| 35 | | 6.40% | 1456196.78 | 718303.81 | 476678.03 | 356684.73 | 237239.68 | 118344.29 |
| 36 | | 6.55% | 1461173.22 | 720568.43 | 478137.43 | 357760.30 | 237944.03 | 118690.10 |
| 37 | | 7.00% | 1476140.58 | 727383.23 | 482529.94 | 360997.88 | 240064.42 | 119731.22 |
| 38 | | 7.50% | 1492837.54 | 734991.96 | 487435.63 | 364614.25 | 242433.24 | 120894.51 |

图 7-8　借款年利率和每年还款次数双因素变动分析

### 4. 注意事项

(1) 年金公式中的利率采用的是“年利率/每年还款的次数”，这是不准确的，也就是说 1 个年度以内采用的是单利。

(2) 模拟运算表(数据表)引用的公式必须在左上角，可以是直接输入公式，也可以是间接引用。例如，在单元格 B14 中可以输入公式：“=ABS(PMT(C8/C7,C9,C5,,IF(C10="后付",0,1)))”，也可以直接输入：“=C11”(单元格 C11 中的公式也是“=ABS(PMT(C8/C7,C9,C5,,IF(C10="后付",0,1)))”)。

(3) 数据表的数据不能单独删除其中的任何一部分，如需删除必须是全部删除。如果单击进入某一个单元格，可以按 Esc 键退出。

(4) 模拟运算表中引用的单元格不一定是公式中直接含有的，可以是相关单元格，公式中间接引用到的也可以。

（5）引用的行和列可以是和公式有关任意两个元素，且行列方向可以调换，如图 7-5 和图 7-7 中的利率。如果只是针对一个元素的变化，也是可以的。

（6）调整年金支付方式的时候，所有数据表中的数据都会根据支付方式的调整计算出相应的金额。

（7）WPS 表格中的模拟运算需要用户自己设计，如果引用的模拟因素是间接的，则不能得到正确的结果，一定要在公式中引用相应的模拟因素。例如，将单元格 C32 中的公式："=ABS(PMT($B32/C$31,$C$6*C$31,$C$5,,IF($C$10="后付",0,1)))" 改为："=ABS(PMT($B32/C$31,$C$9,$C$5,,IF($C$10="后付",0,1)))"，则不能得到正确的结果。同理，单元格 C22 中的公式也是如此。因此，在设计模拟运算时，一定要清楚如何引用需要的模拟因素。

# 7.3 租赁模型的建立

当企业资金不足或租赁成本较低的时候，为获得大型设备设施，可以考虑采用融资租赁的方式。根据租赁年限、租金支付方式、租赁利率、每年支付次数等条件计算租金年金，权衡短期支付压力，并将此作为决策的重要依据。

租金的支付是等额支付，可采用年金计算公式：PMT(rate,nper,pv,fv,type)。

1. 租赁基础数据区的建立

建立一个工作表并命名为"租赁模型"，如图 7-9 所示，建立租赁模型基础数据区。租赁年利率和可选租赁项目为已知可选项，存放于单元区域 F2：J12。

| | A | B | C | D | E | F | G | H | I | J |
|---|---|---|---|---|---|---|---|---|---|---|
| 1 | | | | | | | | | | |
| 2 | | 租赁分析模型 | | | | 租赁利率表 | | | 可选租赁项目 | |
| 3 | | | | | | | | | | |
| 4 | | 租赁项目: | 长臂挖掘机 | 长臂挖掘机 | | 租赁期限 | 租赁利率 | | 设备设施名称 | 租赁价格 |
| 5 | | 租赁金额: | 5000000 | 5000000 | | 10（含）年以上 | 7.10% | | 盾构机（德系） | 40000000 |
| 6 | | 租赁年限: | 20 | 20 | | 5-10（含）年 | 7.00% | | 盾构机（日系） | 35000000 |
| 7 | | 每年支付租金次数: | 3 | 3 | | 3-5（含）年 | 6.85% | | 仓储仓库（广州） | 20000000 |
| 8 | | 租赁年利率: | 7.10% | 7.10% | | 1-3（含）年 | 6.55% | | 仓储仓库（长春） | 15000000 |
| 9 | | 总付款期数: | 60 | 60 | | 1年 | 6.40% | | 远洋货轮（十万吨） | 400000000 |
| 10 | | 年金类型: | 先付 | 先付 | | | | | 长臂挖掘机 | 5000000 |
| 11 | | 每期偿还金额: | 153,260.72 | 153,260.72 | | | | | 3米特种车床 | 17000000 |
| 12 | | | | | | | | | 2米望远镜 | 300000000 |

图 7-9 租赁模型

2. 不使用控件进行设计

利用数据验证和 VLOOKUP()等函数，即可完成相关模型的设计。

对单元格 C4 设置数据验证，选择有效性条件允许为"序列"，数据来源为"=$I$5:$I$12"，用于选择租赁项目；

在单元格 C5 中输入公式："=VLOOKUP(C4,I5:J12,2,0)"，可以根据选择的租赁项目自动提取相应的租赁价格，即现值 PV；

同单元格 C4，设置单元格 C7 的数据验证，将数据来源设置为："1,2,3,4,6,12"，用于选择每年还款的次数；

在单元格 C8 中输入公式："=IF(C6>=10,G5,IF(C6>=5,G6,IF(C6>=3,G7,IF(C6>=1,G8,G9))))"，可

根据租赁年限自动选择租赁年利率；

在单元格 C9 中输入公式：“=C6*C7”，用于计算总付款期数；

同单元格 C4 和单元格 C7，设置数据验证，将数据来源设置为：“先付,后付”，用于选择年金类型；

在单元格 C11 中输入公式：“=ABS(PMT(C8/C7,C9,C5,,IF(C10="后付",0,1)))”，用于计算每期支付的年金金额。

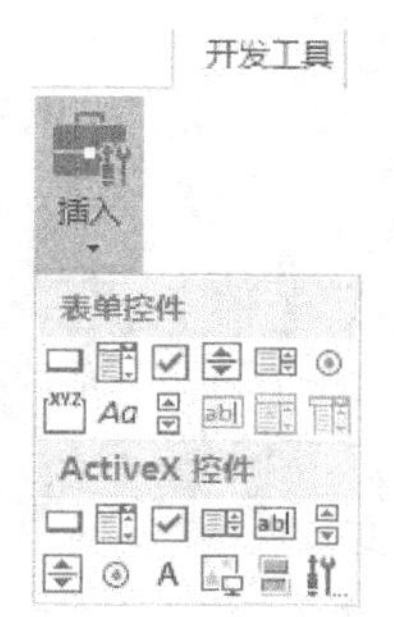


图 7-10 控件选择窗口

使用此模型，只需要选择租赁项目，输入租赁年限，调整每年支付的次数，并选择年金类型，则可以自动计算出每期租金金额。

3. 使用控件进行设计

对照不使用控件进行设计，在 D 列和 E 列进行设计，单击“开发工具”→“控件”→“插入”命令出现“表单控件和 ActiveX 控件”选择窗口，如图 7-10 所示。

选择“表单控件”中的组合框，拖放于 D4 单元格上，此时，组合框为选中状态，右击组合框，在弹出的快捷菜单中选择“设置控件格式（F）”选项，如图 7-11 所示，弹出“设置空间格式”对话框，如图 7-12 所示。

将数据源区域设置为：“$I$5:$I$12”，即显示租赁项目，将单元格链接设置为单元格 D4，从而将操作返回值隐藏于控件组合框的后面。

在单元格 D5 中输入公式：“=INDEX(J5:J12,D4)”，利用对控件的操作返回值，在租金价格区域中提取相应的值。

同上，插入控件滚动条，放置于单元格 E6 上，并通过设置控件格式命令，设置滚动条如图 7-13 所示。

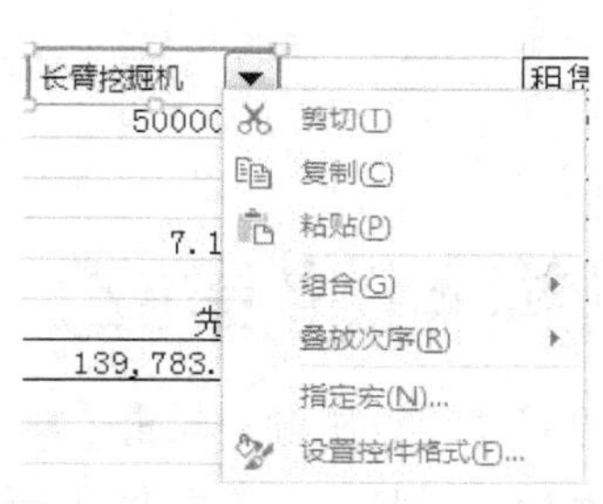


图 7-11 右击控件出现的快捷菜单

图 7-12 设置控件格式

滚动条用于调整租赁年限。单元格链接到单元格 D6，用于返回操作值。

同租赁年限滚动条设置，在单元格 E7 上设置微调按钮，设置其最小值为 1，最大值为 12，步长为 1，用于设置每年还款次数，单元格链接到单元格 D7，用于返回操作值。

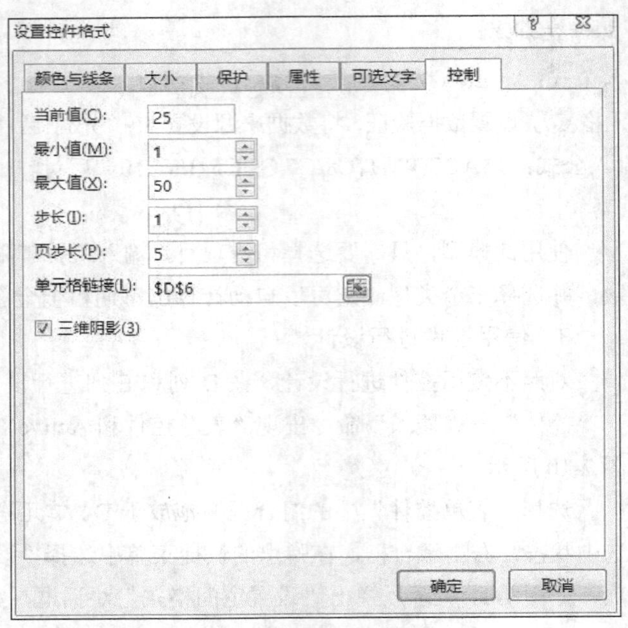


图 7-13 设置租赁年限滚动条格式

同上，设置滚动条覆盖于单元格 E8 上，设置其最小值为 400，最大值为 1500，步长为 1，页步长为 50，并链接单元格 E8，然后，在单元格 D8 中输入公式："=E8/10000"，并设置单元格 D8 格式为百分数，即可以保证调整的租赁年利率在 4.00%～15.00%。

选择单元区域 C9:C11 并拖动填充到单元区域 D9:D11。完成总期数计算、年金类型可选并最终完成年金金额的计算。

只需要通过对控件的操作和对年金类型的选择，就可以自动计算出年金的金额，从而有助于决策。

设计的时候，列表框在理论上也可以代替组合框，但使用的时候容易遮盖下面的内容，且需要设置为单选；微调按钮也可以代替滚动条，只是缺少页步长操作而已。

在 WPS 表格中，表单控件设计的有关命令全部放置在"插入"选项卡下的"表单控件组"中，其设计与 Excel 基本一致。

# 7.4 负债与租赁比较模型的建立

一个企业是通过负债的方式还是通过租赁的方式来解决大型设备或设施融资问题，需要对这两种方式进行对照研究。在上述两种模型的基础之上，我们可以利用租赁和借款的每期现金流量的净现值来进行比较。

## 7.4.1 将两个模型放置于同一界面

建立一个工作表并命名为"负债与租赁比较模型"，如图 7-14 所示建立模型。

| | A | B | C | D | E | F | G | H | I | J | K | L | M |
|---|---|---|---|---|---|---|---|---|---|---|---|---|---|
| 1 | 分期偿还长期负债分析模型 | | | 所得税税率 | 租赁分析模型 | | | 借款市场利率表 | | | 可选投资项目 | | |
| 2 | | | | 25% | | | | | | | | | |
| 3 | 借款用途： | 长臂挖掘机 | | | 租赁项目： | 长臂挖掘机 | | 期限（年） | 利率 | | 设备设施名称 | 市场价格 | |
| 4 | 借款金额： | 5000000 | | | 租赁金额： | 5000000 | | 10（含）以上 | 7.10% | | 盾构机（德系 | 40000000 | |
| 5 | 借款年限： | 4 | | | 租赁年限： | 4 | | 5-10（含） | 7.00% | | 盾构机（日系 | 35000000 | |
| 6 | 每年还款次数： | 3 | | | 每年支付次数 | 3 | | 3-5（含） | 6.85% | | 仓储仓库（广 | 20000000 | |
| 7 | 借款年利率： | 6.85% | （资金成本） | | 租赁年利率： | 7.74% | | 1-3（含） | 6.55% | | 仓储仓库（长 | 15000000 | |
| 8 | 总付款期数： | 12 | | | 总付款期数： | 12 | | 1 | 6.40% | | 远洋货轮（十 | 400000000 | |
| 9 | 年金类型： | 后付 | | | 年金类型： | 后付 | | | | | 长臂挖掘机 | 5000000 | |
| 10 | 每期偿还金额： | 481063 | | | 每期偿还金额 | 489800 | | | | | 3米特种车床 | 17000000 | |
| 11 | | | | | | | | | | | 2米望远镜 | 300000000 | |
| 12 | | | 借款成本现值的计算 | | | | | | 租赁成本现值的计算 | | | | |
| 13 | 期间 | PMT() | PPMT() | IPMT() | 税款节约额 | 现金流出量 | 净现值 | | 期间 | PMT() | 税款节约额 | 现金流出量 | 净现值 |
| 14 | 0 | | | | | | | | 0 | | | | |
| 15 | 1 | 481063 | 366897 | 114167 | 28542 | 452522 | 442420 | | 1 | 489800 | 122450 | 367350 | 358111 |
| 16 | 2 | 481063 | 375274 | 105789 | 26447 | 454616 | 434545 | | 2 | 489800 | 122450 | 367350 | 349104 |
| 17 | 3 | 481063 | 383843 | 97220 | 24305 | 456758 | 426847 | | 3 | 489800 | 122450 | 367350 | 340323 |
| 18 | 4 | 481063 | 392607 | 88456 | 22114 | 458949 | 419320 | | 4 | 489800 | 122450 | 367350 | 331764 |
| 19 | 5 | 481063 | 401572 | 79491 | 19873 | 461191 | 411961 | | 5 | 489800 | 122450 | 367350 | 323420 |
| 20 | 6 | 481063 | 410741 | 70322 | 17581 | 463483 | 404766 | | 6 | 489800 | 122450 | 367350 | 315285 |
| 21 | 7 | 481063 | 420120 | 60944 | 15236 | 465827 | 397732 | | 7 | 489800 | 122450 | 367350 | 307355 |
| 22 | 8 | 481063 | 429712 | 51351 | 12838 | 468226 | 390855 | | 8 | 489800 | 122450 | 367350 | 299625 |
| 23 | 9 | 481063 | 439524 | 41539 | 10385 | 470679 | 384132 | | 9 | 489800 | 122450 | 367350 | 292089 |
| 24 | 10 | 481063 | 449560 | 31503 | 7876 | 473188 | 377559 | | 10 | 489800 | 122450 | 367350 | 284743 |
| 25 | 11 | 481063 | 459825 | 21238 | 5310 | 475754 | 371132 | | 11 | 489800 | 122450 | 367350 | 277581 |
| 26 | 12 | 481063 | 470324 | 10739 | 2685 | 478379 | 364849 | | 12 | 489800 | 122450 | 367350 | 270600 |
| 27 | 合计 | 5772761 | 5000000 | 772761 | 193190 | 5579570 | 4826119 | | 合计 | 5877597 | 1469399 | 4408198 | 3750000 |

图 7-14　负债与租赁比较模型

为了将借款模型和租赁模型进行比较，可以在一个工作表中同时建立分期偿还、长期负债分析模型和租赁模型。设借款年利率来源于借款利率表中的数据，而租赁年利率则需要协商确定，并且一般高于借款市场利率，用滚动条来进行调整，两个模型分别求得自身的年金金额。

## 7.4.2 计算借款成本现值

租赁和借款方案比较的基础是净现值，因此首先需要计算出借款成本的净现值。

1. 判断年金类型并计算年金的金额

如图 7-14 所示，在单元格 B14 中输入公式："=IF(AND(A14=0,$B$9="后付"),"",IF(OR(A14="",AND(A14>=$B$8,$B$9="先付")),"",ABS(PMT($B$7/$B$6,$B$8,$B$4,,IF($B$9="后付",0,1)))))"，并向下填充到单元格 B26 用于判断先付年金和后付年金中每期的金额，没有金额的单元格显示为空白。（如果总期数超过 12，可以继续向下填充，如果总期数小于 12，则不显示数据，单元区域 C14:G14 中的单元格可以同样继续向下填充，此处不再累述），

2. 计算年金中的本金

在单元格 C14 中输入公式："=IF(AND(A14=0,$B$9="后付"),"",IF(OR(A14="",AND(A14>=$B$8,$B$9=" 先 付 ")),"",ABS(PPMT($B$7/$B$6,IF($B$9=" 先 付 ",A14+1,A14),$B$8,$B$4,,IF($B$9=" 后 付 ",0,1)))))"，并向下填充到单元格 C26，用于判断年金类型并计算出每期年金中的本金。

3. 计算年金中的利息

在单元格 D14 中输入公式："=IF(AND(A14=0,$B$9="后付"),"",IF(OR(A14="",AND(A14>=$B$8,$B$9=" 先 付 ")),"",ABS(IPMT($B$7/$B$6,IF($B$9=" 先 付 ",A14+1,A14),$B$8,$B$4,,IF($B$9=" 后 付 ",0,1)))))" 或者 "=B14-C14" ,并向下填充到单元格 D26，用于判断年金的类型并计算每期的利息。

4. 计算借款的税款节约额

在单元格 E14 中输入公式："=IF(D14="","",D14*$D$2)"，并向下填充到单元格 E26，用于计算每期因为利息费用而减少的所得税支出。

5. 计算每期的现金流出量

在单元格 F14 中输入公式："=IF(E14="","",B14-E14)"，用年金减去节约的税金计算出总的现金流出量，并向下填充到单元格 F26。

6. 计算出净现值

在单元格 G14 中输入公式："=IF(F14="","",F14/(1+$B$7/$B$6)^A14)"，将每一期的现金流量折算为第一期期初的价值，并向下填充到单元格 G26。

在单元格 G27 中输入公式："=SUM(G14:G26)"，求得借款成本的总的净现值。向左填充到单元格 F14 并求得各项的合计数。

关于借款成本现值的计算，只要总的期数小于 12 期，都可以使用。

## 7.4.3 计算租赁成本的现值

1. 判断年金类型并计算每年的年金（租金）的金额

在单元格 J14 中输入公式："=IF(AND(I14=0,$F$9="后付"),"",IF(OR(I14="",AND(I14>=$F$8,$F$9="先付")),"",ABS(PMT($F$7/$F$6,$F$8,$F$4,,IF($F$9="后付",0,1)))))"，并向下填充到单元格

J26，计算出每期的租金。

2. 计算每期的税款节约额

在单元格 K14 中输入公式："=IF(J14="","",J14*$D$2)"，租金完全是费用，可以节约所得税，向下填充到单元格 K26，用于计算出每期的税款的节约额。

3. 计算出各期的现金流出量

在单元格 L14 中输入公式："=IF(K14="","",J14-K14)"，用年金（租金）减去税款节约额，就可算出现金流出量。向下填充到单元格 L26，计算出每期的现金流出量。

4. 计算出租赁的净现值

在单元格 M14 中输入公式："=IF(L14="","",L14/(1+$D$2/$B$6)^I14)"，并向下填充到单元格 M26，用于计算出每期的净现值，也就是返回到第一期期初的价值。

在单元格 M27 中输入公式："=SUM(M14:M26)"，求出租赁成本总的净现值。向左填充到单元格 J27，求出各项的合计数。

### 7.4.4 相关说明

在取得长期借款和租赁模型的净现值之后，通过比较二者的大小，就知道较优方案了。但也需要注意如下的几个问题。

（1）总期数的数量：当总期数比较少时，只出现该项目的各期数值。当期数超过 12 期的时候，可以将第 14 行的公式继续向下填充到相应的期数；

（2）相互比较的方式：可以将长期借款和租赁模型放在一起比较，也可以分别将净现值计算的那部分放在两个工作表中，然后通过"视图"菜单下"窗口"选项卡中的"新建窗口"命令，将两个工作表并列显示，进行对照比较。也可以通过"全部重排"命令实现并排比较。

（3）用年利率/每年还款次数的方法计算折现值，体现的是单利，与计算每期折现值复利计算相矛盾，存在误差。

## 复习思考题

1．购房按揭贷款金额为 70 万元，分 15 年还清，每月的最后一天还款，问：每月应该偿还的金额是多少？其中的本金、利息各是多少？

2．设计一个控件，用控件调整年利率。

3．设计数据验证，只能（选择）输入"1,2,3,6,12"。

4．用 VLOOKUP()函数自动生成租金金额。

5．用 INDEX()函数自动生成租金金额。

6．根据复习思考题 1，做一个借款模型的双变量分析模型，分析不同因素变化导致的每期还款额变化情况。

# 第8章 投资管理模型的建立

投资是企业获取利润的基础，广义的投资是指企业所有带有盈利目的的支出，如项目投资、股票投资、债券投资、信托投资等。狭义的投资则主要是指大型固定资产支出。本章所指投资是狭义的投资。因为其支出金额较大、涉及时间长、影响深远，所以，建立投资管理模型，帮助企业进行投资决策，就非常必要。

投资决策主要包括：是否购进固定资产决策、不同购进方案比较决策、是否更新固定资产决策等。

## 8.1 投资指标与相关函数介绍

不同投资方案之间的比较需要有一定的评判标准，也就是评价指标。Excel/WPS 表格都提供了相应的函数。

投资指标主要是资金时间价值，主要指标有净现值、内含报酬率及其拓展指标、年金等。

时间价值函数主要使用的基础函数有 NPV()（净现值）、IRR()（内含报酬率）、PV()（年金现值）等，其他的如 MIRR()等函数则是上述函数的派生函数。

1．NPV()函数

（1）语法：NPV(rate,value1,value2, ...)

rate 为预定的贴现率，通常为投资者认为的必要报酬率，也可以是资金成本。

value1，value2,...代表现金流入或者流出的现金流量。它的范围是 1～254，超出 254，则忽略第 255 及以后的数据。在时间上必须具有相等间隔，并且都发生在期末。其顺序代表了现金流的顺序。不能颠倒或者忽略，不能因为没有现金流量而忽略某期的存在，必须用 0 值来代表该期的存在。

如果 $value_n$ 的参数是数值、单元引用、逻辑值（TRUE 的值默认为 1，FALSE 的值默认为 0），数字的文本表达式，则正常计算在内；如果参数是错误值或不能转化为数值的文本，则被忽略。

如果 $value_n$ 参数是一个数组或引用，则只计算其中的数字。

建立一个工作簿并命名为“第八章投资管理”，再建立一个工作表并命名为“NPV()不同现金流量参数的运算”，如图 8-1 所示，输入有关数据和公式。

（2）函数的作用

通过引用（预期的）贴现率（或者资金成本）以及一系列未来现金流出（负值）和现金流入（正值），返回一项投资的净现值。

需要说明的是：对于项目投资的初始投资应该在第一期的期初减去，可以进行如下表示：

NPV=NPV(rate,value1,value2, ...)-investment

对于不同的投资项目，都可以用净现值来进行比较，是绝对值的比较。这适用于闲余资金比较多的情况。

| | A | B | C | D | E | F | G |
|---|---|---|---|---|---|---|---|
| 1 | | NPV()不同现金流量参数的运算 | | | | | |
| 2 | 运算结果 | 运算表达式 | | | | | |
| 3 | ￥83.67 | =NPV(10%,8,9,10,11,12,13,14,1,16,17,18,19,20) | | | | | |
| 4 | ￥83.21 | =NPV(10%,8,9,10,11,12,13,14,0,16,17,18,19,20) | | | | | |
| 5 | ￥83.67 | =NPV(10%,8,9,10,11,12,13,14,TRUE,16,17,18,19,20) | | | | | |
| 6 | ￥83.21 | =NPV(10%,8,9,10,11,12,13,14,FALSE,16,17,18,19,20) | | | | | |
| 7 | ￥83.21 | =NPV(10%,8,9,10,11,12,13,14,,16,17,18,19,20) | | | | | |
| 8 | | | | | | | |
| 9 | ￥86.36 | =NPV(10%,C9:C21) | 8 | 8 | 8 | 8 | 8 |
| 10 | | | 9 | 9 | 9 | 9 | 9 |
| 11 | | | 10 | 10 | 10 | 10 | 10 |
| 12 | ￥86.36 | =NPV(10%,D9:D21) | 11 | 11 | 11 | 11 | 11 |
| 13 | | | 12 | 12 | 12 | 12 | 12 |
| 14 | | | 13 | 13 | 13 | 13 | 13 |
| 15 | ￥83.21 | =NPV(10%,E9:E21) | 14 | 14 | 14 | 14 | 14 |
| 16 | | | ***TRUE*** | ***16*** | ***0*** | | ***15*** |
| 17 | | | 16 | 17 | 16 | 16 | 16 |
| 18 | ￥86.36 | =NPV(10%,F9:F21) | 17 | 18 | 17 | 17 | 17 |
| 19 | | | 18 | 19 | 18 | 18 | 18 |
| 20 | | | 19 | 20 | 19 | 19 | 19 |
| 21 | ￥0.00 | =NPV(10%,G9:G21) | 20 | | 20 | 20 | 20 |

图 8-1　NPV()不同现金流量参数的对照运算情况

［**例 8-1**］设有三个投资项目可以选择，预期的现金流量如图 8-2 所示，0 期表示第一期的期初，其他是表示的是第 *n* 期（*n*=1,2,3,4,5）的期末，求各个方案的净现值。

| | A | B | C | D | E |
|---|---|---|---|---|---|
| 1 | | 投资决策方案比较分析 | | | 贴现率 |
| 2 | 期间 | 现金流量 | | | |
| 3 | | A方案 | B方案 | C方案 | 10.00% |
| 4 | 0 | -25,000.00 | -10,000.00 | -12,000.00 | |
| 5 | 1 | 9,000.00 | 3,000.00 | 4,000.00 | |
| 6 | 2 | 9,500.00 | 4,000.00 | 4,000.00 | 再投资报酬率 |
| 7 | 3 | 9,800.00 | 4,500.00 | 4,200.00 | |
| 8 | 4 | 8,000.00 | 5,000.00 | 5,000.00 | 12.00% |
| 9 | 净现值 | 3,860.05 | 2,829.04 | 1,512.74 | |
| 10 | 内含报酬率 | 17.04% | 21.41% | 15.49% | |
| 11 | 现值指数 | 1.1544 | 1.2829 | 1.1261 | |
| 12 | 修正内含报酬率 | 14.88% | 17.82% | 14.10% | |

图 8-2　投资决策方案的比较分析

在单元格 B9 中输入公式："=NPV($E$3,B5:B8)+B4"，并设置相应的格式，向右填充到 D 列，求出各个投资方案的净现值，需要注意时间起点问题。

从结果上看，三个方案的净现值都大于 0，皆可行，净现值最大的 A 方案为最优方案。

2. IRR()函数

（1）语法：IRR（values, [guess]）

values 必须包含至少一正一负两个数值，确保有投资有收益，以计算返回的内部收益率。它们可以是数组或引用。values 数值的顺序代表了现金流量产生的顺序，不可颠倒或忽略。数组或引用中的文本、逻辑值或空白单元格将被忽略。

guess 是对 IRR()计算结果的估计值，一般情况下可以忽略，默认为 10%，如果 IRR()返回错误值 #NUM!，或结果不符合期望值，可重设 guess 值再试一次。

Excel 使用迭代法计算 IRR()。从 guess 开始，函数 IRR()进行循环计算，直至结果的精度达到 0.00001%。如果函数 IRR()经过 20 次迭代，仍未找到结果，则返回错误值#NUM!。

（2）作用

返回由数值代表的一组现金流量的内部收益率。这些现金流量必须在固定的期间产生，内部收益率为投资的回收利率，也就是净现值为 0 的收益率。

在决策的时候，内含报酬率越高方案越优秀。这适用于资金相对紧张，吸纳的资金比较少的情况。

[**例 8-2**] 如图 8-2 所示，三个项目的现金流量已经预测出来了，求每个项目的内含报酬率。

在单元格 B10 中输入公式："=IRR(B4:B8)"，并向右填充到 D10。

从结果上看，三个方案的内含报酬率都大于资金成本，方案可行，内含报酬率最高的 B 方案最优。

3. **现值指数**

（1）语法：NPV/ABS(INVESTMENT)，这实际上是利用净现值和初始投资相比较，获取一个相对数。

（2）作用：在考虑时间价值的基础上的投资报酬率。反映的是单位资金的报酬率。

[**例 8-3**] 如图 8-2 所示，对于三个可选项目，求出现值指数。

在单元格 B11 中输入公式："=NPV($E$3,B5:B8)/ABS(B4)" 并向右填充到单元格 D11，从结果上看，三个方案的现值指数都大于 1，皆可行，现值指数最大的 B 方案为最优。

在决策时，现值指数越高的方案越优秀。

综合考虑，在资金非常充裕的情况下，可以根据净现值法来选择方案，在资金不充裕的情况下，主要考虑内含报酬率和现值指数，内含报酬率和现值指数比较一致。

4. **其他延展函数**

由于 NPV()和 IRR()函数都是基于定期发生的情况，且没有考虑收回的现金进行再投资的报酬率，因此在应用上有不如意的方面，需要予以修正，才能得到更加合理的结论。

（1）XNPV()函数

① 语法：XNPV(rate,values,dates)

rate 预设的贴现率。

values 与 dates 中的支付时间相对应的一系列现金流。首期支付是可选的，并与投资开始时的成本或支付有关。如果第一个值是成本或支付，则它必须是负值。所有后续支付都基于 365 天/年贴现。数值系列必须至少要包含一个正数和一个负数。

dates 与现金流支付相对应的支付日期表。第一个支付日期代表支付表的开始。其他日期应迟于该日期，但可按任何顺序排列。

如果任一 values 参数为非数值型，或者任一 dates 参数为非法日期值，或者后面的任一数值小于开始日期，或者 values 和 dates 不能一一对应，函数返回错误值 #VALUE!或者#NUM!。

② 作用：返回不定期现金流量的净现值。

[**例 8-4**] 如图 8-3 所示，建立一个工作表并命名为："部分拓展函数"，预期的现金流量和相应的发生日期都已经输入完毕，在单元格 B8 中输入公式："=XNPV(10%,B2:B7,C2:C7)"，得到 XNPV()的值 12064。

在 WPS 表格中直接显示为#NAME?，因为 WPS 表格中没有 XNPV()函数。

| | A | B | C | D |
|---|---|---|---|---|
| 1 | 函数 | 预期现金流量 | 预期发生日期 | |
| 2 | | -250000 | 2013-1-1 | |
| 3 | | 50000 | 2013-2-7 | |
| 4 | | 40000 | 2013-6-9 | |
| 5 | | 70000 | 2013-12-31 | |
| 6 | | 80000 | 2014-3-4 | |
| 7 | | 45000 | 2014-7-7 | |
| 8 | XNPV() | 12064 | =XNPV(10%,B2:B7,C2:C7) | |
| 9 | XIRR() | 16.17% | =XIRR(B2:B7,C2:C7) | |

图 8-3　各种拓展函数

（2）MIRR()函数

① 语法：MIRR(values,finance_rate,reinvest_rate)

values 和 IRR()中的参数一样，values 必须至少包含一正一负，才能计算出修正后的内部收益率，否则 MIRR 会返回错误值#DIV/0!。如果数组或引用中包含文本、逻辑值、空白单元格将被忽略。

finance_rate 为资金成本或者市场利率。

reinvest_rate 为将现金流量用于再投资的收益率。

② 作用：返回连续期间内现金流量的修正内部收益率。它考虑了资金成本和再投资报酬率。

[**例 8-5**] 如图 8-2 所示，已知各个方案的预期是现金流量和资金成本（贴现率）为 10%和再投资报酬率 12%，求修正内含报酬率。

在单元格 B12 中输入公式：“=MIRR(B4:B8,$E$3,$E$8)”，并向右填充到单元格 D12，可见 B 方案最优。

（3）XIRR()函数

① 语法：XIRR(values,dates,guess)

values,dates 的参数设置与 XNPV()相同。

guess 是对 XIRR()计算结果的估计值，有利于寻找正确结果。

② 作用：返回一组不规则发生的现金流量的内部收益率。

[**例 8-6**] 如图 8-3 所示，已经预测了现金流量的数量及其发生的日期，请求出其内部收益率。

在单元格 B9 中输入公式：“=XIRR(B2:B7,C2:C7)”，返回值为 16.17%。

5. NPV()与 IRR()函数之间的关系

（1）NPV()与 IRR()的共同点

二者的共同点主要表现在时间间隔相等，期间连续。如果期间不连续，必须用 0 来表示一个期间，从而保证期间的连续性。

（2）NPV()与 IRR()的不同点

① 时间价值函数的时间起点不一样

NPV()函数的时间起点为第一期的期末，一直到最后一期的期末为止，而 IRR()则是从第一期的期初开始算起，一直到最后一期的期末，从期间数量上来看，IRR()多出了一个期初金额。

这种期间差主要来源于初始投资，一般情况下，在第一期的期初通常会进行投资，特殊情况下不在第一期的期初进行投资，并且在计算现金流量时，对于已经使用的设备，在中期开始计算现金流量就相当于没有初始投资，在当期的现金流量中表现为和现金流入相互抵减的结果。因此，对于项目投资的净现值就变成了 NPV()-INVESTMENT（初始投资），如果考虑初始投资，则 NPV()-

INVESTMENT 与 IRR()是一致的，因为同一项目的初始投资时间是相同的。

② 对参数的要求不一样

对于 NPV()，现金流量的数量为 1-254 个，而 IRR()的参数数量则没有具体限制，但必须保证至少有一正一负，也就是至少保证有投资才有回报，有回报也必须有投资，才能计算出相关的报酬率。否则，投资回报率就是正负无穷大。如果投资与回报之间的关系超出正常报酬时，通常会返回错误值，这可以通过调整资金成本和某方案的初始投资，进行观察，并分析内含报酬率与现值指数是否一致，以及内含报酬率与净现值的变化情况。

（3）NPV()与 IRR()的嵌套问题

在微软公司的帮助文件中，有关 NPV()与 IRR()的嵌套的介绍是错误的，主要是忽略了时间起点不一致的问题，容易给用户带来麻烦，原文如下："函数 NPV 与函数 IRR（内部收益率）也有关，函数 IRR 是使 NPV 等于零的比率：NPV(IRR(...), ...)=0" WPS 帮助文件也采用了同样的说法。理论上应该是："NPV(IRR(...), ...)-INVESTMENT=0"

如图 8-2 所示，以 C 方案为例，在任意两个空白单元格中输入公式："=NPV(IRR(C4:C8),C4:C8)" "=NPV(IRR(C4:C8),C5:C8)+C4"，会发现误差很小，理论上"NPV(IRR(...), ...)-INVESTMENT= 0"更符合函数设置的要求，设置小数位数为 30 位的时候，通常就能看出运算的误差问题（由于计算机迭代计算方法的问题，结果有时候是有误差的，可以通过调整有关初始投资和等数值问题，发现有时候计算的结果并不如意，可能出现与预期相反的结果，也就是说，理论上"=NPV(IRR(C4:C8),C5:C8)+C4"应该更接近于 0，但实际上的计算结果"=NPV(IRR(C4:C8),C4:C8)"更接近于 0）。

6．NPV()与年金相关函数的关系

（1）NPV()与 PV()的关系

NPV()实际上是 net present value 的简称，PV()是 present value 的简称。一个是净现值，一个是年金的现值，从函数名称的英文含义着手，予以解释，简单明了。

如果把年金全部按照资金成本折算为净现值 NPV()相加，则可以直接得到 PV()。建立一个工作表并命名为："年金与 NPV()之间的关系"，设借款金额为 450000.00，还款期限为 10 年，年利率为 10%，则在单元格 G2 中输入公式："=ABS(PMT($C$2,10,$E$2,,0))"，得到年金为 73235.43（对第二位以后的小数进行了四舍五入），对 E 列中所有年金折算到投资时的净现值求和，得到 450000.00，与借款金额（现值 PV()）相等，也与所有的 PPMT()之和相等。如图 8-4 所示。

PV()允许现金流从期初开始，但金额一定相等。NPV()的现金流必须在每期期末，金额可以不固定。

（2）NPV()与年金中的本金、利息之间的关系

年初尚未归还的本金等于上期期初尚未归还的本金减去本期年金中的本金，或者说是借款金额减去截止上期已经归还的本金之差，如图 8-4 所示，在单元格 D5 中可以输入公式："=$E$2-SUM($B$4:B4)"，并向下填充。

年金的净现值数学计算=年金/(1+年利率)^n，实际上就是 NPV()的变形。例如，在当前工作表的任意单元格中输入公式："=NPV($C$2,0,0,0,$G$2)"，就是第四年年金的净现值，前三年全部用 0 来代替，以此类推，计算第 *n* 年的年金的净现值时，可以直接用 NPV()函数，将前几年的现金流量设置为 0 即可。

| | A | B | C | D | E | F | G |
|---|---|---|---|---|---|---|---|
| 1 | 年金与NPV()之间的关系 | | | | 以后付年金为例 | | |
| 2 | 年利率： | | 10% | 借款金额： | 450000 | 年金金额： | 73235.43 |
| 3 | 期间 (1) | 年金中的本金 PPMT() (2) | 年金中的利息 IPMT() (3) | 年初尚未归还的本金 (4) | 年金的净现值数学计算=年金/(1+年利率)^n (5) | 年金中利息数学计算=(4)*利率 (6) | 年金中本金数学计算=年金-(6) (7) |
| 4 | 1 | 28235.43 | 45000.00 | 450000.00 | 66577.66 | 45000.00 | 28235.43 |
| 5 | 2 | 31058.97 | 42176.46 | 421764.57 | 60525.15 | 42176.46 | 31058.97 |
| 6 | 3 | 34164.87 | 39070.56 | 390705.60 | 55022.86 | 39070.56 | 34164.87 |
| 7 | 4 | 37581.35 | 35654.07 | 356540.73 | 50020.78 | 35654.07 | 37581.35 |
| 8 | 5 | 41339.49 | 31895.94 | 318959.38 | 45473.44 | 31895.94 | 41339.49 |
| 9 | 6 | 45473.44 | 27761.99 | 277619.89 | 41339.49 | 27761.99 | 45473.44 |
| 10 | 7 | 50020.78 | 23214.65 | 232146.45 | 37581.35 | 23214.65 | 50020.78 |
| 11 | 8 | 55022.86 | 18212.57 | 182125.67 | 34164.87 | 18212.57 | 55022.86 |
| 12 | 9 | 60525.15 | 12710.28 | 127102.81 | 31058.97 | 12710.28 | 60525.15 |
| 13 | 10 | 66577.66 | 6657.77 | 66577.66 | 28235.43 | 6657.77 | 66577.66 |
| 14 | 合计 | 450000.00 | 282354.28 | | 450000.00 | 282354.28 | 450000.00 |
| 15 | | | | | | | |
| 16 | | 验证： | =NPV($C$2,G2,G2,G2,G2,G2,G2,G2,G2,G2,G2)结果 | | | | 450000.00 |
| 17 | | | =ABS(PV($C$2,10,73235.43,,0)) | | | 结果 | 450000.01 |

图 8-4　年金 PMT()、年金现值 PV()与 NPV()之间的关系

由此可知，时间价值函数的应用可以相互联系，进行比较分析，由于在 1 年内的利率采用的是单利或者复利，可能存在较小的误差。

# 8.2 固定资产更新决策模型的建立

固定资产的购进，成本比较高昂，但使用寿命比较长；维修或者改进旧设备，支付的资金相对较少，但使用寿命比较短。更新决策模型可以从某种程度上解决这个矛盾。

## 8.2.1　涉及的固定资产折旧函数

按照权责发生制原则，折旧额与当期的收入进行配比，可以抵减所得税支出，因此，不同的折旧方法会影响同一时期的现金流量。常用的折旧方法主要有直线法、年数总和法、双倍余额递减法、倍率余额递减法。

折旧函数包含的参数有 cost、salvage、life，其含义主要如下：

cost：固定资产原值。

salvage：固定资产残值。

life：预期使用寿命。

所有的数值型参数都必须大于等于 0，否则，折旧函数返回错误值#NUM!

1. 直线法（ ）

（1）语法：SLN(cost,salvage,life)

（2）作用：返回某项固定资产按直线计算的折旧额。

［例 8-7］某项固定资产的原始成本为 60 万，预计使用年限为 5 年，预计残值 2 万元，求直线法下每年的折旧额。

如图 8-5 所示，在单元格 B7 中输入公式：“=SLN($B$2,$B$4,$B$3)”，并填充到单元格 B11。在单元格 B12 中输入公式：“=SUM(B7:B11)”，求得每年的折旧额为 116000 元。

| | A | B | C | D | E |
|---|---|---|---|---|---|
| 1 | | 折旧函数 | | | |
| 2 | 原始成本 | 600,000 | | 双倍余额递减法倍率 | |
| 3 | 预计使用年限 | 5 | | 2.00 | |
| 4 | 预计残值 | 20,000 | | 倍率余额递减法倍率 | |
| 5 | | | | 2.11 | |
| 6 | 折旧方法 折旧年限 | 直线法 | 年数总和法 | 双倍余额递减法 | 倍率余额递减法 |
| 7 | 1 | 116,000 | 193,333 | 240,000 | 253,200 |
| 8 | 2 | 116,000 | 154,667 | 144,000 | 146,350 |
| 9 | 3 | 116,000 | 116,000 | 86,400 | 84,590 |
| 10 | 4 | 116,000 | 77,333 | 54,800 | 48,893 |
| 11 | 5 | 116,000 | 38,667 | 54,800 | 46,967 |
| 12 | 合计 | 580,000 | 580,000 | 580,000 | 580,000 |

图 8-5　折旧函数对照

2. 年数总和法

（1）语法：SYD(cost,salvage,life,per)

per 为需要确定的某个期间，其时间单位必须与 life 相同。

（2）作用：返回某项固定资产在某期间按年数总和法计算的折旧额，其折旧率为：尚可使用年限/使用年限之和。

［例 8-8］同例 8-7 原始数据，求年数总和法下每年的折旧额。

如图 8-5 所示，在单元格 C7 中输入公式："=SYD($B$2,$B$4,$B$3,A7)"，并填充到单元格 C11，就可以求出每年的折旧额分别是 193 333、154 667、116 000、77 333、38 667 元。

3. 双倍余额递减法

（1）语法：DDB(cost,salvage,life,period,factor)

period 为需要计算折旧值的期间。其时间单位必须与 life 相同。

factor 为余额递减速率。如果被省略，则默认值为 2。

如果不是从年初开始计算折旧，也就是说是中期投入的话，则需要使用 DB(cost,salvage,life,period,month)函数，month 为第一年需要计算折旧的月份数，缺省值为 12。例如，需要计算 10 月份、11 月份、12 月份三个月份的折旧，则 month 的值为 3。

（2）作用：返回某项固定资产在某个期间按照双倍余额递减法计算的折旧额，其折旧倍率为直线法折旧率的倍数，当采用直线法计提的折旧额大于双倍余额递减法计提的折旧额时，一般需要转换为直线法。

［例 8-9］同例 8-7 原始数据，求该项固定资产采用双倍余额递减法计提每年的折旧额。

如图 8-5 所示，添加滚动条覆盖在单元格 E3 上，并设置其最小值为 100，最大值为 300，步长为 1，页步长为 10，链接到单元格 E3，在单元格 D3 中输入公式："=E3/100" 作为双倍余额递减法的倍率，在单元格 D7 中输入公式："=DDB($B$2,$B$4,$B$3,A7,$D$3)"，并向下填充到单元格 D9（如果一直填充到单元格 D11，则出现错误结果，历年折旧额之和小于 580000 元），在单元格 D10 中输入公式："=IF(DDB($B$2,$B$4,$B$3,A10,$D$3)<($B$2-SUM($D$7:$D$9)-$B$4)/2,($B$2-SUM($D$7:$D$9)-$B$4)/2,DDB($B$2,$B$4,$B$3,A10,$D$3))"，并在单元格 D11 中输入公式："=$B$2-SUM($D$7:$D$10)-$B$4"。

调整滚动条，使得单元格 D3 的值为 2.00 时，求得每年的折旧额分别是 240 000、144 000、86 400、

54 800、54 800 元。

继续调整滚动条，使得单元格 D3 的值等于 2.09 时，最后两年的折旧额就不相等了，分别是 250 800、145 966、84 952、49 442、48 840 元。

继续调整滚动条，使得单元格 D3 的值越来越大时，最后两年的折旧额差距越来越大。

4. 倍率余额递减法

（1）语法：VDB(cost,salvage,life,start_period,end_period,factor,no_switch)

start_period 为开始计算折旧的起始时间点，一般从该期的期初开始，End_period 为计提折旧的该期的截止时间点，一般为该期的期末截止，这两个参数的时间单位必须与 life 相同。

factor 折旧倍率，缺省值为 2，实际上就是双倍余额递减法。

no_switch 为逻辑值，即当采用直线法折旧额大于倍率余额递减法折旧额时，是否转用直线折旧法。其值为 TRUE 时，不转用直线折旧法；其值为 FALSE（或省略）时，当采用直线法折旧额大于倍率余额递减法折旧额时，转用直线法。

（2）作用：可以采用不同的倍率进行折旧计算，并能根据计算情况，确定是否转换为直线法。

［**例 8-10**］同例 8-7 原始数据，求该项固定资产采用倍率余额递减法计提的每年的折旧额。

如图 8-5 所示，添加滚动条覆盖在单元格 E5 上，并设置其最小值为 100，最大值为 400，步长为 1，页步长为 10，链接到单元格 E5，在单元格 D5 中输入公式："=E5/100" 作为倍率余额递减法的倍率，在单元格 E7 中输入公式："=VDB($B$2,$B$4,$B$3,A7-1,A7,$D$5,FALSE)"，并向下填充到单元格 E11。

利用滚动条调整折旧倍率，只要倍率和双倍余额递减法倍率相同时，两种折旧方法计算的折旧额是一样的。

5. 几种不同折旧计提折旧额的比较

不同的折旧方法计提折旧的速度不一样，但最终的总数是一样的，根据四种折旧方法计提的折旧金额，绘制图表如图 8-6 所示。

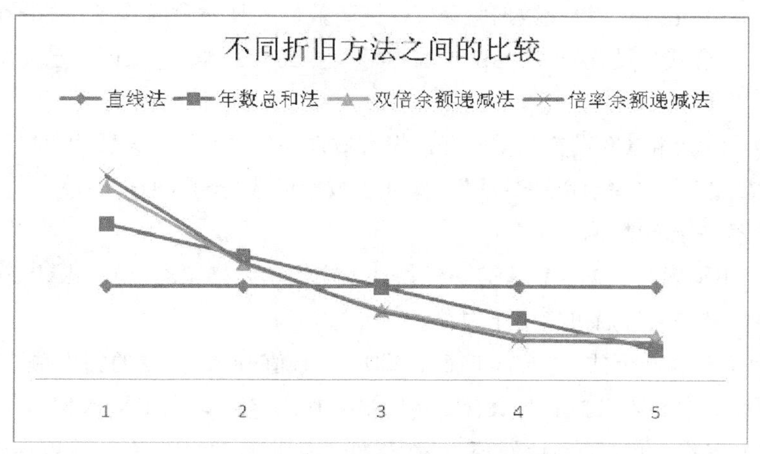


图 8-6 不同的折旧方法之间的比较*

此时，无论是改变原始成本、预计净残值，还是折旧的倍率，折旧金额和折线图都会相应发生变化，有利于不同折旧方法之间的比较。

## 8.2.2 固定资产更新决策模型建立的方法与计算原理

对于使用与维修状况良好的固定资产，可以考虑延长其使用寿命，究竟是继续使用旧设备还是购置新的设备，决策的依据通常是净现值，这涉及预期的现金销售收入和付现成本，期间的大修费用，延续的使用寿命，新设备的成本与使用寿命、折旧方法等多种因素。

1. 决策方法的确定

在固定资产的更新决策中，存在旧设备的使用寿命和新设备的使用寿命相等或者不等的问题。

（1）在使用寿命相等时，可以采用净现值法或者内含报酬率法来进行比较。

（2）在使用寿命不等时，如两种方案的每一种设备每年有相等的现金流入，可以考虑平均年成本法（即将总的现值流出的净现值折算为年金），成本比较低的优先；如两种方案的每一种设备都有以年金方式的现金流入，但不相等，则可考虑综合年收益法，以收益高的为优。

2. 现金流量的计算

使用固定资产产生的现金流量计算方式主要有三种：

（1）营业现金流量=营业现金收入-付现成本-所得税

（2）营业现金流量=税后利润+折旧额

（3）营业现金流量=税后收入-税后成本+折旧抵税

三种方式得到的结果是一样的。

## 8.2.3 构建寿命相等的固定资产更新决策模型

建立一个工作表并命名为“固定资产更新决策模型 1”，结合如下案例来进行设计。

设某公司最近考虑用一台新的设备来代替旧设备，以增加收入，降低成本，其有关资料如图 8-7 所示的单元区域 A1:G16。

1. 保证数据验证性

对单元格 B5 和单元格 C5 设置数据验证（数据→数据工具→数据验证），将有效性条件“允许”设置为“自定义”，“公式”设置为：“=$B$5<$B$4”“=$C$5<$C$4”，保证了已使用年限一定小于预计使用年限。

对单元格 B9 和单元格 C9 设置数据验证，将有效性条件“允许”设置为“序列”，“来源”设置为：“直线法,年数总和法,倍率余额递减法”，保证了数据可选与输入的正确性。

2. 自动填充有关已知数据

在单元格 B8 中输入公式：“=B4+B7-B5”，并填充到单元格 C8。用“预计使用年限+大修延长年限-已使用年限”求得大修后可使用年限。

在单元格 B10 中输入公式：“=B3-F16”，即用“原值-已经提取的折旧额之和”来计算账面价值。在单元格 C11 中输入公式：“=IF(C5>=1,C3-G16,C3)”*，在未输入使用年限的情况下，直接取原值，否则也按照“原值-预计残值-已经提取的折旧额之和”来计算账面价值。

*此时双倍余额递减法的倍率为 2.00，倍率余额递减法的倍率为 2.11.

|  | A | B | C | D | E | F | G |
|---|---|---|---|---|---|---|---|
| 1 | 原始资料 |  |  |  | 已提折旧额 |  |  |
| 2 | 项目 | 旧设备 | 新设备 | 折旧倍率 | 年限 | 旧设备 | 新设备 |
| 3 | 原值 | 70000 | 90000 | 1.50 | 1 | 13125 |  |
| 4 | 预计使用年限 | 8 | 5 |  | 2 | 10664 |  |
| 5 | 已使用年限 | 5 | 0 |  | 3 | 8665 |  |
| 6 | 大修费用 | 5000 | 0 |  | 4 | 7040 |  |
| 7 | 大修延长年限 | 2 | 0 |  | 5 | 5877 |  |
| 8 | 大修后可使用年限 | 5 | 5 |  | 6 |  |  |
| 9 | 折旧方法 | 率余额递减 | 率余额递减法 |  | 7 |  |  |
| 10 | 账面价值 | 17630 | 90000 |  | 8 |  |  |
| 11 | 预计残值 | 7000 | 10000 |  | 9 |  |  |
| 12 | 目前变现价值 | 30000 | 90000 |  | 10 |  |  |
| 13 | 预期年现金收入 | 60000 | 82500 |  | 11 |  |  |
| 14 | 预期年付现成本 | 25000 | 35000 |  | 12 |  |  |
| 15 | 所得税税率 | 25% |  |  | 13 |  |  |
| 16 | 资金成本 | 6.55% |  |  | 合计 | 45370 | 0 |
| 17 |  |  |  |  |  |  |  |
| 18 |  | 固定资产更新决策模型（寿命相等） |  |  |  |  |  |
| 19 |  |  | 设备净现值差(新-旧+变)： |  |  | -228 |  |
| 20 | 旧设备剩余使用年限 | 1 | 2 | 3 | 4 | 5 |  |
| 21 | 现金收入 | 60,000 | 60,000 | 60,000 | 60,000 | 60,000 |  |
| 22 | 付现成本 | 25,000 | 25,000 | 25,000 | 25,000 | 25,000 |  |
| 23 | 折旧额 | 6,789 | 4,752 | 3,327 | 762 | 0 |  |
| 24 | 税前利润 | 28,211 | 30,248 | 31,673 | 34,238 | 35,000 |  |
| 25 | 所得税 | 7,053 | 7,562 | 7,918 | 8,559 | 8,750 |  |
| 26 | 税后净利 | 21,158 | 22,686 | 23,755 | 25,678 | 26,250 |  |
| 27 | 营业净现金流量 | 27,947 | 27,438 | 27,082 | 26,441 | 26,250 |  |
| 28 | 终结现金流量 |  |  |  |  | 7,000 |  |
| 29 | 现金流量 | 27,947 | 27,438 | 27,082 | 26,441 | 33,250 |  |
| 30 | 净现值 | 112,511 |  |  |  |  |  |
| 31 | 新设备剩余使用年限 | 1 | 2 | 3 | 4 | 5 |  |
| 32 | 现金收入 | 82,500 | 82,500 | 82,500 | 82,500 | 82,500 |  |
| 33 | 付现成本 | 35,000 | 35,000 | 35,000 | 35,000 | 35,000 |  |
| 34 | 折旧额 | 27,000 | 18,900 | 13,230 | 10,435 | 10,435 |  |
| 35 | 税前利润 | 20,500 | 28,600 | 34,270 | 37,065 | 37,065 |  |
| 36 | 所得税 | 5,125 | 7,150 | 8,568 | 9,266 | 9,266 |  |
| 37 | 税后净利 | 15,375 | 21,450 | 25,703 | 27,799 | 27,799 |  |
| 38 | 营业净现金流量 | 42,375 | 40,350 | 38,933 | 38,234 | 38,234 |  |
| 39 | 终结现金流量 |  |  |  |  | 10,000 |  |
| 40 | 现金流量 | 42,375 | 40,350 | 38,933 | 38,234 | 48,234 |  |
| 41 | 净现值 | 82,283 |  |  |  |  |  |

图 8-7　固定资产更新模型（寿命相等）

在单元格 F3 中输入公式：“=IF(E3>$B$5,"",IF($B$9="年数总和法",SYD($B$3,$B$11,$B$4,E3),IF($B$9="倍率余额递减法",VDB($B$3,$B$11,$B$4,E3-1,E3,$D$3,FALSE),SLN($B$3,$B$11,$B$4))))”，并向下填充到单元格 F16，自动按照已使用年限和已经选择的折旧方法计算旧设备各年已经提取的折旧。

同理，在单元格 G3 中输入公式：“=IF(E3>$C$5,"",IF($C$9="年数总和法",SYD($C$3,$C$11,$C$4,E3),IF($C$9="倍率余额递减法",VDB($C$3,$C$11,$C$4,E3-1,E3,$D$3,FALSE),SLN($C$3,$C$11,$C$4))))”，并向下填充到单元格 G16，自动按照已使用年限和已经选择的折旧方法来计算调拨新设备各年已经提取的折旧额。

在单元格 F16 中输入公式：“=SUM(F3:F15)”，并填充到单元格 G16，计算出累计折旧额。

3. 构建寿命相等的固定资产更新决策模型

如图 8-7 所示，在单元区域 A18:F41 中进行设计。

（1）求旧设备的净现值

在单元格 B21 中输入：“=$B$13”，获取现金收入；

在单元格 B22 中输入："=$B$14"，获取付现成本；

在单元格 B23 中输入公式："=IF($B$9="年数总和法",SYD($B$10+$B$6,$B$11,$B$8,B20),IF($B$9="倍率余额递减法",VDB($B$10+$B$6,$B$11,$B$8,B20-1,B20,$D$3,FALSE),SLN($B$10+$B$6,$B$11,$B$8)))，根据选择的折旧方法、大修费用与账面价值之和、大修后可使用年限、预计残值、折旧期间等因素计算折旧额；

在单元格 B24 中输入公式："=B21-B22-B23"，计算税前利润；

在单元格 B25 中输入公式："=B24*$B$15"，计算所得税；

在单元格 B26 中输入公式："=B24-B25"，求得税后净利；

在单元格 B27 中输入公式："=B26+B23"，求得营业净现金流量；

在单元格 B29 中输入公式："=B27+B28"，求得当年的总体净现金流入量；

选择单元区域 B21:B29，并向右填充到 F 列，完成每年的数据计算；

在单元格 F28 中输入"=B11"，提取将来设备清理时的现金流量，即预计残值；

合并 B30:F30 并输入公式："=NPV(B16,B29:F29)-B6-B12"，求旧设备净现值。将变现价值视为当前从市场买入的现金支出。

（2）求新设备的净现值

在单元格 B32 中输入："=$C$13"，获取现金收入；

在单元格 B33 中输入："=$C$14"，获取付现成本；

在单元格 B34 中输入公式："=IF($C$9="年数总和法",SYD($C$10+$C$6,$C$11,$C$8,B31),IF($C$9="倍率余额递减法",VDB($C$10+$C$6,$C$11,$C$8,B31-1,B31,$D$3,FALSE),SLN($C$10+$C$6,$C$11,$C$8)))"，根据选择的折旧方法、大修费用与账面价值之和、大修后可使用年限、预计残值、折旧期间等因素计算折旧额；

选择单元区域 B24:B29 复制到单元区域 B35:B40，计算税前利润、所得税、税后净利、营业净现金流量、现金流量；

选择单元区域 B32:B40，并向右填充到 F 列，完成每年的数据计算；

在单元格 F40 中输入："=$C$11"，提取将来设备清理时的现金流量，即预计残值；

合并单元区域 B41:F41 并输入公式："=NPV(B16,B40:F40)-C6-C12"，求新设备净现值。将变现价值视为当前从市场买入的现金支出。

（3）求新旧设备的净现值差

在单元格 F19 中输入公式："=B41-B30"，即新设备的净现值-旧设备的净现值，需要注意的是在购买新设备时，旧设备的变现价值可以用以抵减新设备购买时的现金支出。

此时，如果单元格 F19 中的值大于 0，则可以更新，否则，无需更新。

如果同时变更折旧方法，则需要添加变更后的折旧方法选择单元格。

在使用本模型的时候，只需要直接改变原始资料部分的数据即可自动计算出新旧设备的净现值差。

---

* 对于相对较新的二手设备，如果是外购，按照会计制度的规定，直接按照买价作为原值来正常计提折旧，不存在账面价值问题：本处主要是考虑了企业内部调拨设备的情况而设计的。

## 8.2.4 构建寿命不等、效用相同的固定资产更新决策模型

固定资产有一个特性，就是单位时间内产能基本没有变化，此差异可以忽略不计的时候，就可以根据每年的付现成本来判断是否更新。

建立一个工作表并命名为“固定资产更新决策模型 2”，用于建立新模型。

设某公司有一个旧设备，技术人员提出了更新要求，有关数据如图 8-8 所示。

| | A | B | C |
|---|---|---|---|
| 1 | 原始资料 | | |
| 2 | 项目 | 旧设备 | 新设备 |
| 3 | 原值 | 85000 | 90000 |
| 4 | 预计使用年限 | 10 | 10 |
| 5 | 已使用年限 | 4 | 0 |
| 6 | 预计残值 | 7000 | 10000 |
| 7 | 目前变现价值 | 68000 | 90000 |
| 8 | 年运行成本 | 33000 | 35000 |
| 9 | 资金成本 | 6.55% | |
| 10 | | | |

| | A | B | C | D | E | F | G |
|---|---|---|---|---|---|---|---|
| 11 | 固定资产更新决策模型（寿命不等——效用相同） | | | | | | |
| 12 | | 旧设备 | | | 新设备 | | |
| 13 | 期间(年) | 运行成本 | 预计残值 | 年现金流量 | 运行成本 | 预计残值 | 年现金流量 |
| 14 | 0 | 68,000.00 | | 68,000.00 | 90,000.00 | | 90,000.00 |
| 15 | 1 | 33,000.00 | | 33,000.00 | 35,000.00 | | 35,000.00 |
| 16 | 2 | 33,000.00 | | 33,000.00 | 35,000.00 | | 35,000.00 |
| 17 | 3 | 33,000.00 | | 33,000.00 | 35,000.00 | | 35,000.00 |
| 18 | 4 | 33,000.00 | | 33,000.00 | 35,000.00 | | 35,000.00 |
| 19 | 5 | 33,000.00 | | 33,000.00 | 35,000.00 | | 35,000.00 |
| 20 | 6 | 33,000.00 | 7,000.00 | 26,000.00 | 35,000.00 | | 35,000.00 |
| 21 | 7 | | | | 35,000.00 | | 35,000.00 |
| 22 | 8 | | | | 35,000.00 | | 35,000.00 |
| 23 | 9 | | | | 35,000.00 | | 35,000.00 |
| 24 | 10 | | | | 35,000.00 | 10,000.00 | 25,000.00 |
| 25 | 合计 | 266,000.00 | 7,000.00 | 259,000.00 | 440,000.00 | 10,000.00 | 430,000.00 |
| 26 | 平均年现金流量 | | | 43,166.67 | | | 43,000.00 |
| 27 | 运行成本NPV() | 86,721.14 | | | 155,719.06 | | |
| 28 | 平均年成本(PMT) | 17,941.74 | | | 21,711.96 | | |
| 29 | 新旧设备平均年成本(PMT)差: | | | | 3,770.22 | | |

图 8-8 固定资产更新决策模型（寿命不等、效用相同）

### 1. 求旧设备运行成本的年平均现金流量、年平均成本（NPV）

在单元格 B14 中输入公式：“=B7”，将提取变现价值看成是现在的支出；

在单元格 B15 中输入公式：“=IF(A15>$B$4-$B$5,"",$B$8)”，并向下填充到单元格 B24，根据可使用年限提取每年的运行成本，即付现成本；

在单元格 C15 中输入公式：“=IF(A15=$B$4-$B$5,$B$6,"")”，并向下填充到单元格 C24，提取设备寿命终了时的清理收入，即设备的预计残值；

在单元格 D14 中输入公式：“=IF(C14="",B14,B14-C14))”，并向下填充到单元格 D24，计算每年运行成本的现金流量；

在单元格 B25 中输入公式：“=SUM(B14:B24)”，并向右填充到单元格 G25，计算各项合计数；

在单元格 D26 中输入公式：“=SUM($D$14:$D$24)/($B$4-$B$5))”，计算平均年现金流量；

合并单元区域 B27:D27，并输入公式：“=NPV($B$9,D15:D24)-D14”，运行成本的净现值；

合并单元区域 B28:D28，并输入公式：“=ABS(PMT($B$9,$B$4-$B$5,$B$27))”，返回平均年成本（NPV）。

2. 求新设备运行成本的年平均现金流量、年平均成本（NPV）

在单元格 E14 中输入："=$C$7"，将提取变现价值看成是现在的支出；

在单元格 E15 中输入公式："=IF(A15>$C$4-$C$5,"",$C$8)"，并向下填充到单元格 E24,根据可使用年限提取每年的运行成本，即付现成本；

在单元格 F15 中输入公式："=IF(A15=$C$4-$C$5,$C$6,"")"，并向下填充到单元格 F24，提取设备寿命终了时的清理收入，即设备的预计残值；

在单元格 G14 中输入公式："=IF(F14="",E14,E14-F14)"，并向下填充到单元格 G24，计算每年运行成本的现金流量；

在单元格 G26 中输入公式："=SUM(G14:G24)/($C$4-$C$5)"，计算平均年现金流量；

合并单元区域 E27:G27，并输入公式："=NPV($B$9,G15:G24)-G14"，运行成本的净现值；

合并单元区域 E28:G28，并输入公式："=ABS(PMT($B$9,$C$4-$C$5,$E$27))"，返回年平均成本（NPV）。

3. 计算新旧设备年平均成本差

合并单元区域 E29:G29 并输入公式："=E28-B28"，计算出新旧设备平均年成本差，如果大于等于 0，表示新设备的平均年成本比较大，不必更新，否则，可以更新。

在使用本模块时，只需要改变原始数据资料即可自动计算出结果。

## 8.2.5 构建寿命不等、效用不同的固定资产更新决策模型

涉及新旧设备使用寿命不等、效用不同，导致其收入也不同，此时是否更新就需要进行周密的计算，首先计算每年的"收入-运行成本+折旧抵税额"，即新旧设备导致的现金流量，最后一年的年末还需要考虑预计残值导致的现金流量，然后再将每年的现金流量折算为净现值，最后再计算平均年利润，也就是将净现值再折算为每年的年金，其实就是收付实现制下的"收入-费用"的年平均利润，利润值大的为优。

将判断的标准设置为平均年收益。

建立一个工作表并命名为"固定资产更新决策模型 3"，用于建立新模型。

设某公司有技术人员提出了更新设备的建议，有关资料如图 8-9 所示，并在单元格 B10 和单元格 C10 设置数据验证，用于对折旧方法的选择。

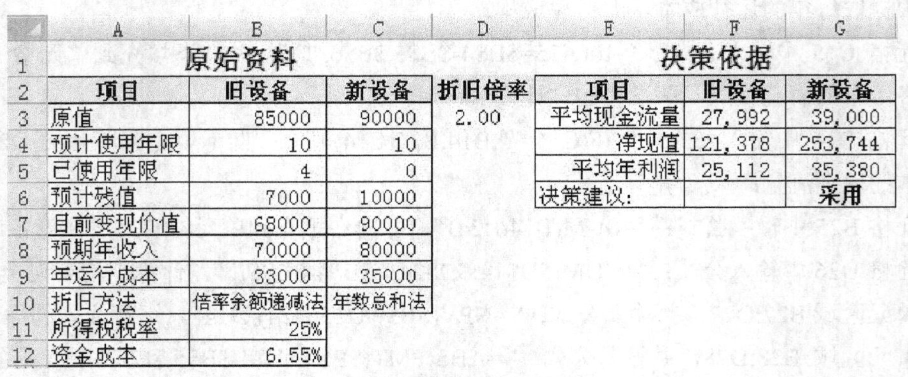

| | A | B | C | D | E | F | G |
|---|---|---|---|---|---|---|---|
| 1 | 原始资料 | | | | 决策依据 | | |
| 2 | 项目 | 旧设备 | 新设备 | 折旧倍率 | 项目 | 旧设备 | 新设备 |
| 3 | 原值 | 85000 | 90000 | 2.00 | 平均现金流量 | 27,992 | 39,000 |
| 4 | 预计使用年限 | 10 | 10 | | 净现值 | 121,378 | 253,744 |
| 5 | 已使用年限 | 4 | 0 | | 平均年利润 | 25,112 | 35,380 |
| 6 | 预计残值 | 7000 | 10000 | | 决策建议: | | 采用 |
| 7 | 目前变现价值 | 68000 | 90000 | | | | |
| 8 | 预期年收入 | 70000 | 80000 | | | | |
| 9 | 年运行成本 | 33000 | 35000 | | | | |
| 10 | 折旧方法 | 倍率余额递减法 | 年数总和法 | | | | |
| 11 | 所得税税率 | 25% | | | | | |
| 12 | 资金成本 | 6.55% | | | | | |

图 8-9 原始资料与决策依据

1. 计算旧设备的年现金流量

如图 8-10 所示，结合图 8-9 所示原始资料，计算旧设备的净现金流量：

| | A | B | C | D | E | F | G |
|---|---|---|---|---|---|---|---|
| 14 | 固定资产更新决策模型（寿命不等、效用不同） | | | | | | |
| 15 | 旧设备的现金流量的计算 | | | | | | |
| 16 | 期间(年) | 预期收入 | 运行成本 | 折旧额 | 折旧抵税额 | 预计残值 | 年现金流量 |
| 17 | 0 | | 68,000 | | | | -68,000 |
| 18 | 1 | 70,000 | 33,000 | 7,800 | 1,950 | | 38,950 |
| 19 | 2 | 70,000 | 33,000 | 7,800 | 1,950 | | 38,950 |
| 20 | 3 | 70,000 | 33,000 | 7,800 | 1,950 | | 38,950 |
| 21 | 4 | 70,000 | 33,000 | 7,800 | 1,950 | | 38,950 |
| 22 | 5 | 70,000 | 33,000 | 7,800 | 1,950 | | 38,950 |
| 23 | 6 | 70,000 | 33,000 | 7,800 | 1,950 | 7,000 | 45,950 |
| 24 | 7 | | | | | | |
| 25 | 8 | | | | | | |
| 26 | 9 | | | | | | |
| 27 | 10 | | | | | | |
| 28 | 合计 | 420,000 | 266,000 | 46,800 | 11,700 | 7,000 | 172,700 |
| 31 | 新设备的现金流量的计算 | | | | | | |
| 32 | 期间(年) | 预期收入 | 运行成本 | 折旧额 | 折旧抵税额 | 预计残值 | 年现金流量 |
| 33 | 0 | | 90,000 | | | | -90,000 |
| 34 | 1 | 80,000 | 35,000 | 14,545 | 3,636 | | 48,636 |
| 35 | 2 | 80,000 | 35,000 | 13,091 | 3,273 | | 48,273 |
| 36 | 3 | 80,000 | 35,000 | 11,636 | 2,909 | | 47,909 |
| 37 | 4 | 80,000 | 35,000 | 10,182 | 2,545 | | 47,545 |
| 38 | 5 | 80,000 | 35,000 | 8,727 | 2,182 | | 47,182 |
| 39 | 6 | 80,000 | 35,000 | 7,273 | 1,818 | | 46,818 |
| 40 | 7 | 80,000 | 35,000 | 5,818 | 1,455 | | 46,455 |
| 41 | 8 | 80,000 | 35,000 | 4,364 | 1,091 | | 46,091 |
| 42 | 9 | 80,000 | 35,000 | 2,909 | 727 | | 45,727 |
| 43 | 10 | 80,000 | 35,000 | 1,455 | 364 | 10,000 | 55,364 |
| 44 | 合计 | 800,000 | 440,000 | 80,000 | 20,000 | 10,000 | 390,000 |

图 8-10　计算新旧设备的净现金流量

在单元格 B18 中输入公式：“=IF(A18>$B$4-$B$5,"",$B$8)”，并向下填充到单元格 B27，提取可使用年限内的预期收入；也可以从单元格 B17 中输入公式：“=IF(OR(A17=0,A17>$B$4-$B$5),"",$B$8)”向下填充到单元格 B27，增加了一个条件，会影响到运算速度；

在单元格 C17 中输入公式：“=$B$7”，提取旧设备的变现价值；

在单元格 C18 中输入公式：“=IF(A18>$B$4-$B$5,"",$B$9)”，并向下填充到单元格 C27，提取每年的运行成本；

在单元格 D17 中输入公式：“=IF(OR(A17=0,A17>$B$4-$B$5),"",IF($B$10="年数总和法",SYD($B$3,$B$6,$B$4,$B$5+A17),IF($B$10="倍率余额递减法",VDB($B$3,$B$6,$B$4,$B$5+A17-1,$B$5 + A17,$D$3,FALSE),SLN($B$3,$B$6,$B$4))))”，并向下填充到单元格 D27，返回可使用年限内的折旧额；也可以从单元格 D18 开始输入公式，把期间为 0 的条件删除，这样可以提高运算速度；

在单元格 E17 中输入公式：“=IF(OR(A17=0,A17>$B$4-$B$5),"",D17*$B$11)”或者“=IF(D18="","",D18*$B$11)”或者“=IF(ISERROR(D17*$B$11),"",D17*$B$11)”，并向下填充到单元格 E27，返回可使用年限内的折旧抵税额；

在单元格 F17 中输入公式：“=IF(A17=$B$4-$B$5,$B$6,"")”，返回设备清理时的预计残值；

在单元格 G17 中输入公式：“=-C17”，视为付现成本；

在单元格 G18 中输入公式：“=IF(A18>$B$4-$B$5,"",IF(A18=$B$4-$B$5,B18-C18+E18+F18,B18-C18+E18))”，并向下填充到单元格 G27，计算年现金流量的净值；

在单元格 B28 中输入公式：“=SUM(B17:B27)”，并向右填充到单元格 G28，计算各种项目的合计值，作为具体决策时的参考因素。

2. 计算新设备的年现金流量

如图 8-10 所示，结合图 8-9 所示原始资料，计算新设备的净现金流量。

在单元格 B34 中输入公式："=IF(A34>$C$4-$C$5,"",$C$8)"，并向下填充到单元格 B43，提取可使用年限内的预期收入；

在单元格 C33 中输入公式："=$C$7"，提取新设备的变现价值；

在单元格 C34 中输入公式："=IF(A34>$C$4-$C$5,"",$C$9)"，并向下填充到单元格 C43，提取每年的运行成本；

在单元格 D33 中输入公式："=IF(OR(A33=0,A33>$C$4-$C$5),"",IF($C$10="年数总和法",SYD($C$3,$C$6,$C$4,$C$5+A33),IF($C$10="倍率余额递减法",VDB($C$3,$C$6,$C$4,$C$5+A33-1,$C$5+A33,$D$3,FALSE),SLN($C$3,$C$6,$C$4))))"，并向下填充到单元格 D43，返回每年的折旧额；

在单元格 E33 中输入公式："=IF(OR(A33=0,A33>$C$4-$C$5),"",D33*$B$11)"，并向下填充到单元格 E43，返回每年的折旧抵税额；

在单元格 F33 中输入公式："=IF(A33=$C$4-$C$5,$C$6,"")"，返回设备清理时的预计残值；

在单元格 G33 中输入公式："=-C33"，将新设备的变现价值视为付现成本；

在单元格 G34 中输入公式："=IF(A34>$C$4-$C$5,"",IF(A34=$C$4-$C$5,B34-C34+E34+F34,B34-C34+E34))"，并向下填充到单元格 G43，计算年现金流量的净值；

在单元格 B44 中输入公式："=SUM(B33:B43)"，并向右填充到单元格 G44，计算各种项目的合计值，作为具体决策时的参考因素。

3. 计算平均年利润差并进行决策判断

如图 8-9 所示决策依据部分，在单元格 F3 中输入公式："=SUM($G$17:$G$27)/($B$4-$B$5)"，在单元格 G3 中输入公式："=SUM($G$33:$G$43)/($C$4-$C$5)"，计算新旧设备的平均年现金流量的值；

在单元格 F4 中输入公式："=NPV($B$12,$G$18:$G$27)+$G$17"，在单元格 G4 中输入公式："=NPV($B$12,$G$34:$G$43)+$G$33"，计算新旧设备的净现值；

在单元格 F5 中输入公式："=ABS(PMT($B$12,$B$4-$B$5,$F$4))"，在单元格 G5 中输入公式："=ABS(PMT($B$12,$C$4-$C$5,$G$4))"，计算新旧设备的平均年利润；

在单元格 F6 中输入公式："=IF(F5>=G5,"采用","")"，当旧设备的平均年利润大于等于新设备的年平均利润时，显示"采用"，否则显示空白；

在单元格 G6 中输入公式："=IF(G5>F5,"采用","")"，当新设备的平均年利润大于旧设备的平均年利润时，显示"采用"，否则显示空白；

决策的主要依据是新旧设备下显示的"采用"字样。

根据实际情况选择模型，并适当修改原始数据部分的资料，就能够自动计算并返回决策依据。

# 8.3 投资风险分析

市场有风险，投资需谨慎，前面的分析都是假设项目的现金流量是可预测的，但实际上真正意义的投资风险是不可预测的，如何评估项目投资的风险，是一个很复杂的问题。

### 8.3.1 投资项目风险的处置方法

对项目的风险有两种处置方法：一种是调整现金流量法，另一种是调整折现率法。

1. 调整风险现金流量法

调整现金流量法就是把不确定的现金流量调整为确定的现金流量，再用无风险报酬率折算为净现值。由于每年的肯定当量系数都不一样，所以，建立模型没有太大的意义，此处不再进行分析。

2. 调整折现率法

调整折现率法的思路就是对于高风险的投资项目，采用更高的折现率来计算净现值。其关键是在无风险贴现率的基础上如何调高贴现率的问题，调整多少的问题。

调整风险贴现率 $K$ 的计算公式为：$K=i+bQ$

其中：$i$——无风险贴现率

$b$——风险报酬率

$Q$——风险程度

使用调整折现率法的前提是计算出风险程度 $Q$ 和风险报酬率 $b$。

（1）确定风险程度 $Q$

① 计算每年的现金流量的期望值 $CFAT_E$，用预测的现金流量乘以事件的概率之后再求整个事件的现金流量之和即可。

② 计算投资项目的期望现金流量的净现值 $NPV_E$，也就是对项目每年的 $CFAT_E$ 求取净现值。

③ 计算各期现金流量的标准离差 $d$，并计算综合标准离差 $D$。

④ 计算风险程度 $Q$（即标准离差率）。

（2）确定风险报酬率 $b$

风险报酬率的确定主要依赖于投资者的分析判断，一般可以选择市场报酬率或者根据企业的历史资料统计分析得到，和投资者的风险偏好也有关系，此处以市场报酬率减去无风险报酬率作为风险报酬率。

（3）用调整风险贴现率计算净现值

利用 $K$ 作为贴现率来计算项目的净现值，作为投资决策的评价指标。

### 8.3.2 建立投资风险分析模型

建立一个工作表并命名为“投资风险分析模型”。

设当前市场无风险报酬率和市场平均报酬率皆为已知，A、B 两个项目的现金流量每年发生的各种金额与概率如图 8-11 所示。

1. 风险报酬率的确定

在单元区域 A1:F18 中，单元格 F2 中含有公式：“=D2-B2”，也就是说风险报酬率是按照市场报酬率减去无风险报酬率来确定的。其余部分都是直接输入的原始资料。

2. 计算现金流量的期望值 $CFAT_E$

在单元格 B22 中输入公式：“=SUMPRODUCT(B7:B9,C7:C9)”；

在单元格 B23 中输入公式：“=SUMPRODUCT(B10:B12,C10:C12)”；

| | A | B | C | D | E | F |
|---|---|---|---|---|---|---|
| 1 | 投资风险分析模型 | | | | | |
| 2 | 无风险报酬率i: | 3.55% | 市场报酬率: | 11.50% | 风险报酬率:7.95% | |
| 3 | | A项目 | | B项目 | | |
| 4–5 | 期间 | 预期的现金流量 CFAT | 事件发生的概率 | 预期的现金流量 CFAT | 事件发生的概率 | |
| 6 | 0 | -40000 | | -47000 | | |
| 7 | 1 | 15000 | 0.30 | 16000 | 0.35 | 原始资料部分 |
| 8 | | 13000 | 0.40 | 14000 | 0.35 | |
| 9 | | 14000 | 0.30 | 13000 | 0.30 | |
| 10 | 2 | 15000 | 0.25 | 18000 | 0.25 | |
| 11 | | 12000 | 0.30 | 15000 | 0.50 | |
| 12 | | 18000 | 0.45 | 16000 | 0.25 | |
| 13 | 3 | 19000 | 0.25 | 21000 | 0.40 | |
| 14 | | 20000 | 0.25 | 25000 | 0.25 | |
| 15 | | 15000 | 0.50 | 23000 | 0.35 | |
| 16 | 4 | 15000 | 0.35 | 17000 | 0.35 | |
| 17 | | 16000 | 0.35 | 18000 | 0.30 | |
| 18 | | 13000 | 0.30 | 16000 | 0.35 | |
| 19 | | | | | | |
| 20 | | A项目 | | B项目 | | |
| 21 | 期间 | 现金流量期望值 $CFAT_E$ | 标准离差$d$ | 现金流量期望值 $CFAT_E$ | 标准离差$d$ | |
| 22 | 1 | 13900 | 831 | 14400 | 1241 | 分析部分 |
| 23 | 2 | 15450 | 2559 | 16000 | 1225 | |
| 24 | 3 | 17250 | 2278 | 22700 | 1584 | |
| 25 | 4 | 14750 | 1220 | 16950 | 805 | |
| 26 | 期望净现值$NPV_E$ | 16197 | | 17015 | | |
| 27 | 综合标准差D | 3416 | | 2295 | | |
| 28 | 风险程度Q | 0.2109 | | 0.1349 | | |
| 29 | 调整风险贴现率K | 5.23% | | 4.62% | | |
| 30 | 调整后净现值 | 13998 | | 15351 | | |

图 8-11 投资风险分析模型

在单元格 B24 中输入公式:“=SUMPRODUCT(B13:B15,C13:C15)”;

在单元格 B25 中输入公式:“=SUMPRODUCT(B16:B18,C16:C18)”。

也就是对每年的现金收入的发生金额与概率相乘之后求和。

### 3. 计算现金流量的标准离差

在单元格 C22 中输入公式:“=SQRT((B7-B22)^2*C7+(B8-B22)^2*C8+(B9-B22)^2*C9)”;

在单元格 C23 中输入公式:“=SQRT((B10-B23)^2*C10+(B11-B23)^2*C11+(B12-B23)^2*C12)”;

在单元格 C24 中输入公式:“=SQRT((B13-B24)^2*C13+(B14-B24)^2*C14+(B15-B24)^2*C15)”;

在单元格 C25 中输入公式:“=SQRT((B16-B25)^2*C16+(B17-B25)^2*C17+(B18-B25)^2*C18)”。

### 4. 计算期望净现值 $NPV_E$、综合标准差、风险程度 $Q$、调整风险贴现率、调整后净现值

合并单元格 B26 和单元格 C26,并输入公式:“=NPV($B$2,B22:B25)+B6”;

合并单元格 B27 和单元格 C27,并输入公式:“=SQRT(C22^2/(1+$B$2)^(2*$A$22)+C23^2/(1+$B$2)^(2*$A$23)+C24^2/(1+$B$2)^(2*$A$24)+C25^2/(1+$B$2)^(2*$A$25));

合并单元格 B28 和单元格 C28,并输入公式:“=B27/B26”;

合并单元格 B29 和单元格 C29,并输入公式:“=$B$2+$F$2*B28”;

合并单元格 B30 和单元格 C30,并输入公式:“=NPV(B29,B22:B25)+B6”。

选择单元区域 B22:C30 复制到单元区域 D22:F30,完成 B 方案的公式输入。

在完成本模块设计后,只需要修改或者输入原始数据,即可完成风险分析。

# 复习思考题

1．某企业构建一个固定资产，原始成本为 60 万元，预计残值为 3 万元，预计可使用 10 年，请用 SLN()，SYD()，VDB()计算每年的折旧额，并绘制折线图进行比较。

2．设计出寿命不同、效用不同的固定资产更新决策模型，并判断何时到达更新临界点。

3．求如下表中各方案的净现值和内含报酬率。设资金成本率为 10%。

投资决策方案比较分析

| 期间 | 现金流量 | | |
|---|---|---|---|
| | A 方案 | B 方案 | C 方案 |
| 0 | -25,000.00 | -10,000.00 | -12,000.00 |
| 1 | 9,000.00 | 3,000.00 | 4,000.00 |
| 2 | 9,500.00 | 4,000.00 | 4,000.00 |
| 3 | 9,800.00 | 4,500.00 | 4,200.00 |
| 4 | 8,000.00 | 5,000.00 | 5,000.00 |
| 5 | 5,000.00 | 2,000.00 | 3,000.00 |
| 净现值 | 3,860.05 | 2,829.04 | 1,512.74 |
| 内含报酬率 | 17.04% | 21.41% | 15.49% |

4．如下表，应用 SUMPRODUCT()函数求期望现金流量。

| 现金流量 | 发生概率 |
|---|---|
| 1,000 | 10% |
| 1,500 | 40% |
| 1,800 | 40% |
| 2,000 | 10% |

# 第9章 利润管理模型的建立

利润是企业最重要的财务目标之一，也是分配的基础。随着市场需求的变化与经营管理水平的提高，适时调整产量、价格与成本控制的指标，预测净利润，建立各种方案并进行比较，在保证盈利的情况下，争取获取较高利润，这就是建立利润管理模型的目的。

利润管理模型要求根据销售成本、期间费用、资产、销售收入、所得税等生产经营管理要素之间的关系，建立各要素间的数据关联，预测各个要素变化导致的利润变化，以及为了实现目标利润，得出关键要素的理想数值。

## 9.1 单变量求解工具与方案管理器介绍

单变量求解与方案管理器等工具，可用于建立利润管理模型。

### 9.1.1 单变量求解工具介绍

根据已知因变量的值，反推出自变量的解，就是单变量求解。自变量可以是经过多层嵌套后的单元引用，也可以是经过多次公式运算的比较间接的单元引用，但因变量的值最终取决于这个自变量，即可变单元格。

结合案例来进行分析：设某公司的一些资料如图 9-1 所示。

输入公式后，得到的运算结果如图 9-2 所示。

| | A | B | C | D | E |
|---|---|---|---|---|---|
| 1 | 已知条件 | | | 利润表 | |
| 2 | 销售成本占销售收入的比例 | 0.7 | | 销售收入 | |
| 3 | 销售费用占销售收入的比例 | 0.05 | | 销售成本 | =B2*E2 |
| 4 | 管理费用 | 10000000 | | 销售费用 | =B3*E2 |
| 5 | 市场利率 | 0.0655 | | 管理费用 | =B4 |
| 6 | 所得税税率 | 0.25 | | 财务费用 | =E15*B5 |
| 7 | 流动资产 | 50000000 | | 税前利润 | =E2-E3-E4-E5-E6 |
| 8 | 固定资产 | 120000000 | | 所得税 | =B6*E7 |
| 9 | 股权 | 150000000 | | 净利润 | =E7-E8 |
| 10 | | | | | |
| 11 | | | | 资产负债表 | |
| 12 | | | | 流动资产 | =B7 |
| 13 | | | | 固定资产 | =B8 |
| 14 | | | | 资产合计 | =E12+E13 |
| 15 | | | | 负债 | |
| 16 | | | | 股权 | =B9 |
| 17 | | | | 负债和股权合计 | =E16+E15 |

图 9-1　公司数据及数据关系

| | C | D | E |
|---|---|---|---|
| 1 | | 利润表 | |
| 2 | | 销售收入 | |
| 3 | | 销售成本 | 0 |
| 4 | | 销售费用 | 0 |
| 5 | | 管理费用 | 10,000,000 |
| 6 | | 财务费用 | 0 |
| 7 | | 税前利润 | -10,000,000 |
| 8 | | 所得税 | -2,500,000 |
| 9 | | 净利润 | -7,500,000 |
| 10 | | | |
| 11 | | 资产负债表 | |
| 12 | | 流动资产 | 50,000,000 |
| 13 | | 固定资产 | 120,000,000 |
| 14 | | 资产合计 | 170,000,000 |
| 15 | | 负债 | |
| 16 | | 股权 | 150,000,000 |
| 17 | | 负债和股权合计 | 150,000,000 |

图 9-2　报表返回的结果

1. 调用单变量求解工具计算负债和财务费用

单击“数据”→“数据工具”→“假设分析”→“模拟分析”“单变量求解(G)…”，可调用单变量求解工具，如图 9-3 所示。

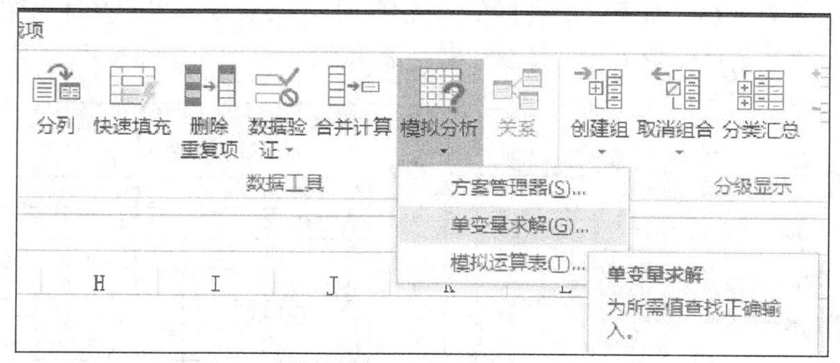


图 9-3 Excel 单变量求解工具

出现“单变量求解”对话框，并输入目标单元格$E$17、目标值 170000000、可变单元格$E$15，如图 9-4 所示，单击“确定”命令按钮，弹出“单变量求解状态”对话框，如图 9-5 所示，单击“确定”按钮，保存结果，则单元格 E17 的值自动变为 170000000，单元格 E15 的值自动变为 20000000。

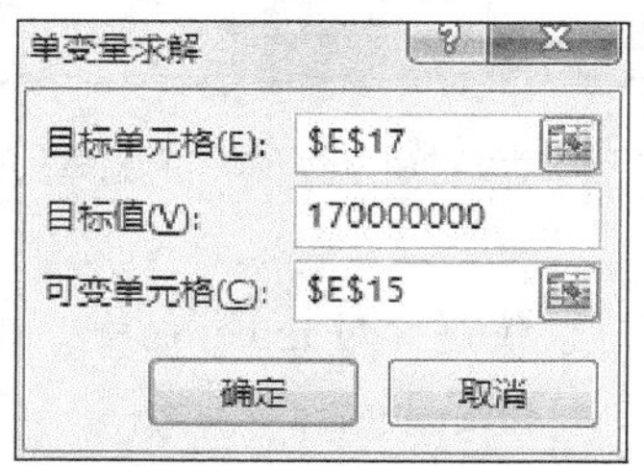


图 9-4 单变量求解工具对话框

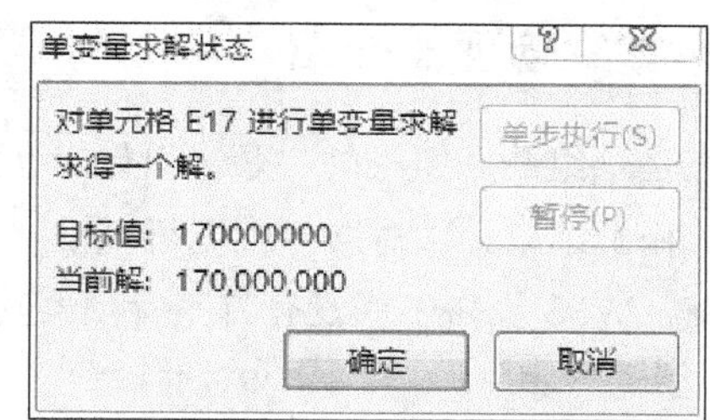


图 9-5 “单变量求解状态”对话框

其数据关系如下：资产合计必须等于负债与股权合计，因此，单元格 E17 的值必须等于 170000000，因为目标单元格 E17 含有公式：“=E16+E15”，其中单元格 E16 为已知金额，自变量为单元格 E15，即可变单元格。通过已知因变量单元格 E17 的值反推出自变量单元格 E15 的值为 20000000，并完成了赋值。同时也导致了财务费用数据的自动出现，其结果如图 9-6 所示。

2. 调用单变量求解工具预测销售收入

如图 9-5 所示，因变量单元格 E17 与自变量单元格 E15 直接存在数据关系：E17=E16+E15，如果数据关系比较间接，利用单变量求解工具也是可以的。

| | C | D | E |
|---|---|---|---|
| 1 | | 利润表 | |
| 2 | | 销售收入 | |
| 3 | | 销售成本 | 0 |
| 4 | | 销售费用 | 0 |
| 5 | | 管理费用 | 10,000,000 |
| 6 | | 财务费用 | 1,310,000 |
| 7 | | 税前利润 | -11,310,000 |
| 8 | | 所得税 | -2,827,500 |
| 9 | | 净利润 | -8,482,500 |
| 10 | | | |
| 11 | | 资产负债表 | |
| 12 | | 流动资产 | 50,000,000 |
| 13 | | 固定资产 | 120,000,000 |
| 14 | | 资产合计 | 170,000,000 |
| 15 | | 负债 | 20,000,000 |
| 16 | | 股权 | 150,000,000 |
| 17 | | 负债和股权合计 | 170,000,000 |

图 9-6 运行单变量求解工具后的资产负债表和利润表

图 9-1 所示的利润表中尚没有输入销售收入数据，净利润等于税前利润减去所得税（E9=E7-E8），没有和销售收入（单元格 E2）发生直接联系。而税前利润（单元格 E7）等于销售收入（单元格 E2）减去销售成本（单元格 E3）、销售费用（单元格 E4）、管理费用（单元格 E5）、财务费用（单元格 E6）之差，所以，销售收入（单元格 E2）和净利润（单元格 E9）发生了间接联系。

调用单变量求解工具，将净利润（单元格 E9）设置为目标单元格，目标值设置为 40,000,000，可变单元格设置为销售收入（单元格 E2），进行求解，得到如图 9-7 所示结果。

可见，只要关系式中有一个变量与目标单元格有联系，这种联系可以是非常间接的，预设一个目标值之后，都可以运用单变量求解工具倒推出变量的值。

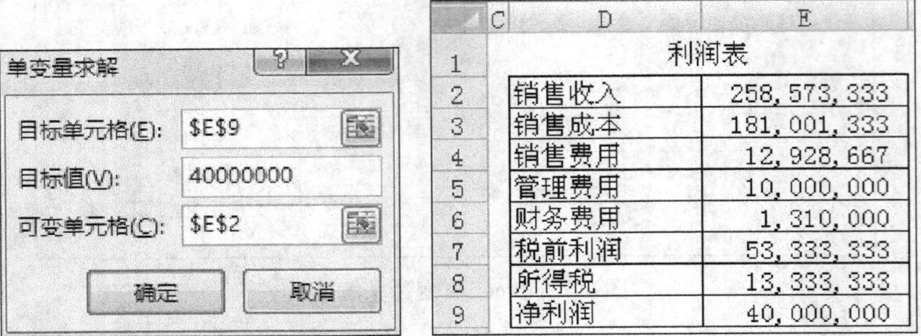


图 9-7　运用单变量求解工具求得预期利润所要求的销售收入

对于单变量求解工具的应用，Excel/WPS 表格完全一致。

## 9.1.2　方案管理器介绍

方案是一组命令组成的，是一组保存在工作表中并可以进行自动替换的数值，通过替换可以预测模型的输出结果。针对同一模型可以设置多种方案。

目前，WPS 表格中尚没有方案管理器功能。因此，方案管理仅仅是针对 Excel 而言。

1. 创建方案

为了方便理解，对图 9-1 中所示的 B 列和 E 列单元格根据前一列的文字进行了命名。

选定单元格之后，给单元格命名通常有三种方法。一种是直接在名称文本框中输入名称（Excel/WPS 表格都可以）。另一种是直接在“公式”选项卡下的“定义的名称”功能区中，直接单击“定义名称”命令，即可出现“新建名称”对话框，直接默认同行左侧单元格中的文本为本单元格的名称，按回车确认即可。利用 WPS 表格的“公式”选项卡下的“名称管理器”可直接输入名称。第三种是在需要命名的单元格上单击鼠标右键，在弹出的快捷菜单中选择“定义名称”命令即可出现和第二种方法相同的“新建名称”对话框，并默认左侧单元格文本内容为单元格名称。如图 9-8 所示。

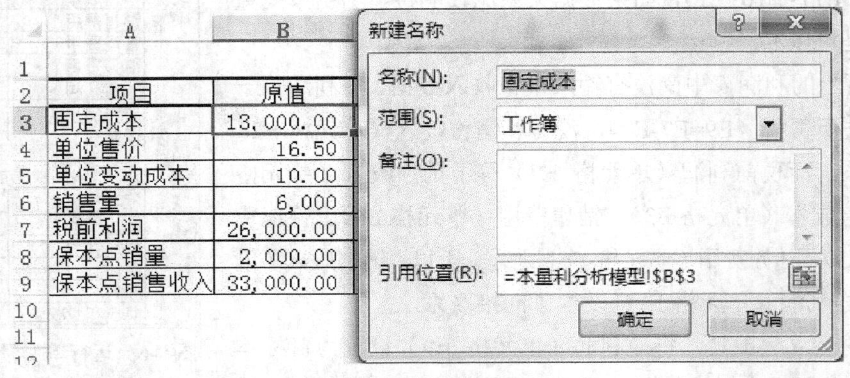


图 9-8　利用 Excel 的名称管理器直接给单元格命名

单击“数据”选项卡下“数据工具”组中的“假设分析”命令，选择“方案管理器”，弹出“方案管理器”对话框，如图 9-9 所示。

单击“添加”按钮，弹出“编辑方案”对话框，如图 9-10 所示。

单击“确定”按钮之后，出现“方案变量值”对话框，可以进行预设的变量值设置，如图 9-11 所示。

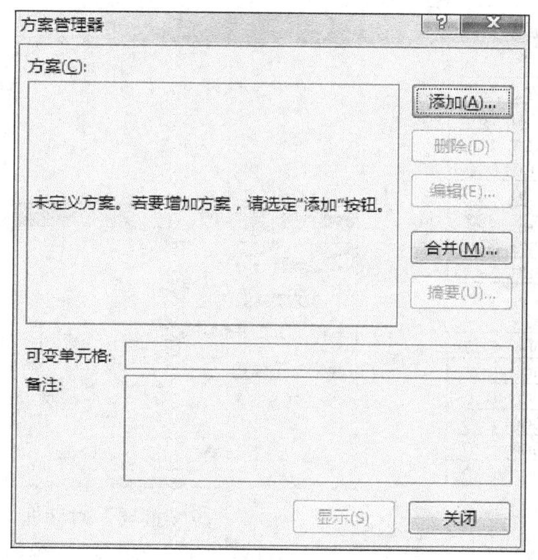


图 9-9 “方案管理器”对话框

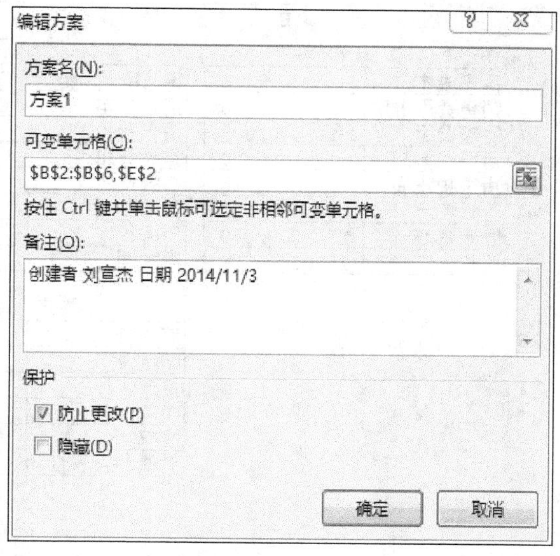


图 9-10 “编辑方案”对话框

单击“添加”按钮可以继续添加其他的方案，默认的变量单元格同第一个方案变量的值。需要修改变量的值，需要继续添加方案（此处添加了 2 个方案），单击“确定”按钮，弹出“方案管理器”对话框，在“方案（C）:”下显示已建的已有方案，如图 9-12 所示。

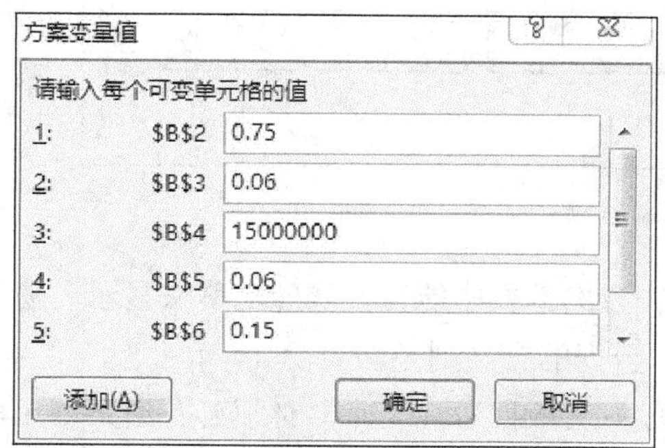


图 9-11 设置方案变量值

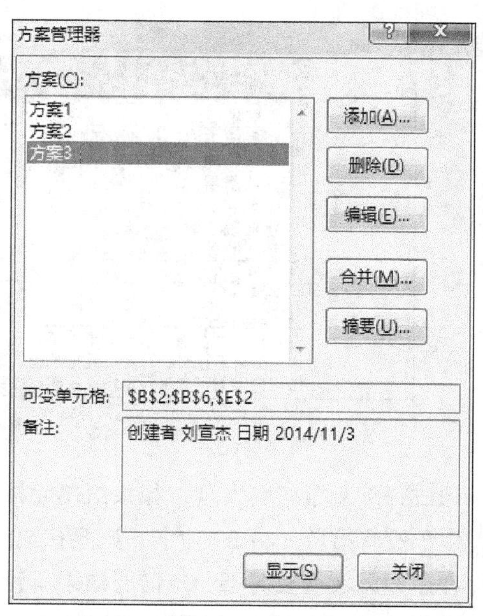


图 9-12 方案管理器（含有方案）

2．显示方案

选择“方案 1”，单击“显示”按钮，显示方案 1 的情况，如图 9-13 所示。

结果显示，所有变量单元格的值都变成了在方案 1 中预设的值。

3．生成方法摘要

单击“摘要”按钮，弹出“方案摘要”对话框，如图 9-14 所示。

|  | A | B | C | D | E |
|---|---|---|---|---|---|
| 1 | 已知条件 |  |  | 利润表 |  |
| 2 | 销售成本占销 | 75% |  | 销售收入 | 258,573,333 |
| 3 | 销售费用占销 | 6% |  | 销售成本 | 193,930,000 |
| 4 | 管理费用 | 15,000,000 |  | 销售费用 | 15,514,400 |
| 5 | 市场利率 | 6.00% |  | 管理费用 | 15,000,000 |
| 6 | 所得税税率 | 15% |  | 财务费用 | 1,200,000 |
| 7 | 流动资产 | 50,000,000 |  | 税前利润 | 32,928,933 |
| 8 | 固定资产 | 120,000,000 |  | 所得税 | 4,939,340 |
| 9 | 股权 | 150,000,000 |  | 净利润 | 27,989,593 |
| 10 |  |  |  |  |  |
| 11 |  |  |  | 资产负债表 |  |
| 12 |  |  |  | 流动资产 | 50,000,000 |
| 13 |  |  |  | 固定资产 | 120,000,000 |
| 14 |  |  |  | 资产合计 | 170,000,000 |
| 15 |  |  |  | 负债 | 20,000,000 |
| 16 |  |  |  | 股权 | 150,000,000 |
| 17 |  |  |  | 负债和股权合计 | 170,000,000 |

图 9-13　显示方案

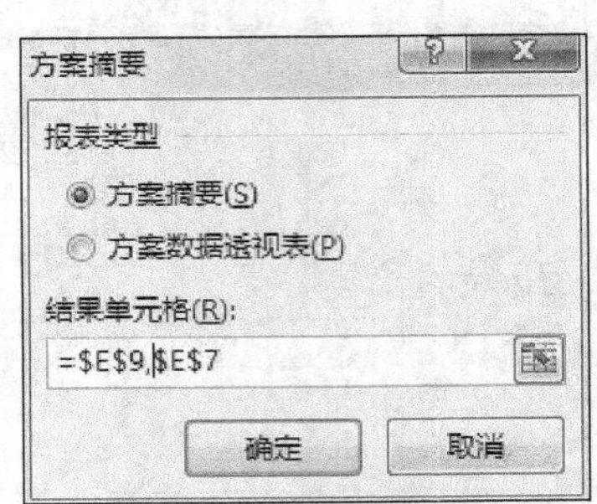


图 9-14　“方案摘要”对话框

设置需要观察或者需要预测的单元格（本处为净利润（单元格 E9）和税前利润（单元格 E7），其中税前利润（单元格 E7）没有进行命名，为的是方便后面的效果对比）后，单击“确定”按钮，自动产生了一个新的工作表，名称为“方案摘要”，如图 9-15 所示。

|  | C | D | E | F | G |
|---|---|---|---|---|---|
| 2 | 方案摘要 |  |  |  |  |
| 3 |  | 当前值: | 方案1 | 方案2 | 方案3 |
| 5 | 可变单元格: |  |  |  |  |
| 6 | 销售成本占销售收入的比例 | 75% | 75% | 65% | 72% |
| 7 | 销售费用占销售收入的比例 | 6% | 6% | 7% | 6% |
| 8 | 管理费用 | 15,000,000 | 15,000,000 | 12,000,000 | 10,300,000 |
| 9 | 市场利率 | 6.00% | 6.00% | 7.00% | 6.55% |
| 10 | 所得税税率 | 15% | 15% | 20% | 18% |
| 11 | 销售收入 | 258,573,333 | 258,573,333 | 258,573,333 | 258,573,333 |
| 12 | 结果单元格: |  |  |  |  |
| 13 | 净利润 | 27,989,593 | 27,989,593 | 47,200,427 | 37,974,550 |
| 14 | $E$7 | 32,928,933 | 32,928,933 | 59,000,533 | 46,310,427 |
| 15 | 注释：“当前值”这一列表示的是在 |  |  |  |  |
| 16 | 建立方案汇总时，可变单元格的值。 |  |  |  |  |
| 17 | 每组方案的可变单元格均以灰色底纹突出显示。 |  |  |  |  |

图 9-15　方案摘要

通过仔细观察就会发现，如果给单元格命名，则在方案摘要中能直接按照名称来显示，易于理解。由于没有给单元格 E7 命名，则直接显示为$E$7，数据的含义则无法表明。

在生成方案摘要时不一定需要结果单元格，但生成方案数据透视表时，必须要有结果单元格。

利用方案管理器，可以预设多种方案并进行预测结果的对照，应用非常广泛。

# 9.2 本量利分析模型的建立

根据边际贡献理论，固定成本不变，变动成本与产量完全线性相关，当销量达到保本点之后，后续销量就是盈利。

## 9.2.1 基本模型设计

利用 Excel/WPS 提供的控件来调整生产要素的数值，对比保本点数量的变化以及利润变化情况。

设某公司某期间发生的固定成本为 12000 元，单一产品的单位售价为 16 元，单位变动成本为 11 元，本期的销售量为 5000 个，计算本期的税前利润、保本点销量、保本点销售收入，同时进行相关预测。

为了说明这个问题，建立一个工作表名命名为："本量利分析模型"，设置有关数据和公式，如图 9-16 所示。

| | A | B | C | D | E | F |
|---|---|---|---|---|---|---|
| 1 | 本量利分析模型 | | | | | |
| 2 | 项目 | 原值 | 变动百分比 | 调整控件 | 调整后数值 | 差额 |
| 3 | 固定成本 | 12000 | =D3/100-30% | | =B3*(1+C3) | =E3-B3 |
| 4 | 单位售价 | 16 | =D4/100-30% | | =B4*(1+C4) | =E4-B4 |
| 5 | 单位变动成本 | 11 | =D5/100-30% | | =B5*(1+C5) | =E5-B5 |
| 6 | 销售量 | 5000 | =D6/100-30% | | =B6*(1+C6) | =E6-B6 |
| 7 | 税前利润 | =B6*(B4-B5)-B3 | | | =E6*(E4-E5)-E3 | =E7-B7 |
| 8 | 保本点销量 | =B3/(B4-B5) | | | =E3/(E4-E5) | =E8-B8 |
| 9 | 保本点销售收入 | =B8*B4 | | | =E8*E4 | =E9-B9 |

图 9-16　本量利分析模型

1. 设置基本数据区

在单元区域 A2:A9 输入项目名称。给单元区域 B3:B6 的单元格分别命名为"固定资产_原值""单位售价_原值""单位变动成本_原值""销售量_原值"，并输入有关原值数据。

在单元格 B7 中输入公式："=B6*(B4-B5)-B3"，即

税前利润=销售量×（单位售价-单位变动成本）-固定成本

在单元格 B8 中输入公式："=B3/(B4-B5)"，即

固定成本÷（单位售价-单位变动成本）

它是上面式子中将税前利润设置为 0 的等式变形，也就是税前利润为 0 时的销售数量—保本点销售量。

在单元格 B9 中输入公式："=B8*B4"，即保本点销售量×单位售价，求得保本点销售收入。

2. 设置控件与公式

同第 7 章租赁模型建立时一样设计滚动条，分别覆盖于单元格 D3、单元格 D4、单元格 D5、单元格 D6 之上。

设置控件值范围。在设置控件格式的"控制"选项卡中设置最小值为 0，最大值为 60（最大值一般为变动幅度的两倍，这里实际需要设置范围为±30，在控件不能设置负数的情况下，用控件值减去 30 即可），步长为 1，页步长为 5，控件的单元格链接分别链接为自身覆盖的单元格，如最上面

的控件链接为单元格 D4、最下面的控件链接为单元格 D6。

设置变动百分比在±30%之内。在单元格 C3 中输入公式："=D3/100-30%"，保证了单元格 C3 的变动范围在±30%之内，相应的步长为 1%，页步长为 5%，主要通过控件的调整来实现。以此类推，将单元格 C3 填充到单元格 C6，同时完成单元格 C4、单元格 C5、单元格 C6 的设置。

计算调整后数值。在单元格 E3 中输入公式："=B3*(1+C3)"，并向下填充到单元格 E6，计算固定资产、单位售价、单位变动成本、销售量四个项目调整后的数值。选择单元区域 B7:B9，复制到单元区域 E7:E9，完成销售利润、保本点销售量、保本点销售收入三个项目调整后数值的计算。

计算调整前与调整后的数据差额。在单元格 F3 中输入公式："=E3-B3"并向下填充到单元格 F9，完成差额计算。

此时调整滚动条，即可得到调整后的各项目金额及调整前后的差额。

至此，模型设计完成。

### 9.2.2 利用模型进行预测

模型建立以后，就可以逐步调整变动百分比来预测目标利润实现的条件，也可以先设定目标利润，再倒推其实现条件。

1. 逐步调整法

设其他项目金额不变时，只增加单位售价，增加幅度为多少时，税前利润能达到 15,000.00 元？此时的单位售价是多少时，有利于市场调研，验证其可行性。

调整各个滚动条，使固定成本、单位变动成本、销售量的变动百分比为 0%，调整单位售价的百分比为 2%的时候，税前利润为 14,600.00 元，调整为 3%的时候，税前利润为 15,400.00 元。利用插值法，可知，当单位售价上涨 2.5%的时候，税前利润为 15,000.00 元。

逐步调整单一项目百分比的时候，需要一点一点靠近，取最靠近的大于预期值和小于预期值的两个数值，利用插值法来寻找最优解。

2. 逆推法

所谓逆推法，实际上就是按照预期的结果反推变量。

（1）反推百分比

设其他项目金额不变的时候，只增加单位售价，增加幅度为多少时，税前利润能达到 20,000.00 元？此时的单位售价是多少时，有利于市场调研，验证其可行性。

调用"单变量求解"工具，设置"目标单元格"为单元格 E7，"目标值"为 20,000，"可变单元格"为单元格 D4（注意，此处不能直接设置单位售价调整百分比，因为单元格 C4 中含有公式，应该通过单元格 D4 的值影响单元格 C4 的值，其中，调整单元格 D4 的值，同时也影响到了滚动条的值，尽量不要超出滚动条设置的范围。），如图 9-17 所示。

显示单元格 D4 的值为 9%时，税前利润为 20,000.00 元，如图 9-18 所示。

实际上，在任意一个单元格输入："=D4"时，得到的结果为 38.75000（需要设置小数位数稍多一些即可），单元格 C4 的结果实际为 8.75%，不是 9%，之所以显示 9%是因为四舍五入的结果，不是滚动条操作的结果，继续操作滚动条，则又会根据滚动条的操作修改链接单元格 D4 的值，如图 9-19 所示。

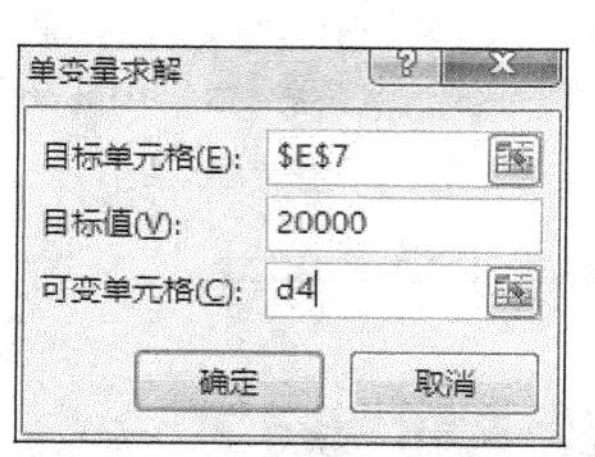


图 9-17　利用单变量求解工具反推变动百分比

| | A | B | C | D | E | F |
|---|---|---|---|---|---|---|
| 1 | 本量利分析模型 | | | | | |
| 2 | 项目 | 原值 | 变动百分比 | 调整控件 | 调整后数值 | 差额 |
| 3 | 固定成本 | 12,000.00 | 0% | | 12,000.00 | 0.00 |
| 4 | 单位售价 | 16.00 | 9% | | 17.40 | 1.40 |
| 5 | 单位变动成本 | 11.00 | 0% | | 11.00 | 0.00 |
| 6 | 销售量 | 5,000 | 0% | | 5,000 | 0 |
| 7 | 税前利润 | 13,000.00 | | | 20,000.00 | 7,000.00 |
| 8 | 保本点销量 | 2,400.00 | | | 1,875.00 | -525.00 |
| 9 | 保本点销售收入 | 38,400.00 | | | 32,625.00 | -5,775.00 |

图 9-18　用单变量求解反推百分比的结果显示

| | A | B | C | D | E | F |
|---|---|---|---|---|---|---|
| 1 | 本量利分析模型 | | | | | |
| 2 | 项目 | 原值 | 变动百分比 | 调整控件 | 调整后数值 | 差额 |
| 3 | 固定成本 | 12,000.00 | 0% | | 12,000.00 | 0.00 |
| 4 | 单位售价 | 16.00 | 9% | | 17.44 | 1.44 |
| 5 | 单位变动成本 | 11.00 | 0% | | 11.00 | 0.00 |
| 6 | 销售量 | 5,000 | 0% | | 5,000 | 0 |
| 7 | 税前利润 | 13,000.00 | | | 20,200.00 | 7,200.00 |
| 8 | 保本点销量 | 2,400.00 | | | 1,863.35 | -536.65 |
| 9 | 保本点销售收入 | 38,400.00 | | | 32,496.89 | -5,903.11 |

图 9-19　利用滚动条调整变动百分比

调整滚动条，使单元格 C4 的值为 9%时，税前利润是 20,200.00 元。

出现上述情况，可以将滚动条数据设得更大，例如将滚动条设为 600，链接单元格 D4，然后再在单元格 C4 的单元格中输入公式："=D4/1000-30%"，并设置百分比的小数位数为 1 位或更多即可解决显示问题。

可见，反推百分比的时候，得到的结果需要注意出现的小数，还需要防止滚动条操作导致的数值变化。

（2）反推原始数据

设其他项目金额不变的时候，只改变单位售价，税前利润能达到 15,000.00 元？此时的单位售价（其他的如固定成本、单位变动成本、销售量也都可以）是多少时，有利于市场调研，验证其可行性。

调用"单变量求解"工具，设置如图 9-20 所示。

得到单元格 B4 结果为 16.40，如图 9-21 所示。

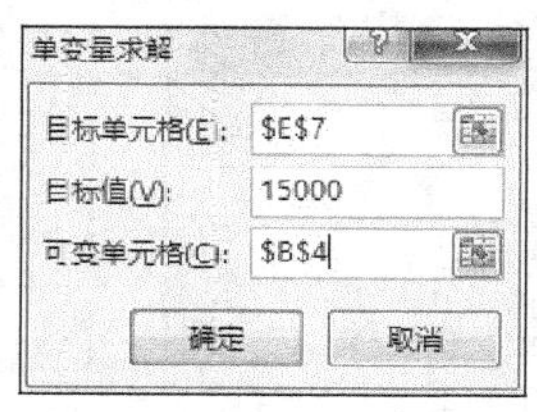


图 9-20　利用单变量求解工具反推单位售价原值

| | A | B | C | D | E | F |
|---|---|---|---|---|---|---|
| 1 | 本量利分析模型 | | | | | |
| 2 | 项目 | 原值 | 变动百分比 | 调整控件 | 调整后数值 | 差额 |
| 3 | 固定成本 | 12,000.00 | 0% | | 12,000.00 | 0.00 |
| 4 | 单位售价 | 16.40 | 0% | | 16.40 | 0.00 |
| 5 | 单位变动成本 | 11.00 | 0% | | 11.00 | 0.00 |
| 6 | 销售量 | 5,000 | 0% | | 5,000 | 0 |
| 7 | 税前利润 | 15,000.00 | | | 15,000.00 | 0.00 |
| 8 | 保本点销量 | 2,222.22 | | | 2,222.22 | 0.00 |
| 9 | 保本点销售收入 | 36,444.44 | | | 36,444.44 | 0.00 |

图 9-21　求得单位售价原值

如上所述，可以根据具体情况进行具体分析，对不同的项目进行不同的预测。

## 9.2.3　设计多个变量的预测与方案的保存对比

调用方案管理器就可以对多个数据进行设置并对比各个方案的优劣。

1. 预设方案，进行对比分析

调用“方案管理器”工具，预先设置一些项目数值，并添加多个方案予以显示，如图 9-22 所示，就是对本量利分析的多个方案的对比显示。

| | B | C | D | E | F | G | H |
|---|---|---|---|---|---|---|---|
| 1 | | | | | | | |
| 2 | 方案摘要 | | | | | | |
| 3 | | | 当前值: | 量利分析方案1 | 量利分析方案2 | 量利分析方案3 | 量利分析原值 |
| 5 | 可变单元格: | | | | | | |
| 6 | | 固定成本_原值 | 13,000.00 | 13,000.00 | 12,000.00 | 12,500.00 | 12,000.00 |
| 7 | | 单位售价_原值 | 16.50 | 16.50 | 17.00 | 15.00 | 16.00 |
| 8 | | 单位变动成本_原值 | 10.00 | 10.00 | 11.00 | 11.00 | 11.00 |
| 9 | | 销售量_原值 | 6,000 | 6,000 | 5,500 | 6,500 | 5,000 |
| 10 | 结果单元格: | | | | | | |
| 11 | | 单位售价_调整后 | 17.33 | 17.33 | 17.85 | 15.75 | 16.80 |
| 12 | | 单位变动成本_调整后 | 9.80 | 9.80 | 10.78 | 10.78 | 10.78 |
| 13 | | 销售量_调整后 | 6,120 | 6,120 | 5,610 | 6,630 | 5,100 |
| 14 | | 税前利润_调整后 | 32,923.00 | 32,923.00 | 27,542.70 | 20,326.10 | 18,582.00 |
| 15 | | 固定成本_变动百分比 | 1% | 1% | 1% | 1% | 1% |
| 16 | | 单位售价_变动百分比 | 5% | 5% | 5% | 5% | 5% |
| 17 | | 单位变动成本_变动百分 | -2% | -2% | -2% | -2% | -2% |
| 18 | | 销售量_变动百分百 | 2% | 2% | 2% | 2% | 2% |
| 19 | 注释：“当前值”这一列表示的是在 | | | | | | |
| 20 | 建立方案汇总时，可变单元格的值。 | | | | | | |
| 21 | 每组方案的可变单元格均以灰色底纹突出显示。 | | | | | | |

图 9-22　本量利分析多个方案的对比

同时需要注意控件的值导致的变动百分比情况。

2. 出现的问题与解决方案

在设计过程中，产生方案摘要时，选择摘要透视表并删除了生成的数据透视表，结果导致 Excel 文件在打开的时候，不断地产生新的 Excel 工作表文件。后来发现是因为 Excel 文件在生成数据透视表的时候，产生了新的单元区域名称，出现了名称错误，导致了新文件的不断生成。解决方法有两种。

第一种方法：删除自动产生的根源。

第 1 步：在打开文件不断产生新文件的时候，按 Esc 键，即可终止文件的继续产生；

第 2 步：进入主文件，选择“公式”→“定义的名称”→“名称管理器”命令，弹出“名称管理器”对话框，如图 9-23 所示。

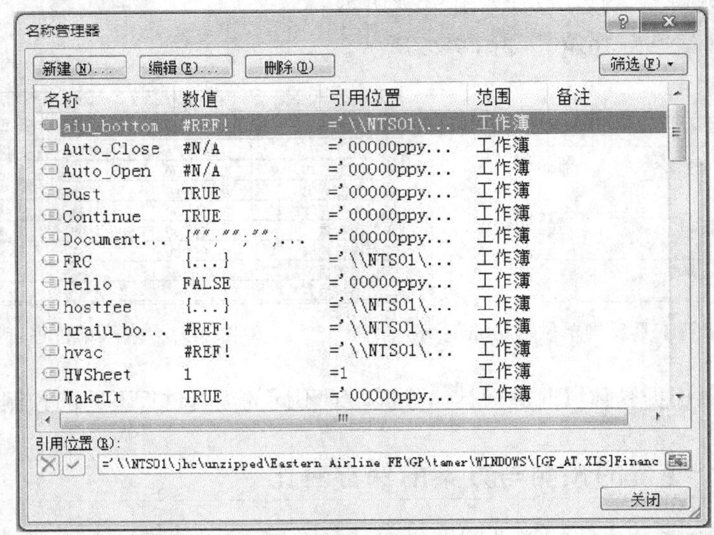


图 9-23　“名称管理器”对话框

第 3 步：删除自动生成的文件。按住 Shift 键并单击鼠标可批量选中自动生成的文件，单击“删除”按钮（如果文件不相邻，可按住 Ctrl 键并单击鼠标选中自动生成的文件）。

完成上述 3 个步骤之后，就可以正常使用 Excel 文件了。

第二种方法：提高宏安全性，阻止其运行。

第 1 种情况：如果已经启用了“开发工具”选项卡，单击“代码”组中的“宏安全性”命令，调用“信任中心”对话框，单击“宏设置”选项，选择“禁用所有宏”即可禁用所有的宏。如图 9-23 所示。或者在打开文件时出现“安全警告-宏已被禁用”。“启用内容”的时候，千万不要单击“启用内容”命令按钮。

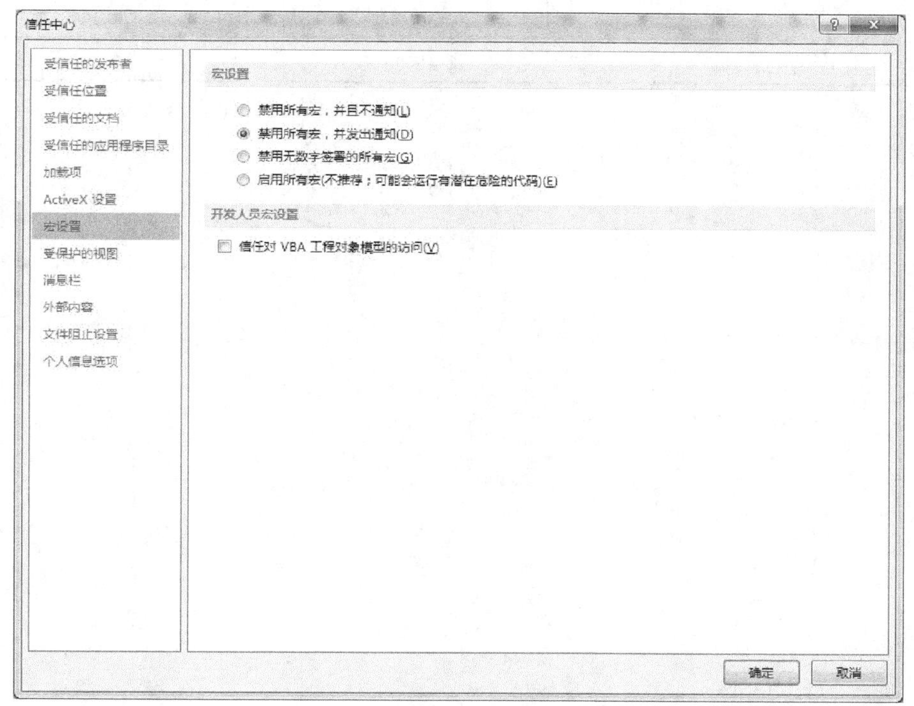


图 9-24　进行宏设置

第 2 种情况：同上，按 Esc 键终止文件运行，单击“文件”→“选项”→“信任中心”，禁用所有宏即可。如图 9-24 所示。

这两种方法也适用于其他自动产生新的名为 sheet+数字的文件的情况。

# 复习思考题

1．某公司产品成本大约占售价的 65%，销售费用大约占销售收入的 5%，管理费用大约占 4%，计算毛利并反推当毛利达到 200 万时，销售收入应该是多少？

2．同复习思考题 1，设固定成本为 50 万元，则保本点销售量为多少？

3．同复习思考题 1，在 Excel 中建立三个方案，改变不同变量的值，并生成方案摘要。

4．设计一个滚动条，使其操作导致相关单元格的值在±30%范围内变动。

5．设基本数据如下，求预计利润、利润增减额和预计保本点。

基本数据区

| 因素 | 原值 | 变动百分比 |
|---|---|---|
| 单价 | 10.0 | -3% |
| 单位变动成本 | 6.0 | 5% |
| 销售量 | 1000 | -20% |
| 固定成本 | 3000 | 12% |
| 利润 | 1000 | |

# 第10章 宏程序开发简例

VBA（Visual Basic for Applications）是一种计算机高级编程语言，直接面向工作人员，经编译之后方可为计算机所接收。

宏程序是指用 VBA 提供的各种函数、语句、命令、对象、方法、属性等编写的，包含若干指令序列的程序，能指挥 Excel、Word、PowerPoint、Access 等应用程序进行相应的工作。宏程序对于重复性的工作，具有快速自动化完成的特点，广泛应用宏程序能有效地提高工作效率，节约资金。

WPS 表格中的 Visual Basic，和 Excel 中的 VBA 是兼容和通用的，但需要在 WPS2013 专业增强版中才可以使用。

## 10.1 宏程序建立的基本方法

不同的企业、不同的业务，工作流程不同，也就需要编写不同的宏程序。

### 10.1.1 调用“Visual Basic”编辑器

在 Excel 中，没有直接出现“Visual Basic”编辑器调用方式，因为一般的用户极少应用编程来解决问题，对于高端用户，需要进行“开发工具”主选项卡的设置，才能进行程序开发。

在 Excel 2013 中，单击“文件”“选项”命令，弹出“Excel 选项”对话框后，选中“自定义功能区”，在右侧的“自定义功能区（B）:”选择“主选项卡”（或者“所有选项卡”）选项，在下方选中“开发工具”复选框，单击“确定”按钮，则在功能区出现“开发工具”主选项卡。如图 10-1 所示。

图 10-1　Excel 选项对话框

Excel 2013“开发工具”主选项卡。如图 10-2 所示。

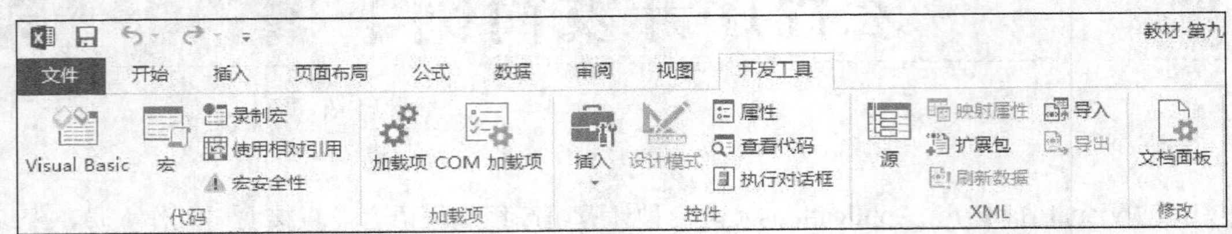


图 10-2 “开发工具”选项卡

WPS 表格的专业增强版直接在主选项卡区设置了“开发工具”选项卡，无需设置。其他版本的 WPS 表格虽然也设置了“开发工具”选项卡，但其功能大部分不可用。专业增强版的 WPS 表格“开发工具”主选项卡如图 10-3 所示。

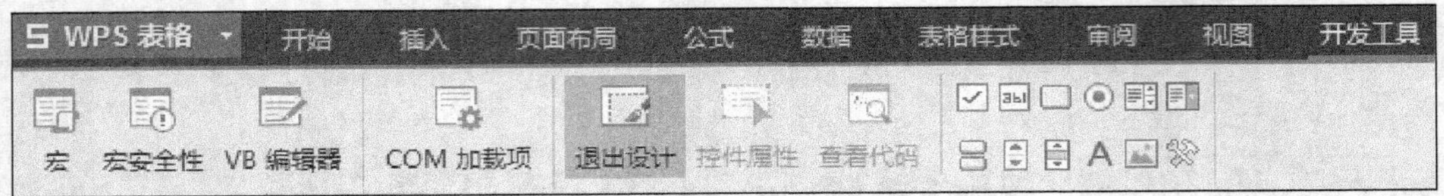


图 10-3 WPS“开发工具“选项卡

## 10.1.2 建立宏程序

宏程序的建立一般有两种，一种是通过录制的方式建立宏程序，另一种是通过创建的方式建立宏程序。

1. 录制宏程序

单击“开发工具”选项卡中“代码”组中的“录制新宏”命令，出现“录制宏”对话框，如图 10-4 所示。

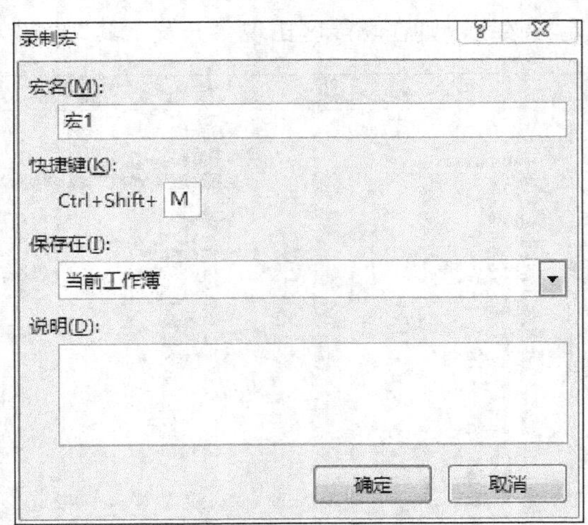


图 10-4 录制宏对话框

输入宏程序名称，可以设置快捷键，也可以不设置快捷键，需要注意是：如果设置快捷键，要避开 Microsoft 默认的快捷键，否则，快捷键可能无效，常见的快捷键如表 10-1 所示。

表 10-1　　常见 Ctrl 组合快捷键

| 按键 | 说明 |
|---|---|
| Ctrl+Shift+( | 取消隐藏选定范围内隐藏的行 |
| Ctrl+Shift+) | 取消隐藏选定范围内隐藏的列 |
| Ctrl+Shift+& | 添加单元格外框 |
| Ctrl+Shift_ | 删除单元格外框 |
| Ctrl+Shift+~ | 设置“常规”数字格式 |
| Ctrl+Shift+$ | 设置“货币”格式 |
| Ctrl+Shift+% | 设置整数“百分比”格式 |
| Ctrl+Shift+^ | 设置带有两位小数的“指数”格式 |
| Ctrl+Shift+# | 应用带有日、月和年的“日期”格式 |
| Ctrl+Shift+@ | 应用带有小时和分钟以及 AM 或 PM 的“时间”格式 |
| Ctrl+Shift+! | 设置带有两位小数、千分位和负值带减号（-）的“数值”格式 |
| Ctrl+Shift+*<br>（Ctrl+Shift+8） | 选择环绕活动单元格的当前区域或单元格所在的整个数据透视表 |
| Ctrl+Shift+: | 输入当前时间（时：分） |
| Ctrl+Shift+" | 将正上方的单元格的值复制到当前单元格中 |
| Ctrl+Shift+加号 (+) | 显示用于插入空白单元格的“插入”对话框 |
| Ctrl+减号 (-) | 显示 “删除”单元格对话框 |
| Ctrl+; | 输入当前日期 |
| Ctrl+` | 切换显示单元格值和公式 |
| Ctrl+' | 将正上方的单元格的公式复制到当前单元格或编辑栏中 |
| Ctrl+1 | 调用“单元格格式”对话框 |
| Ctrl+2 | 设置或者取消加粗格式 |
| Ctrl+3 | 设置或取消倾斜格式设置 |
| Ctrl+4 | 设置或取消下划线 |
| Ctrl+5 | 设置或取消删除线 |
| Ctrl+6 | 在隐藏对象、显示对象和显示对象占位符之间切换 |
| Ctrl+8 | 显示或隐藏大纲符号 |
| Ctrl+9 | 隐藏选定的行 |
| Ctrl+0 | 隐藏选定的列 |
| Ctrl+A | 当前单元格为空白的时候，选择整个工作表<br>第一次按 Ctrl+A 组合键将选择当前数据区域，再次按 Ctrl+A 组合键将选择当前数据区域及其汇总行，第三次按 Ctrl+A 组合键将选择整个工作表<br>当插入点位于公式中某个函数名称的右边时，则会显示“函数参数”对话框。当插入点位于公式中某个函数名称的右边时，按 Ctrl+Shift+A 组合键将会插入参数名称和括号 |
| Ctrl+B | 粗格式设置（应用或者取消） |

续表

| 按键 | 说明 |
| --- | --- |
| Ctrl+C | 复制<br>连续按两次 Ctrl+C 组合键，则会显示剪贴板 |
| Ctrl+D | 使用“向下填充”命令将选定范围内最顶层单元格的内容和格式复制到下面的单元格中 |
| Ctrl+F | 显示“查找和替换”对话框，其中的“查找”选项卡处于选中状态<br>按 Shift+F5 也会显示此选项卡，按 Shift+F4 则会重复上一次“查找”操作<br>按 Ctrl+Shift+F 组合键将打开“设置单元格格式”对话框，其中的“字体”选项卡处于选中状态 |
| Ctrl+G | 显示“定位”对话框，按 F5 键具有同样的效果 |
| Ctrl+H | 显示“查找和替换”对话框，其中的“替换”选项卡处于选中状态 |
| Ctrl+I | 应用或取消倾斜格式设置 |
| Ctrl+K | 为新的超链接显示“插入超链接”对话框，或为选定的现有超链接显示“编辑超链接”对话框 |
| Ctrl+N | 创建一个新的空白工作簿 |
| Ctrl+O | 显示“打开”对话框以打开或查找文件 |
| Ctrl+Shift+O | 可选择所有包含批注的单元格 |
| Ctrl+P | 显示“打印”对话框 |
| Ctrl+Shift+P | 将打开“设置单元格格式”对话框，其中的“字体”选项卡处于选中状态 |
| Ctrl+R | 使用“向右填充”命令将选定范围最左边单元格的内容和格式复制到右边的单元格中 |
| Ctrl+S | 保存活动文件 |
| Ctrl+T | 显示“创建表”对话框 |
| Ctrl+U | 应用或取消下划线 |
| Ctrl+Shift+U | 将在展开和折叠编辑栏之间切换 |
| Ctrl+V | 在插入点处插入剪贴板的内容，并替换任何所选内容。只有在剪切或复制了对象、文本或单元格内容之后，才能使用此快捷键 |
| Ctrl+W | 关闭当前工作簿窗口 |
| Ctrl+X | 剪切 |
| Ctrl+Y | 重复上一个命令或操作（如有可能），或者恢复上一次“撤消”的内容 |
| Ctrl+Z | 使用“撤消”命令来撤消上一个命令或删除最后键入的内容 |
| Ctrl+Shift+Z | 显示了自动更正智能标记时，按 Ctrl+Shift+Z 组合键可使用“撤消”或“重复”命令撤消或恢复上一次自动更正操作 |

其次，在“录制宏”对话框中有关快捷键设置的时候，输入的如果是大写字母，其实就是 Ctrl+Shift+所输入字母的组合；输入的如果是小写字母，其实就是 Ctrl+所输入字母的组合。

单击“确定”按钮之后，在“开发工具”主选项卡的“代码”组“录制宏”的位置就出现了“停止录制”命令，如图 10-5 所示。

其中“使用相对引用”命令主要针对的是录制宏程序时涉及单元格的时候，是以相对引用还是绝对引用录制的问题，需要确认“使用相对引用”按钮是否被按下。

在进行相关操作之后，单击“停止录制”命令按钮，然后单击“宏”命令，出现的“宏”对话框。如图 10-6 所示。

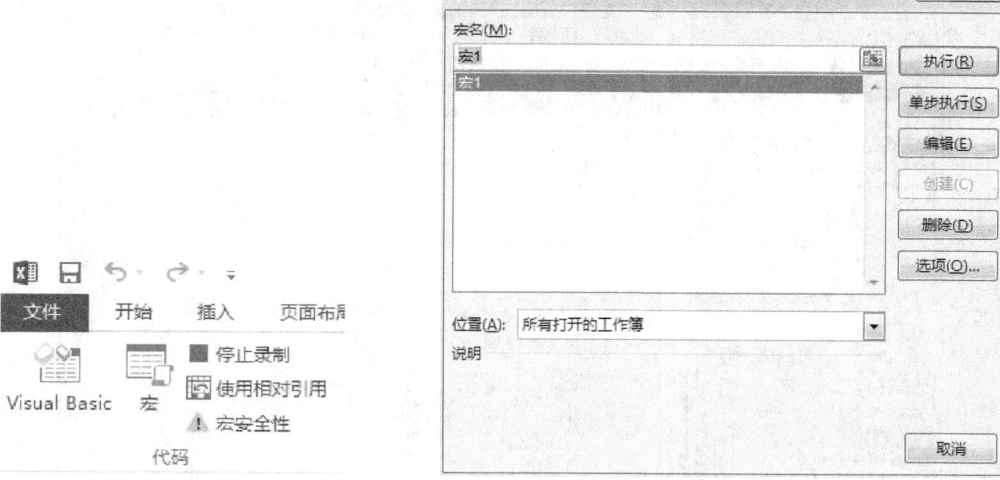


图 10-5　录制宏程序时的代码组

图 10-6　宏对话框

单击“编辑”按钮，就出现了录制的宏程序的代码，如上例中的代码如下：

```
Sub 新宏 1()
' 2013 年 3 月 30 日 刘宣杰录制
' 快捷键: Ctrl+Shift+M
命令序列 1
  ……
命令序列 n
End Sub
```

单击“单步执行”命令按钮，也可以观察到录制的宏程序的代码，但处于调试状态，不中止宏就不能进行编辑。

如果单击“Visual Basic”按钮，进入 VBA 编辑窗口，单击“模块…”，可以看到程序，并进行修改。

2. 创建宏程序

宏程序的建立可以通过直接输入的方式来实现，为了减少编辑量，提高语句编写的准确性，也可以先录制，然后再进行编辑，删除或添加一些语句、命令、函数等来实现。

（1）进入编辑状态

单击“开发工具”主选项卡中“代码”组中的“Visual Basic”按钮，直接进入编辑窗口如图 10-7 所示。

如果是针对整个工作簿，一般需要插入“模块”，在“模块”窗口中输入宏程序。选择“插入”菜单下的“模块”命令即可，如果不插入模块，则编写的程序就不一定对整个工作簿有效，而是对当前的对象（如工作表）有效。

① 宏程序的框架。输入宏程序的时候，首先需要输入“sub 宏程序名()”，表示宏程序的开始与宏程序的名称。程序名后面的括号不能少，且为空。回车进入下一行之后就可以输入宏程序的代码；在程序编写结束的时候，最后单起一行输入“End sub”，表示程序结束。

其结构如下：

```
Sub 程序名()
```

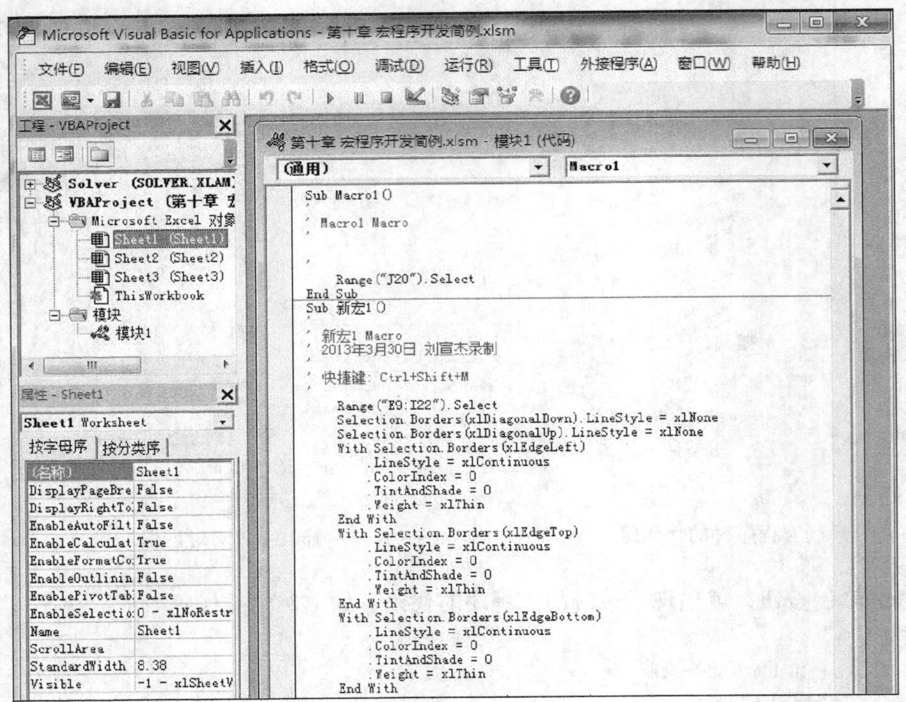


图 10-7 Visual Basic 编辑窗口

```
    命令序列 1
    ......
    命令序列 n
End Sub
```

如果采用的是 Private Sub 程序名()，则该过程只能被本窗体或本工作表中的过程所调用。

如果是编制自定义函数，则以 Function 函数名(参数 1,参数 2,参数 3,……,参数 *n*)开始，回车之后输入必要的命令语句，尤其是函数名与参数之间的关系必须定义，最后一行以 End Function 结束。

其结构如下：

```
Function 函数名(参数 1,参数 2,……,参数 n)
    命令序列 1
    ......
    命令序列 n
End Function
```

例如，建立一个计算销项税额的函数，函数名为：xxse(salse)。

```
Function xxse(salse)
    xxse=salse*0.17
End Function
```

这种自定义函数与 Excel 内置函数一样，可以直接返回数值。

在已知销售额金额（假设为 1000）或者存放的单元格位置的时候，直接在某个单元格中输入："=xxse(1000)" 或者 "=xxse(相关单元格引用)"，则直接返回销项税额 170。

② 宏程序的结构。宏程序的结构主要有如下三种：顺序结构、循环结构、分支结构（也称条件

结构）。

顺序结构是按照语句的先后顺序从前至后执行各个语句。分支结构则需要分情况执行不同的语句，通常采用 IF 命令或者 Select Case 命令来实现。循环结构则是在满足条件的情况下再次执行命令序列，通常用 For …Next 命令或者 Do…While 命令来实现。

（2）进行程序调试和监控

程序编写完成之后，必须进行调试，可以在“调试”菜单下选择“逐语句（I）”“逐过程（O）”“跳出（U）”等各种命令，也可以连续按 F8 键等快捷键来调试。

为了观察变量或者表达式的值的变化，可以单击“添加监视”命令，观察变量值的变化，也可以直接在相关变量上右击，在弹出快捷菜单中单击“添加监视”命令。

为了观察程序运行的命令执行情况，可以添加一些提示语句。如“msgbox 已经运行到××处”等类似语句，查找有问题的语句或者命令。

有时候调试出现的错误并不是真正的错误，可能是因为其他语句的结果导致本处的错误，这一点需要留意。

图 10-8　VBA 调试菜单下的命令

## 10.1.3　强制启用宏

为了防止宏病毒危害，Microsoft 为 Office 应用程序创建了一个安全模型，能够使用户选择禁用宏，以作为一个防护措施。这能够在一定程度上防止宏病毒，但同时也带来了副作用，因为有很多文档中的许多功能依赖于用户已经实现的宏，如果禁用宏，那么这些功能就不可用。

这个问题也一直困扰着许多 VBA 开发人员，因为他们开发的功能发送给用户时，如果用户禁用宏或者将宏安全级别设置为高以上，就意味着用户无法使用他们的功能，特别是那些对宏一无所知的用户。因此，如何强制启用宏就成为一个比较现实的问题。

如果不启用宏，那么就不能够使用带有宏的工作簿。这个提示信息是通过事先在工作簿中创建的一个“启用宏”工作表来实现的。

具体操作如下：单击“开发工具”选项卡中“代码”组的“宏”的“安全性…”，设置安全性级别为“中”即可。

代码如下：

```
Sub AskUserEnabledMacros()
Dim wksInfoSheet As Worksheet
  Dim objSheet As Object
  On Error ReSUMe Next
  '引用<启用宏>工作表并判断其是否存在
  Set wksInfoSheet = ThisWorkbook.Worksheets("启用宏")
  If wksInfoSheet Is Nothing Then
    MsgBox "不能够找到<启用宏>工作表", vbCritical
    Exit Sub
  End If
  Application.ScreenUpdating = False    '关闭屏幕更新
```

```
    '用循环语句设置所有工作表可见
    For Each objSheet In ThisWorkbook.Sheets
      objSheet.Visible = xlSheetVisible
    Next objSheet
   wksInfoSheet.Visible = xlSheetVeryHidden   '隐藏<启用宏>工作表
    ThisWorkbook.Saved = True   '保存工作簿
    Application.ScreenUpdating = True   '恢复屏幕更新
  End Sub
  '隐藏除<启用宏>工作表之外的所有工作表
  Sub RunOnClose()
    Dim wksInfoSheet As Worksheet
    Dim objSheet As Object
    On Error ReSUMe Next
    '引用<启用宏>工作表并判断其是否存在
    Set wksInfoSheet = ThisWorkbook.Worksheets("启用宏")
    If wksInfoSheet Is Nothing Then
      MsgBox "不能够找到<启用宏>工作表", vbCritical
      Exit Sub
    End If
    Application.ScreenUpdating = False   '关闭屏幕更新
    wksInfoSheet.Visible = xlSheetVisible   '显示<启用宏>工作表
    '应用循环语句隐藏其他工作表
    For Each objSheet In ThisWorkbook.Sheets
      If Not objSheet Is wksInfoSheet Then
        objSheet.Visible = xlSheetVeryHidden
      End If
    Next objSheet
       ThisWorkbook.Save   '保存工作簿
  End Sub
  工作簿打开时运行宏程序。
  Sub auto_open()
    '当工作簿打开时运行 AskUserEnabledMacros 过程
    AskUserEnabledMacros
  End Sub
  关闭之前隐藏除<启用宏>工作表之外的所有工作表
  Sub auto_close()
    RunOnClose
  End Sub
```

在当前的 Excel 2013 版本中，可以直接将文件另存为“Excel 启用宏的工作簿（*.xlsm）”的文件。再在空白菜单栏处单击鼠标右键出现“自定义快速访问工具栏”对话框。然后单击“信任中心”→“信任中心设置按钮”→“宏设置”→“启用所有宏”→“确定”→“确定”按钮，在下次打开文件的时候就可以自动打开文件中的宏了。

WPS 表格和 Excel 具有非常高的兼容性，宏程序在 WPS 表格中可以得到了完全相同的效果。

## 10.2 宏程序开发实例

为了说明宏程序的作用，本节选择了两个案例，一个为商店的销售与回馈系统，另一个为计算某商业银行渗透率。

## 10.2.1 商店销售与回馈系统

应商店要求，设计一个销售与回馈系统。

1. 设计要求

建立一个工作簿并命名为“金祥贵宾销售与回馈系统”，建立“销售日记”工作表，其数据结构如图 10-9 所示，A 列和 B 列为文本格式。

| | A | B | D | E | F | G |
|---|---|---|---|---|---|---|
| 1 | 客户代码 | 客户姓名 | 本次购买日期 | 本次购买金额 | 客户电话 | 累计金额 |
| 2 | 10001 | A客户 | 2010-8-11 | 280 | 13504453981 | 280 |
| 3 | 10002 | B客户 | 2010-8-11 | 200 | 13504453982 | 200 |
| 4 | 10003 | C客户 | 2010-8-11 | 50 | 13504453983 | 50 |
| 5 | 10001 | A客户 | 2010-10-24 | 100 | 13504453984 | 380 |
| 6 | 10007 | KKKKK | 2010-10-24 | 100 | 13505556666 | 100 |
| 7 | 10008 | LLLLL | 2010-10-24 | 10000 | 18655556666 | 10000 |
| 8 | 10007 | KKKKK | 2010-10-24 | 200 | 13505556666 | 300 |
| 9 | 00001 | mmm | 2010-10-24 | 100 | 18645678901 | 100 |
| 10 | 10081 | pppp | 2010-10-24 | 100 | 13180803492 | 100 |
| 11 | 10006 | ddddd | 2010-10-25 | 10 | 18699999999 | 10 |
| 12 | 10001 | A客户 | 2013-3-9 | 200 | 13504453981 | 580 |

图 10-9 销售日记的数据清单格式

商店要求能够根据输入的顾客的编号，自动显示客户名称、购买的金额、联系方式、本次购买日期、累计金额、联系电话等内容，如果是新客户，则需要在第一次交易时输入相关信息。

2. 设计思路

（1）数据容量与设计工具的选择：由于本公司属于微型企业，因此，数据量很小，使用 Excel 作为数据库即可。

（2）保密性保证：由于销售人员素质一般，对于计算机编程等问题了解很少，可以设计一个界面，强制输入密码即可。可以通过“Application.Visible = False”或者“Application.Visible = True”来隐藏或者显示 Excel 文件。在窗体浮现在上的情况下，Excel 数据无法操作。

（3）新客户需要首先输入其“客户代码”“客户姓名”“客户电话”等信息。

（4）老客户自动提取其相关信息，并输入当期购买金额、自动显示其姓名、累计总额、购买时间等。

（5）可以根据不同的客户生成一定期间的交易记录明细，以供查询。

3. 设计代码

（1）文件打开，自动运行程序

在设置了文件在打开时，必须运行宏的情况下，建立一个打开文件就可以直接自动运行宏程序，默认程序名为：“Auto_open”，调用设计好的界面。程序代码如下：

```
Sub Auto_open()
界面.Show modal
ActiveWindow.DisplayGridlines = False    '去掉网格线
'Call 去掉工具栏        '如果想去掉工具栏的话就调用该程序
'Call 去掉行号和标签  '如果想去掉行列号就调用该程序
End Sub
```

（2）界面设计

单击“开发工具”主选项卡中“代码”组中的“Visual Basic”编辑窗口。

单击“插入”菜单下的“窗体”命令，自动产生一个窗体，设置“属性”窗口中的 Caption 为“金翔贵宾销售与回馈系统”，设置其 Starupposition 为“2-屏幕中心”，设置 Picture 为自己选中的图片；

从工具栏中添加标签、文本框、命令按钮等控件并设置其 Caption 属性，其中文本框的 PassWordChar 属性设置为“*”，在输入密码的时候不显示输入的值，而是多个“*”号。如图 10-10 所示。

① 设置“界面”窗体的初始化程序（双击窗体，选择 Initialize 过程即可），代码如下：

图 10-10 设置系统进入界面

```
Private Sub UserForm_Initialize()
  With Application
    .WindowState = xlMaximized
    Me.StartUpPosition = 0
    Me.Move 0, 0, .Width, .Height
  End With
  mima = 1
  kongzhi = ""
  界面.TextBox1.Enabled = True
  界面.TextBox1.Text = ""
  界面.TextBox1.SetFocus
  Application.Visible = False          '隐藏 Excel 文件！
End Sub
```

② 双击“确认密码”命令按钮，输入代码如下：

```
Private Sub CommandButton1_Click()
   mima = mima + 1
   If mima >= 4 Then
     If MsgBox("您的密码不对，请向刘宣杰先生咨询密码！", vbOKOnly, "密码错误！！") = 1 Then
       界面.Enabled = False
     End If
   Else
     If TextBox1.Text = "043185313700" Then
     Unload Me      '退出本窗体
```

```
    gbxt.Show      '调用贵宾系统窗体
    gbxt.Enabled = True   '设置窗体可操作性为真
    Application.Visible = False  '设置 Excel 文件内容不可见!
    Sheets("购买日记").Select
    Range("A1").Select
    Else
    界面.TextBox1.Text = ""   '清空错误密码
    界面.TextBox1.SetFocus   '重新输入密码
    End If
  End If
 'call auto_close    '调用关闭程序
  End Sub
```

③ 禁用“界面”窗体关闭按钮程序代码。

```
Private Sub userform_queryclose(Cancel As Integer, closemode As Integer)
   If closemode = vbFormControlMenu Then
     MsgBox "请单击""确认密码""按钮关闭本界面"
     Cancel = True
  End If
   If TextBox1.Text <> "043185313700" Then
    第 2 控制.Show             '密码不对的时候调用"第 2 控制"窗体
    'Application.Visible = False      '当前文件的可见性为否
   End If
End Sub
```

④ 禁止移动“界面”窗体程序代码。

```
Private Sub UserForm_RemoveControl(ByVal Control As MSForms.Control)
 界面.Enabled = False    '锁死界面窗体
  第 2 控制.Show       '调用"第 2 控制"窗体
End Sub
```

（3）设计“第 2 控制”窗体

① 设置“第 2 控制”窗体，如图 10-11 所示。

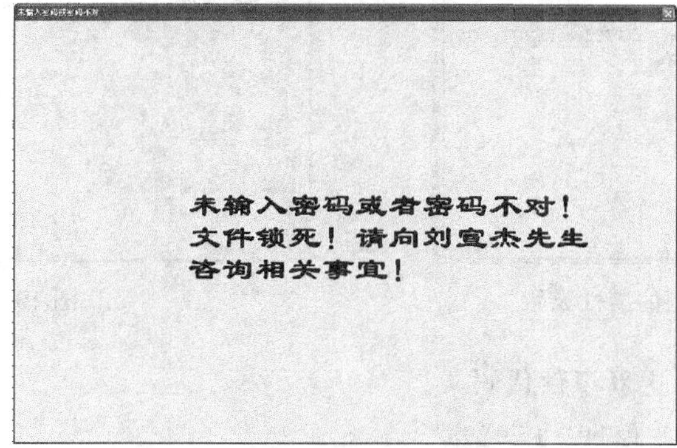


图 10-11 设置“第 2 控制”窗体

② 设置“第 2 控制”窗体属性。

在“第 2 控制”窗体上添加标签，内容为“未输入密码或者密码不对！文件锁死！请向刘宣杰先生咨询相关事宜！”，并设置窗体属性如图 10-12 所示，使其 Enable 属性为 False，不能进行操作，并总是在上层，且居于屏幕中心。从而禁止用户的输入与其他操作。

（4）设计贵宾系统（gbxt）窗体

① 设计贵宾系统窗体的界面，如图 10-13 所示。设计窗体，添加标签控件、文本框控件、命令按钮控件。

其中字体发灰的是从历史数据中提取的，只要原来的记录中有相应的代码，那么，贵宾姓名、客户电话都是自动提取的，本次购买日期和累计金额则是计算机自动根据系统时间（到秒）和上次累计金额加上本次累计金额求得的。

② 设置贵宾系统 gbxt 的初始化事件。

```
Private Sub UserForm_Initialize()
 gbxt.TextBox1.SetFocus          '准备输入客户代码
End Sub
```

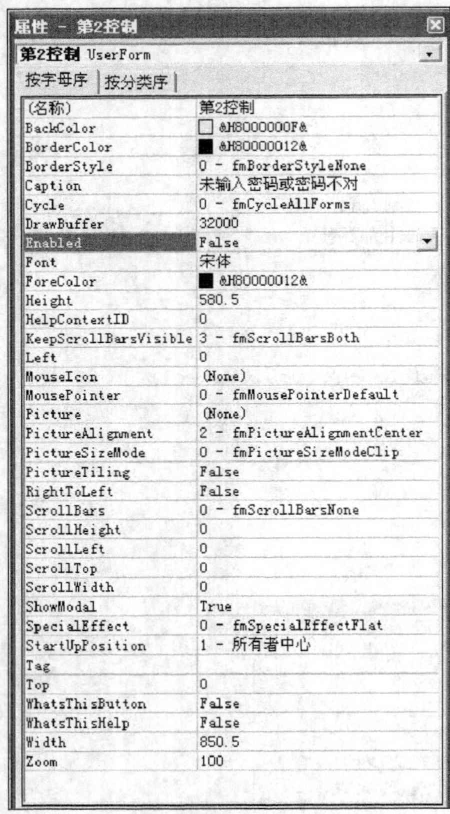


图 10-12　第 2 控制的属性设置

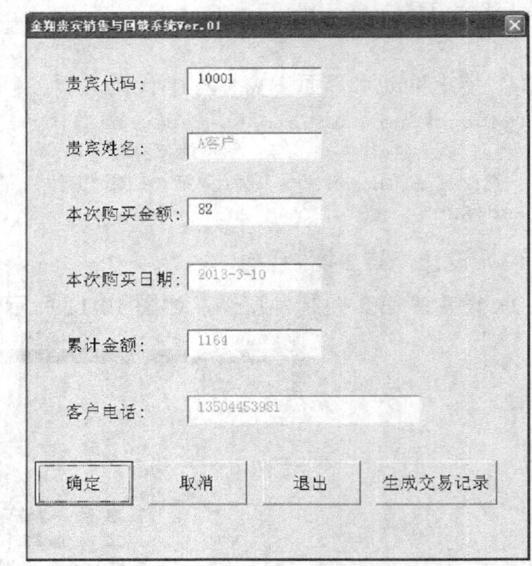


图 10-13　贵宾系统

③ 设计贵宾代码发生更新事件代码。

```
Private Sub TextBox1_AfterUpdate()
  Sheets("购买日记").Select
  Range("H3").Value = TextBox1.Text  '读取并保存新输入的客户代码于单元格 H3*
  TextBox4.Text = Range("K3").Value  '取系统日期,K3 单元格中的公式为: "=TODAY()"
  TextBox4.Enabled = False
  If Range("I3").Value <> "" Then
     TextBox2.Text = Range("I3").Value     '取贵宾姓名
     TextBox6.Text = Range("J3").Value     '取贵宾电话
     TextBox2.Enabled = False              '禁止输入或更改
```

```
    TextBox6.Enabled = False
    Else
    Text Box5.Text=""
  End If
End Sub
```

*此处将贵宾代码存入单元格 H3，客户电话存入单元格 J3，系统日期存入单元格 K3，客户累计金额存入单元格 L3。

在单元格 I3 中输入公式："=IF(ISERROR(IF(VLOOKUP(H3,A:F,2,FALSE)=0,"",VLOOKUP(H3,A:F,2,FALSE))),"",IF(VLOOKUP(H3,A:F,2,FALSE)=0,"",VLOOKUP(H3,A:F,2,FALSE)))"，直接提取贵宾姓名。

在单元格 J3 中输了公式："=IF(ISERROR(IF(VLOOKUP(H3,A:F,6,FALSE)=0,"",VLOOKUP(H3,A:F,6,FALSE))),"",IF(VLOOKUP(H3,A:F,6,FALSE)=0,"",VLOOKUP(H3,A:F,6,FALSE)))"，用于提取贵宾电话。

在单元格 K3 中输入公式："=TODAY()"，用于提取系统当天日期。

在单元格 L3 中输入数组公式："{=SUM((A2:A65536=H3)*(H3<>"")*E2:E65536)}"，用于计算该贵宾的总的交易金额。

窗体上的累计金额文本框 TextBox5 的 Enabled 属性设置为 Flase 不能人为写入数据。

其结果如图 10-14 所示（假设当前的客户代码为"10001"）。

| | H | I | J | K | L |
|---|---|---|---|---|---|
| 1 | 查询区域 | | | | |
| 2 | 贵宾代码 | 贵宾姓名 | 贵宾电话 | 当天日期 | 汇总金额 |
| 3 | 10001 | A客户 | 13504453981 | 2013-3-10 | 1082 |

图 10-14　客户汇总金额的计算

如果客户已经存在，则计算累计金额、查找贵宾姓名、电话、提取系统日期。在贵宾代码文本框更新之后，已有的这些数据被直接提取到窗体上对应的文本框中，并禁止修改。如果客户代码为新代码，则除了日期和累计金额（被清空）不能修改之外，其他信息都可以手动输入。

④ 设置贵宾系统 gbxt 窗体上的"确定"命令按钮代码。

```
Private Sub CommandButton1_Click()
  If Len(TextBox1.Text) <> 5 Then '控制贵宾代码为 5 位数
   MsgBox "代码为 5 位!"
   TextBox1.Text = ""
   TextBox1.SetFocus
  End If
  Sheets("购买日记").Select
  Range("A1").Select
  Selection.End(xlDown).Select '指向数据清单的最后一行
  Selection.End(xlToLeft).Select '指向数据清单的最左一列
  ActiveCell.Offset(1, 0).Range("A1").Value = TextBox1.Text
             '在下一行的第 1 列中赋予 TextBox1 的值，即"贵宾代码"
  ActiveCell.Offset(1, 0).Range("B1").Value = TextBox2.Text
             '在下一行的第 2 列中赋予 TextBox2 的值，即"贵宾姓名"
  ActiveCell.Offset(1, 0).Range("D1").Value = TextBox4.Text
             '在下一行的第 4 列中赋予 TextBox4 的值，即"本次购买日期"
  ActiveCell.Offset(1, 0).Range("E1").Value = TextBox3.Text
             '在下一行的第 5 列中赋予 TextBox3 的值，即"本次购买金额"
```

```
  ActiveCell.Offset(1, 0).Range("F1").Value = TextBox6.Text
            '在下一行的第 6 列中赋予 TextBox6 的值，即"客户电话"
  ActiveCell.Offset(1, 0).Range("G1").Value = TextBox5.Text
            '在下一行的第 7 列中赋予 TextBox5 的值，即"累计金额"
ActiveWorkbook.Save '保存新输入的数据
  TextBox1.Enabled = True
  TextBox2.Enabled = True
  TextBox3.Enabled = True
  TextBox4.Enabled = True
  TextBox5.Enabled = True
  TextBox6.Enabled = True
  TextBox1.Text = ""
  TextBox2.Text = ""
  TextBox3.Text = ""
  TextBox4.Text = ""
  TextBox5.Text = ""
  TextBox6.Text = ""
  TextBox1.SetFocus
'保存之后设置各个文本框的可操作性为真，清空记录，光标进入 TextBox1，准备继续输入新的记录
End Sub
```

⑤ 设置贵宾系统 gbxt 窗体上的“取消”按钮代码。

```
Private Sub CommandButton2_Click()
  TextBox1.Enabled = True
  TextBox2.Enabled = True
  TextBox3.Enabled = True
  TextBox4.Enabled = True
  TextBox5.Enabled = True
  TextBox6.Enabled = True
  TextBox1.Text = ""
  TextBox2.Text = ""
  TextBox3.Text = ""
  TextBox4.Text = ""
  TextBox5.Text = ""
  TextBox6.Text = ""
  TextBox1.SetFocus
End Sub
```

设置各个文本框的可操作性为真，清空记录，光标进入 TextBox1，准备继续输入新的记录。

⑥ 设置贵宾系统 gbxt 窗体上的“退出”按钮代码。

```
Private Sub CommandButton3_Click()
 Unload Me
 ActiveWorkbook.Save '保存数据
 For Each book In Workbooks()
  book.Close
 Next book '关闭所有的工作簿
End Sub
```

因为自动关闭了所有的 Excel 文件，录入人员无法更改销售数据。

⑦ 设置贵宾系统 gbxt 窗体上的“生成交易记录”命令按钮代码。

```
Private Sub CommandButton4_Click()
  cxjyjl.Show
  cxjyjl.Enabled = True      '调用查询交易记录 cxjyjl 窗体
End Sub
```

⑧ 设计本次购买金额输入之后（退出 TextBox3）的代码。

```
Private Sub TextBox3_Exit(ByVal Cancel As MSForms.ReturnBoolean)
  TextBox5.Text = Range("L3").Value + Val(TextBox3.Text) '在累计金额之上加上本次购买金额
  TextBox5.Enabled = False
End Sub
```

（5）设计 cxjyjl 窗体

① 如图 10-15 所示，设置标签、文本框、命令按钮等控件。

② 设计查询交易记录 cxjyjl 窗体的初始化事件。

```
Private Sub UserForm_Initialize()
   TextBox1.Text = gbxt.TextBox1.Text   '从贵宾系统 gbxt 窗体取默认的客户代码
End Sub
```

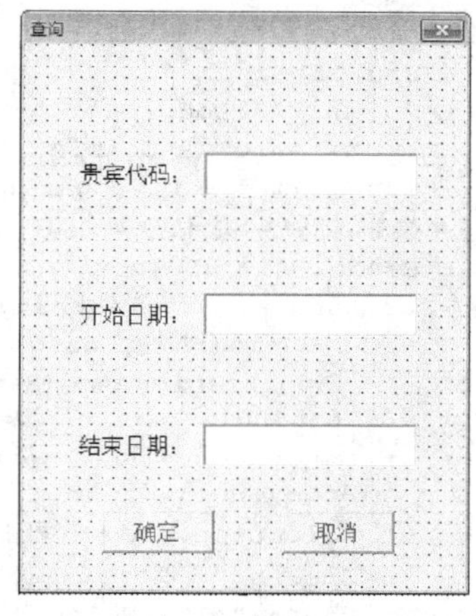


图 10-15 设计查询交易记录 cxjyjl 窗体

③ 设计查询交易记录 cxjyjl 窗体的“确定”按钮单击事件代码。

```
Private Sub CommandButton1_Click()
  If cxjyjl.TextBox1.Text = "" Then
    MsgBox "请输入 5 位客户编号！"
  End If
  If cxjyjl.TextBox2.Text = "" Then
    MsgBox "请输入起始日期！按照 2013/1/1 格式输入"
  End If
  If cxjyjl.TextBox3.Text = "" Then
    MsgBox "请输入截止日期！按照 2013/1/1 格式输入"
  End If      '控制未输入数值的情况
  If cxjyjl.TextBox2.Text > cxjyjl.TextBox3.Text Then
    MsgBox "起始日期不对！"
    cxjyjl.TextBox2.SetFocus
  End If
 Sheets("查询").Select
 Cells.Delete   '清空工作表
 Range("A1").Value = "贵宾代码"
 Range("B1").Value = "贵宾姓名"
 Range("C1").Value = "月份"
 Range("D1").Value = "交易日期"
 Range("E1").Value = "交易金额"
 Range("F1").Value = "客户电话"
 Range("G1").Value = "累计金额"
 Range("H1").Value = "开始日期"
 Range("H2").Value = cxjyjl.TextBox2.Text
 Range("H3").Value = "结束日期"
 Range("H4").Value = cxjyjl.TextBox3.Text
 Sheets("购买日记").Select   '设置标题和期间
 Application.ScreenUpdating = False   '禁止屏幕闪动，节省内存，提高运行速度
 'Do While Application.And(Range("A" & Rows()).Value = cxjyjl.TextBox1.Text, Range("A" & Rows()).Value <> "")
  Sheets("购买日记").Select
  Range("A1").Select
  If Range("A2").Value <> "" Then
     Selection.End(xlDown).Select
     Selection.End(xlToLeft).Select
```

```
    Else
      Range("A2").Select
    End If
  Dim hang As Double
  Dim lasthang As Double
    lasthang = ActiveCell.Row()
    Sheets("购买日记").Select
    Range("A1").Select
   For hang = 1 To lasthang Step 1
       If Range("A" & hang).Value = cxjyjl.TextBox1.Text Then
      If Application.And(Range("D" & hang).Value > CDate(cxjyjl.TextBox2.Value),
Range("D" & hang).Value < CDate(cxjyjl.TextBox3.Value)) Then
        Range("A" & hang).Select
        ActiveCell.Offset(0, 0).Range("A1:G1").Select
        Selection.Copy '复制单个贵宾数据
        Sheets("查询").Select
        Range("A1").Select
        If Range("A2").Value <> "" Then
         Selection.End(xlDown).Select
         Selection.End(xlToLeft).Select
         ActiveCell.Offset(1, 0).Range("A1").Select
         'ActiveCell.Offset(1, 0).Select
        Else
         Range("A2").Select
        End If
        ActiveSheet.Paste  '粘贴单个贵宾数据
        Sheets("购买日记").Select
      End If
       End If
    Next
   'Loop
   Sheets("查询").Select
   'Call 去掉工具栏
   'Call 去掉行号和标签
   'Cells.Select
   'Selection.Copy
   Application.Visible = True
   'Call 保护工作表
   'Workbooks.Open ("d:\金祥\查询.xls") '如需要隐藏主文件,则在另一个文件中予以复制
   'ActiveSheet.Paste
   'Application.Visible = True
   Unload Me
  End Sub
```

生成的交易记录存放于“查询”工作表中，如贵宾代码为10001的客户的交易记录，如图10-16所示。

| | A | B | C | D | E | F | G | H |
|---|---|---|---|---|---|---|---|---|
| 1 | 贵宾代码 | 贵宾姓名 | 月份 | 交易日期 | 交易金额 | 客户电话 | 累计金额 | 开始日期 |
| 2 | 10001 | A客户 | 2010/8 | 2010-8-11 | 280 | 13504453981 | 280 | 2010-8-1 |
| 3 | 10001 | A客户 | 2010/10 | 2010-10-24 | 100 | 13504453981 | 380 | 结束日期 |
| 4 | 10001 | A客户 | 2013/3 | 2013-3-9 | 200 | 13504453981 | 580 | 2013-12-31 |
| 5 | 10001 | A客户 | 2013/3 | 2013-3-10 | 502 | 13504453981 | 1082 | |

图10-16　贵宾代码为10001的客户的交易记录

随着Excel版本的更新，早期版本的工具栏已经发生了变化，程序中的部分代码在当前版本中无法运行。例如，有关工具栏的代码，予以屏蔽（语句前面带有“'”，也就是英文状态下的单引号，

表示屏蔽本语句或者作为标注）。部分内容是当时编程的一种思路，先予以屏蔽，作为后续再研究的一种资源予以保留。不影响程序的运行结果。

④ 设计查询交易记录 cxjyjl 窗体的“取消”按钮单击事件代码。

```
Private Sub CommandButton2_Click()
 Unload Me
End Sub
```

（6）可以考虑使用的一些程序

有时候为了一些特定的设想或者美观等原因，可以使用或者调用如下的一些程序。

① 去除工具栏，当前版本已经无用，但为了保留原先设计思路，并保证在 Excel 2003 版本中可以使用，故列示如下：

```
Sub 去掉工具栏()
'宏由 刘宣杰 编写,时间: 2008-6-11
' 快捷键: Ctrl+g
  Application.CommandBars("Standard").Visible = False
  Application.CommandBars("Formatting").Visible = False
  Application.CommandBars("Visual Basic").Visible = False
  Application.CommandBars("Web").Visible = False
  Application.CommandBars("Protection").Visible = False
  Application.CommandBars("Borders").Visible = False
  Application.CommandBars("Forms").Visible = False
  Application.CommandBars("Formula Auditing").Visible = False
  Application.CommandBars("Drawing").Visible = False
  Application.CommandBars("Watch Window").Visible = False
  Application.CommandBars("Control Toolbox").Visible = False
  Application.CommandBars("List").Visible = False
  Application.CommandBars("Task Pane").Visible = False
  Application.CommandBars("Reviewing").Visible = False
  Application.CommandBars("PivotTable").Visible = False
  Application.CommandBars("Stop Recording").Visible = False
  Application.CommandBars("Chart").Visible = False
  Application.CommandBars("Picture").Visible = False
  Application.CommandBars("External Data").Visible = False
  Application.CommandBars("Text To Speech").Visible = False
  Application.CommandBars("WordArt").Visible = False
  Application.CommandBars("符号栏").Visible = False
End Sub
```

② 关机、重启设置。

```
'shell ("cmd.exe /c shutdown /r/f /t time")
```

利用 shell ("cmd.exe /c shutdown /r/f /t time")可以关机或重新启动计算机，其中 time 单位是秒，是延迟关机的时间；/f 是强制关闭正在运行的应用程序而不提前警告用户；/r 是关机后重新启动计算机；/t ***是将重新启动或关机前超时期限或延迟设置为 *** 秒会使得在本地控制台显示一条警告信息。可以指定的范围为 0～600 秒。如果省略/t，则默认超时期限为 30 秒。这部分语句可以用于控制非法操作，采取关机或者重新启动等问题。

③ 去掉行号列标和工作表标签。

```
Sub 去掉行号和标签()
' 去掉行号和标签 Macro
' 宏由 刘宣杰 录制,时间: 2008-6-11
' 快捷键: Ctrl+h
```

```
  Application.MaxChange = 0.001
  With ActiveWorkbook
    .PrecisionAsDisplayed = False
    .SaveLinkValues = False
  End With
  With Application
    .DisplayRecentFiles = False
    .UserName = "LXY"
    .StandardFont = "宋体"
    .StandardFontSize = "12"
    .DefaultFilePath = "D:\Documents and Settings\Administrator\My Documents"
    .RecentFiles.Maximum = 0
    .EnableSound = False
    .RollZoom = False
    .DisplayFunctionToolTips = False
  End With
  Application.ShowChartTipNames = False
  Application.ShowChartTipValues = False
  With ActiveWindow
    .DisplayGridlines = False
    .DisplayHeadings = False
    .DisplayOutline = False
    .DisplayZeros = False
    .DisplayHorizontalScrollBar = False
    .DisplayVerticalScrollBar = False
    .DisplayWorkbookTabs = False
  End With
  With Application
    .ShowStartupDialog = False
    .DisplayFormulaBar = False
    .ShowWindowsInTaskbar = False
  End With
End Sub
```

④ 保护工作表。

```
Sub 保护工作表()
' 保护工作表 Macro
' 宏由 LXY 录制,时间: 2010-10-25
  Cells.Select
  Selection.Locked = True
  Selection.FormulaHidden = True
End Sub
```

到此为止，本系统基本设计完毕。

开始使用之初，应先调试，并至少保证有一条记录，否则，在执行程序的时候，会因为到达最下面的一行而出现错误。

## 10.2.2 计算某商业银行渗透率

某商业银行为了考核各分支机构理财营销经理的业绩，也是为了考虑市场渗透情况，需要形成一个汇总表（本处以理财营销经理为例），且各个分支机构都按照一定的格式上报有关电子表格，如图 10-17 所示。文件名以经理代码的后 4 位数字，并舍弃 4 位数字中前几位的 0，例如，第一位经理的代码为 420000092，上交的文件为 92.xls。且文件中只有一个工作表“页面 1-1”。

| | A | B | C | D |
|---|---|---|---|---|
| 1 | 某商业银行个人客户使用目标产品情况表一 | | | |
| 2 | 机构名称： 长春迎春路支 | | 时间： 2010年02月 | |
| 3 | 目标客户 | 客户总数 | 目标产品 | 目标客户客户数 |
| 4 | | | 网银 | 17.00 |
| 5 | | | 灵通卡 | 41.00 |
| 6 | | | 准贷记卡 | 8.00 |
| 7 | | | 贷记卡 | 11.00 |
| 8 | | | 理财金 | 10.00 |
| 9 | | | 国际借记卡 | 0.00 |
| 10 | | | 白金卡 | 0.00 |
| 11 | | | 财富ID | 0.00 |
| 12 | <5千元 | 88.00 | 本外币理财 | 3.00 |
| 13 | | | 纸黄金 | 0.00 |
| 14 | | | 第三方存管 | 9.00 |
| 15 | | | 集中式银保通 | 0.00 |
| 16 | | | 存款 | 86.00 |
| 17 | | | 基金 | 7.00 |
| 18 | | | 国债 | 0.00 |
| 94 | | | 网银 | 1.00 |
| 95 | | | 灵通卡 | 1.00 |
| 96 | | | 准贷记卡 | 1.00 |
| 97 | | | 贷记卡 | 1.00 |
| 98 | | | 理财金 | 1.00 |
| 99 | | | 国际借记卡 | 0.00 |
| 100 | | | 白金卡 | 0.00 |
| 101 | | | 财富ID | 0.00 |
| 102 | 800万以上 | 1.00 | 本外币理财 | 1.00 |
| 103 | | | 纸黄金 | 0.00 |
| 104 | | | 第三方存管 | 1.00 |
| 105 | | | 集中式银保通 | 1.00 |
| 106 | | | 存款 | 1.00 |
| 107 | | | 基金 | 1.00 |
| 108 | | | 国债 | 1.00 |
| 109 | | | 代发工资 | 1.00 |
| 110 | | | 实物黄金 | 0.00 |
| 111 | | | 贷款 | 0.00 |
| 112 | 目标客户合计 | 919.00 | 目标客户合计 | 3,415.00 |

页面1-1

图 10-17　各网点上交的表格格式

### 1. 设计要求

自动打开每个经理的文件，并对其工作中开户的网银数量、灵通卡数量、准灵通卡数量、三方存管数量、目标客户数量进行求和，并放入指定的文件当中。

### 2. 设计思路

建立一个 Excel 文件，用于存放考核数据，同时将所有经理文件放入指定的位置，并利用 VBA 程序去打开每一个经理文件，并进行求和运算，取出运算结果，返回主文件中予以保存，同时保持各经理文件无改动，以便于以后核查与校验。每一次考核之后需要将表格中的数据复制到其他的位置，并将指定位置的数据清空。

### 3. 模块设计

（1）建立文件

建立一个 Excel 工作簿并命名为：“理财营销经理”，如图 10-18 所示，在 A、B、C、D 列中分别输入编号、经理代码、经理姓名、所属营业网点。

（2）提取上交的文件名称

在单元格 I3 中输入公式："=IF(ISERROR(TEXT(RIGHT(B3,4)*1,0)),"",TEXT(RIGHT(B3,4)*1,0))"，用于提取经理代码的后 4 位数字（不含数字前面的 0），也是经理人员上交的文件的名称，如图 10-18 所示。

| | A | B | C | D | I | J | K | L | M | N |
|---|---|---|---|---|---|---|---|---|---|---|
| 1 | 返回提取界面 | | | | | 渗透率 | | | | |
| 2 | | | | | | 网银 | 灵通卡 | 准贷记卡 | 三方存管 | 目标客户合计 |
| 3 | 1 | 420000092 | 姓名1 | 网点1 | 92 | 237 | 319 | 193 | 194 | 466 |
| 4 | 2 | 420000201 | 姓名2 | 网点2 | 201 | 269 | 497 | 181 | 188 | 712 |
| 5 | 3 | 420000208 | 姓名3 | 网点3 | 208 | 241 | 294 | 139 | 129 | 382 |
| 6 | 4 | 420000297 | 姓名4 | 网点4 | 297 | 292 | 537 | 365 | 249 | 919 |
| 7 | 5 | 420000346 | 姓名5 | 网点5 | 346 | 156 | 282 | 132 | 124 | 422 |
| 8 | 6 | 420000348 | 姓名6 | 网点6 | 348 | 302 | 518 | 232 | 224 | 783 |
| 9 | 7 | 420000411 | 姓名7 | 网点7 | 411 | 188 | 368 | 171 | 130 | 507 |
| 10 | 8 | 420000553 | 姓名8 | 网点8 | 553 | 250 | 386 | 124 | 188 | 660 |
| 11 | 9 | 420000582 | 姓名9 | 网点9 | 582 | 263 | 411 | 181 | 219 | 615 |
| 12 | 10 | 420000646 | 姓名10 | 网点10 | 646 | 179 | 320 | 162 | 173 | 472 |
| 13 | 11 | 420000668 | 姓名11 | 网点11 | 668 | 249 | 380 | 237 | 185 | 529 |
| 14 | 12 | 420000700 | 姓名12 | 网点12 | 700 | 135 | 196 | 116 | 113 | 304 |
| 15 | 13 | 420000711 | 姓名13 | 网点13 | 711 | 102 | 203 | 57 | 74 | 329 |
| 16 | 14 | 420000721 | 姓名14 | 网点14 | 721 | 231 | 548 | 192 | 242 | 793 |
| 17 | 15 | 420000852 | 姓名15 | 网点15 | 852 | 249 | 484 | 500 | 250 | 892 |
| 18 | 16 | 420000876 | 姓名16 | 网点16 | 876 | 1 | 2 | 0 | 1 | 2 |
| 19 | 17 | 420000884 | 姓名17 | 网点17 | 884 | 155 | 272 | 65 | 123 | 430 |
| 20 | 18 | 420000890 | 姓名18 | 网点18 | 890 | | | | | |
| 21 | 19 | 420000915 | 姓名19 | 网点19 | 915 | | | | | |
| 22 | 20 | 420000955 | 姓名20 | 网点20 | 955 | | | | | |
| 23 | 21 | 420001108 | 姓名21 | 网点21 | 1108 | | | | | |
| 24 | 22 | 420001117 | 姓名22 | 网点22 | 1117 | | | | | |
| 25 | 23 | 420001132 | 姓名23 | 网点23 | 1132 | | | | | |

理财营销经理　理财金　六星客户　七星客户…

图 10-18　理财营销经理的渗透率考核界面

（3）设计渗透率数据部分的对照显示格式

将渗透率部分的单元区域设为灰色背景，在将来填入数据的时候可以用条件格式或者利用 VBA 程序显示为红色字体，白色背景。此处采用条件格式设计，自定义公式为当前单元格"<>""",格式设为红字白色背景。使用条件格式相对简单方便。

图 10-19　理财营销经理数据处理窗体的界面

（4）设计操作界面

设计一个各为"理财营销经理数据处理"的窗体，如图 10-19 所示，在文件打开的时候直接调用该窗体。

（5）渗透率数据"提取"命令按钮代码设计

在"通用"事件中"声明"有关变量。

```
Dim qushu1 As String  '声明变量
Dim qushu2 As String
Dim qushu3 As String
Dim bianliang As Integer
```

编写"提取"按钮代码如下：

```
Private Sub CommandButton1_Click()
'基本定稿
```

```
        For bianliang = 3 To 200  '单元格在 3 行到 200 之间，上限可以超过 200，需要具体根据实际情况来定，本处以 200 为上限，也可以用 input 语句来设置最大数（略）
        Range("I" & bianliang).Select              '定位于 I 列，逐行向下移动
        qushu1 = Range("I" & bianliang).Value      '取文件名
        If qushu1 = "" Then
         ActiveCell.Offset(0, 1).Value = ""     '右侧单元格为空
        Else
          ActiveCell.Offset(0, 1).Select     '进入 J 列，准备数据输入
          Workbooks.Open ("d:\考核\渗透率\" & qushu1)
      '打开经理文件，如果想在其他任意地方都可以运行并打开当前文件，可以考虑用当前文件所在路径命令 ThisWork book.Path 或者 activeworkbook.path 语句
            Range("I4").Select
            Selection.FormulaArray = _
            "=SUM((RC[-6]:R[1996]C[-6]=""网银"")*RC[-5]:R[1996]C[-5])"
      '在单元格 I4 中输入数组公式："{=SUM((C4:C2000="网银")*D4:D2000)}"，计算网银开户的目标客户数
            Range("J4").Select
            Selection.FormulaArray = _
            "=SUM((RC[-7]:R[1996]C[-7]=""灵通卡"")*RC[-6]:R[1996]C[-6])"
      '在单元格 J4 中输入数组公式："{=SUM((C4:C2000="灵通卡")*D4:D2000)}"，计算灵通卡开户的目标客户数
            Range("K4").Select
            Selection.FormulaArray = _
            "=SUM(((RC[-8]:R[1996]C[-8]=""准贷记卡"")+(RC[-8]:R[1996]C[-8]=""贷记卡""))*RC[-7]:R[1996]C[-7])"
      '在单元格 K4 中输入数组公式："{=SUM(((C4:C2000="准贷记卡")+(C4:C2000="贷记卡"))*D4:D2000)}，计算准贷记卡和贷记卡开户的目标客户数"
            Range("L4").Select
            Selection.FormulaArray = _
            "=SUM((RC[-9]:R[1996]C[-9]=""第三方存管"")*RC[-8]:R[1996]C[-8])"
      '在 L4 单元格中输入数组公式："{=SUM((C4:C2000="第三方存管")*D4:D2000)}"，计算第三方存管开户的目标客户数
            Range("M4").Value = Range("B112").Value    '取目标客户合计数
       Range("I4:M4").Select
       Selection.Copy                     '复制所需数据
       ActiveWorkbook.Saved = False
       ActiveWorkbook.Close False          '不保存而关闭经理上传的文件
       Windows("理财营销经理.xls").Activate      '返回主文件
       ActiveSheet.Paste                  '粘贴所需数据
        End If
        Next
      End Sub
```

（6）如果缺少部分文件，则出现提示信息。为了验证文件缺失情况，删除文件 890.xls，程序运行结果如图 10-20 所示。

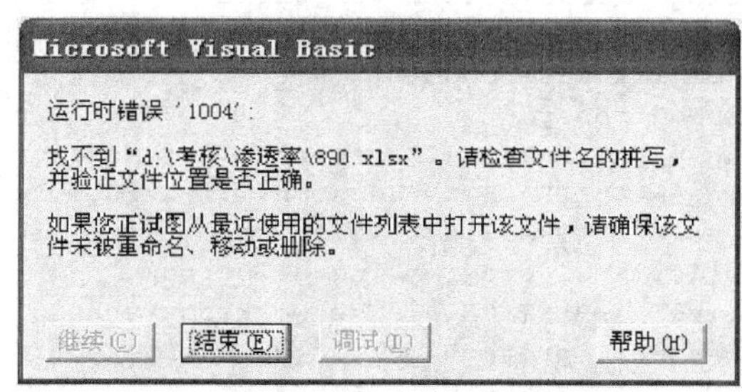


图 10-20　缺少文件提示

可以在继续补充文件之后，单击“清除”按钮，然后重新提取。一般情况下，每个经理都需要提交数据，如果没有，就需要催收数据。

在这里，不建议使用 on error resume next 或者类似的 on error go to 等语句，容易忽略某些错误。如果文件不存在，则提示文件不存在。VBA 代码可考虑如下编写：

```
If Dir("d:\考核\渗透率\" & qushu1) <> "" Then
   Workbooks.Open ("d:\考核\渗透率\" & qushu1)
   ……  正常执行上面所要求的各种命令
Else
   MsgBox qushu1&"不存在！"           '提示文件不存在
End If
```

(7)“清除”命令按钮代码

```
Private Sub CommandButton2_Click()
'渗透率清除
Range("J3:N200").Select
  Selection.ClearContents
  Range("J3").Select
End Sub
```

如上代码能清空渗透率数据区数据。

通过本段程序设计，能完成该商业银行的数据处理，效果良好。

## 10.3 忘记工作表密码保护的处理

有些数据需要保密，有些数据需要在操作的时候进行保护，防止修改和误操作，因此需要设置一些密码保护。但是，如果忘记工作表密码，也会带来很大的麻烦，因此，可以设计在一个破解工作表保护的程序如下：

```
Public Sub AllInternalPassWords()
' Breaks worksheet and workbook structure passWords. Bob McCormick
' probably originator of base code algorithm modified for coverage
' of workbook structure / windows passWords and for multiple passWords
' Norman Harker and JE McGimpsey 27-Dec-2002 (Version 1.1)
' Modified 2003-Apr-04 by JEM: All msgs to constants, and
' eliminate one Exit Sub (Version 1.1.1)
' Reveals hashed passWords NOT original passWords
'Verified by Liuxuanjie
Const DBLSPACE As String = vbNewLine & vbNewLine
Const AUTHORS As String = DBLSPACE & vbNewLine & _
"Adapted from Bob McCormick base code by" & _
"Norman Harker and JE McGimpsey"
Const HEADER As String = "AllInternalPassWords User Message"
Const VERSION As String = DBLSPACE & "Version 1.1.1 2003-Apr-04"
Const REPBACK As String = DBLSPACE & "Please report failure " & _
"to the microsoft.public.Excel.programming newsgroup."
Const ALLCLEAR As String = DBLSPACE & "The workbook should " & _
"now be free of all passWord protection, so make sure you:" & _
DBLSPACE & "SAVE IT NOW!" & DBLSPACE & "and also" & _
DBLSPACE & "BACKUP!, BACKUP!!, BACKUP!!!" & _
DBLSPACE & "Also, remember that the passWord was " & _
```

```
"put there for a reason. Don't stuff up crucial formulas " & _
"or data." & DBLSPACE & "Access and use of some data " & _
"may be an offense. If in doubt, don't."
Const MSGNOPWordS1 As String = "There were no passWords on " & _
"sheets, or workbook structure or windows." & AUTHORS & VERSION
Const MSGNOPWordS2 As String = "There was no protection to " & _
"workbook structure or windows." & DBLSPACE & _
"Proceeding to unprotect sheets." & AUTHORS & VERSION
Const MSGTAKETIME As String = "After pressing OK button this " & _
"will take some time." & DBLSPACE & "Amount of time " & _
"depends on how many different passWords, the " & _
"passWords, and your computer's specification." & DBLSPACE & _
"Just be patient! Make me a coffee!" & AUTHORS & VERSION
Const MSGPWordFOUND1 As String = "You had a Worksheet " & _
"Structure or Windows PassWord set." & DBLSPACE & _
"The passWord found was: " & DBLSPACE & "$$" & DBLSPACE & _
"Note it down for potential future use in other workbooks by " & _
"the same person who set this passWord." & DBLSPACE & _
"Now to check and clear other passWords." & AUTHORS & VERSION
Const MSGPWordFOUND2 As String = "You had a Worksheet " & _
"passWord set." & DBLSPACE & "The passWord found was: " & _
DBLSPACE & "$$" & DBLSPACE & "Note it down for potential " & _
"future use in other workbooks by same person who " & _
"set this passWord." & DBLSPACE & "Now to check and clear " & _
"other passWords." & AUTHORS & VERSION
Const MSGONLYONE As String = "Only structure / windows " & _
"protected with the passWord that was just found." & _
ALLCLEAR & AUTHORS & VERSION & REPBACK
Dim w1 As Worksheet, w2 As Worksheet
Dim i As Integer, j As Integer, k As Integer, l As Integer
Dim m As Integer, n As Integer, i1 As Integer, i2 As Integer
Dim i3 As Integer, i4 As Integer, i5 As Integer, i6 As Integer
Dim PWord1 As String
Dim ShTag As Boolean, WinTag As Boolean

Application.ScreenUpdating = False
With ActiveWorkbook
WinTag = .ProtectStructure Or .ProtectWindows
End With
ShTag = False
For Each w1 In Worksheets
ShTag = ShTag Or w1.ProtectContents
Next w1
If Not ShTag And Not WinTag Then
MsgBox MSGNOPWordS1, vbInformation, HEADER
Exit Sub
End If
MsgBox MSGTAKETIME, vbInformation, HEADER
If Not WinTag Then
MsgBox MSGNOPWordS2, vbInformation, HEADER
Else
On Error ReSUMe Next
Do 'dummy do loop
For i = 65 To 66: For j = 65 To 66: For k = 65 To 66
For l = 65 To 66: For m = 65 To 66: For i1 = 65 To 66
For i2 = 65 To 66: For i3 = 65 To 66: For i4 = 65 To 66
For i5 = 65 To 66: For i6 = 65 To 66: For n = 32 To 126
With ActiveWorkbook
```

```
.Unprotect Chr(i) & Chr(j) & Chr(k) & _
Chr(l) & Chr(m) & Chr(i1) & Chr(i2) & _
Chr(i3) & Chr(i4) & Chr(i5) & Chr(i6) & Chr(n)
If .ProtectStructure = False And _
.ProtectWindows = False Then
PWord1 = Chr(i) & Chr(j) & Chr(k) & Chr(l) & _
Chr(m) & Chr(i1) & Chr(i2) & Chr(i3) & _
Chr(i4) & Chr(i5) & Chr(i6) & Chr(n)
MsgBox Application.Substitute(MSGPWordFOUND1, _
"$$", PWord1), vbInformation, HEADER
Exit Do 'Bypass all for...nexts
End If
End With
Next: Next: Next: Next: Next: Next
Next: Next: Next: Next: Next: Next
Loop Until True
On Error GoTo 0
End If
If WinTag And Not ShTag Then
MsgBox MSGONLYONE, vbInformation, HEADER
Exit Sub
End If
On Error ReSUMe Next
For Each w1 In Worksheets
'Attempt clearance with PWord1
w1.Unprotect PWord1
Next w1
On Error GoTo 0
ShTag = False
For Each w1 In Worksheets
'Checks for all clear ShTag triggered to 1 if not.
ShTag = ShTag Or w1.ProtectContents
Next w1
If ShTag Then
For Each w1 In Worksheets
With w1
If .ProtectContents Then
On Error ReSUMe Next
Do 'Dummy do loop
For i = 65 To 66: For j = 65 To 66: For k = 65 To 66
For l = 65 To 66: For m = 65 To 66: For i1 = 65 To 66
For i2 = 65 To 66: For i3 = 65 To 66: For i4 = 65 To 66
For i5 = 65 To 66: For i6 = 65 To 66: For n = 32 To 126
.Unprotect Chr(i) & Chr(j) & Chr(k) & _
Chr(l) & Chr(m) & Chr(i1) & Chr(i2) & Chr(i3) & _
Chr(i4) & Chr(i5) & Chr(i6) & Chr(n)
If Not .ProtectContents Then
PWord1 = Chr(i) & Chr(j) & Chr(k) & Chr(l) & _
Chr(m) & Chr(i1) & Chr(i2) & Chr(i3) & _
Chr(i4) & Chr(i5) & Chr(i6) & Chr(n)
MsgBox Application.Substitute(MSGPWordFOUND2, _
"$$", PWord1), vbInformation, HEADER
'leverage finding PWord by trying on other sheets
For Each w2 In Worksheets
w2.Unprotect PWord1
Next w2
Exit Do 'Bypass all for...nexts
End If
```

```
Next: Next: Next: Next: Next: Next
Next: Next: Next: Next: Next: Next
Loop Until True
On Error GoTo 0
End If
End With
Next w1
End If
MsgBox ALLCLEAR & AUTHORS & VERSION & REPBACK, vbInformation, HEADER
End Sub
```

在忘记工作表密码的时候，将这段程序复制到 VBA 编辑窗口中进行运行，则可以清除密码而不是找回原密码，然后就可以对需要修改的数据进行修改，并重新设定密码。

上述程序为网络搜集，并进行了验证，在此对原创作者以及后来的修正者、验证者深表感谢！

对于 VBA 编辑器窗口中，“工具”菜单下的“VBAProject 属性”中的“保护”选项卡中设置的密码遗失，目前尚没有可应用 VBA 程序来解决的办法。

# 复习思考题

1. 录制一个宏程序，生成一个资产负债表空表，并将表头部分设置为粗体。
2. 设置一个命令按钮，并指定上述宏程序，并编辑按钮文字为“编制资产负债表”。
3. 编制为 Auto_open()和 Auto_close()的两个程序，并体验在打开和关闭工作簿时其运行情况。
4. 设置保护工作表密码并用宏程序来进行清除。
5. 录制一个用主工作簿打开其他工作簿的宏程序。
6. 阅读程序，了解 Select Case 语句，并予以解释。

```
Sub 销售保本判断()
      Dim sx As Double, bx As Double
      sx = Range("B4").Value
      bx = Range("C4").Value
      Select Case sx
            Case Is < bx
                MsgBox "亏损！"
                Range("D4").Select
                ActiveCell.FormulaR1C1 = "亏损"
            Case Is = bx
                MsgBox "保本！"
                Range("D4").Select
                ActiveCell.FormulaR1C1 = "保本"
            Case Is > bx
                MsgBox "盈利！"
                Range("D4").Select
                ActiveCell.FormulaR1C1 = "盈利"
      End Select
   End Sub
```

7. 比较如下两段程序，分析 IF 语句的用法。

程序段 1：

```
Sub pro3()
    If Range("B4").Value > Range("C4").Value Then
            MsgBox "胜利完成任务"
            Range("D4").Select
            ActiveCell.FormulaR1C1 = "盈利"
    Else
            MsgBox "继续努力"
            Range("D4").Select
            ActiveCell.FormulaR1C1 = "危险"
    End If
End Sub
```

程序段二：

```
If Range("B4").Value > Range("C4").Value Then  MsgBox "胜利完成任务"
```

8. 解释程序的含义。

```
Private Sub Worksheet_SelectionChange(ByVal Target As Range)
       ActiveWorkbook.Save
End Sub
```

# 综合练习题

一、单选题

1．分类汇总后在工作表上产生的“1”“2”“3”号分别代表（　　）。

A．汇总的级别

B．新产生的附加工作表标签

C．表示需要显示的行数，最多显示 3 行，最少显示 1 行

D．表示汇总时依据的字段数

2．分类汇总会在数据区的（　　）位置产生“1”“2”“3”三个按钮。

A．左上角　　B．右上角　　C．左下角　　D．右下角

3．“=if(false,"销售情况良好","销售情况不理想！")”的返回值是（　　）。

A．FALSE　　B．销售情况良好　　C．销售情况不理想！　　D．TRUE

4．“=sum(sheet1:sheet5!b17,sheet1:sheet5!c17,sheet1:sheet5!d17)”可以表示为（　　）。

A．SUM(sheet1:sheet5!B17:D17)　　B．SUM(sheet1:sheet5!C17:D17)

C．SUM(C17:D17!sheet1:sheet5)　　D．SUM(B17:D17!sheet1:sheet5)

5．“A1：B2，C3：F5”表示的是（　　）。

A．所涉及到的 2 个单元区域的所有单元格　　B．就是 A1，B2，C3，F5 四个单元格

C．对四个单元格求和　　D．表示它们作为 2 个集合

6．“B7：E20　C9：G25”（E20 和 C9 中间有一个空格）表示的是（　　）。

A．2 个独立区域

B．2 个区域的并集（也就是说包含了这 2 个区域的所有单元格）

C．1 个矩形区域（2 个区域交叉的部分，也就是交集）

D．这是一种错误的表达方式，不能用于进行运算

7．“MsgBox"123"”表示（　　）。

A．最简单的基础问题，就相当于英语中的 ABC

B．出现信息提示框,提示信息“123”

C．是一个窗体，标题为“123”

D．表示给“123”加上“口”形外框

8．“Range("B3").Value=1000”表示的意思是（　　）。

A．选中 B3 单元格，并赋值 1000

B．不一定选中 B3 单元格，只是直接给赋值 1000 而已

C．一定不能选中 B3 单元格，只是直接赋值 1000

D．B3 单元格中必须有“1000”这个值方能选中

9．Excel 操作中，设成绩放在 A1 格，要将成绩分为优良（大于等于 85）、及格（大于等于 60）、不及格三个级别的公式为（　　）。

A．=if（A1>=85,"优良",if（A1>=60,"及格",if（A1<60,"不及格")))

B．=if（A1>=85,"优良",85>A1>=60,"及格",A1<60，"不及格")

C．=if(A1>=85,"优良"),if（A1>=60,"及格" ),if（A1<60，"不及格")

D．=if（A1>=85,"优良",if（A1>=60,"及格","不及格"))

10．Excel 工作表的第 3 行第 4 列的单元格地址是（　　）。

A．D3　　B．D4　　C．3D　　D．4D

11．IRR（）中的 VALUES 参数需要满足如下要求（　　）。

A．必须都是正数或者 0，因为库存现金没有负数

B．可以全部是正数，也可以全部是负数，因为现金流量有方向性，正数表示流入，负数表示流出

C．必须含有正数和负数，至少是一正一负，表示有投入有产出

D．什么样的数据都可以，无所谓正负数

12．从数据清单或者数据库（必须含有字段名，否则无法提取数据）中提取符合给定条件且唯一存在的值的函数是（　　）。

A．INDEX()　　B．VLOOKUP()　　C．DGET()　　D．FIND()

13．当我们在打开某个工作簿的时候，希望自动执行该工作簿的某个宏程序，这就需要建立一个名为（　　）宏程序。

A．Autoopen()　　B．Auto-open()　　C．open()　　D．Auto_open()

14．当我们在关闭某个工作簿的时候，希望自动执行该工作簿的某个宏程序，这就需要建立一个名为（）宏程序。

A．Close　　B．CLOSE()　　C．AUTOCLOSE()　　D．Auto_close()

15．对单元格“$C4”的引用是（　　）。

A．一般引用　　B．相对引用　　C．绝对引用　　D．混合引用

16．关于规划求解工具中的目标单元格，通常要求（　　）。

A．设置为极值或者固定值，一般含有与可变单元格有关的公式，也就是目标函数

B．必须是一个空白的单元格，不能含有任何的公式或者函数

C．一定是可变单元格

D．一定不能是可变单元格，那样会出现循环引用的

17．规划求解的可变单元格最多可以有（　　）个。

A．100　　B．150　　C．200　　D．300

18．-80，40，50，60，65，分别代表项目初始投资和第 1～4 年年末的现金流量，则 NPV(IRR(A1:A5),A2:A5)+A1 运算的结果应该是(　　)。

A．一定等于 0　　B．一定大于 0　　C．一定小于 0　　D．一定大于等于 0

19．假设国际巧克力公司生产两种巧克力：朱古力和朱尔斯，其中，朱古力和朱尔斯的单位边际贡献分别为￥1.00/kg 和￥2.00/kg，单位机器工时分别为 0.02 机时/kg 和 0.05 机时/kg，单位人工工时分别为 0.20 工时/kg 和 0.25 工时/kg，并且，材料充足，但每月可能获得的机器工时和人工工时分别为 700 机器工时、5000 人工工时。问对于上述有限资源的合理化利用的计算，比较理想的工具是（　　）。

A．规划求解　　B．单变量求解　　C．模拟运算表　　D．数据透视表

20．将公式“=SUM($B$5：$C$70)”所在单元格进行复制，再粘贴到向下 2 行，向右 3 列，则公式发生的变化是（　　）。

A．变成了“=SUM($D$7：$E$72)”　　B．没有发生变化

C．变成了“=SUM($B$7：$C$72)”　　D．变成了“=SUM($D$5：$E$70)”

21．净现值函数的现金流量参数一般都定义在（　　）。

A．每一期的期初　B．每一期的期中　C．每一期的期末　D．每一期的任意时点

22．利用规划求解工具计算最佳订货量时，将存货综合成本所在的单元格设置为目标单元格，则应取其（　　）。

A．最大值　B．最小值　C．固定值　D．特定值

23．某自动化机床，原始成本 100 万元，预计净残值 10 万元，使用期限 5 年，使用年数总和法计提折旧，第 5 年应计提的折旧额为（　　）。

A．10 万　B．18 万　C．12 万　D．6 万

24．内含报酬率函数 IRR()的现金流量参数一般（　　）。

A．只能是一个数组或者一个单元区域引用

B．可以是一个个单元格引用，单元格之间用“，”号分隔开即可

C．只能是数组

D．只能是单元引用

25．内含报酬率函数的现金流量参数一般定义在每一期的（　　）。

A．每一期的期初　B．每一期的期中　C．每一期的期末　D．每一期的任意时点

26．若要选定区域 A1：C4 和 D3：F6，应（　　）。

A．按鼠标左键从 A1 拖动到 C4，然后按鼠标左键从 D3 拖动到 F6

B．按鼠标左键从 A1 拖动到 C4，然后按住 Shift 键，并按鼠标左键从 D3 拖动到 F6

C．按鼠标左键从 A1 拖动到 C4，然后按住 Ctrl 键，并按鼠标左键从 D3 拖动到 F6

D．按鼠标左键从 A1 拖动到 C4，然后按住 Alt 键，并按鼠标左键从 D3 拖动到 F6

27．下面只能应用于与年金有关的计算的函数是（　　）。

A．NPV()　B．NFV()　C．linest（）　D．NPER()

28．现在存入一笔钱，准备在以后 5 年中每年年初得到 100 元，如果存款利率为 8%，现在应该存入（　　）。

A．431.212684004433　B．-431.212684004433

C．-399.271003707809　D．399.271003707809

29．现在存入一笔钱，准备在以后 5 年中每年年底得到 100 元，如果存款利率为 8%，现在应该存入（　　）。

A．431.212684004433　B．-431.212684004433

C．-399.271003707809　D．399.271003707809

30．相对引用与绝对引用最主要的区别是（　　）。

A．公式或者函数中的相对引用会随着复制位置的变化而发生相对位移的变化，而绝对引用不管公式或者函数复制到本工作表的任何地方，都将指向不变的数据源区域

B．即使不复制单元格，该单元格中公式或者函数中的因为相对引用与绝对引用会导致的运算结果是不一样的

C．即使复制某单元格到其他区域，该单元格中公式或者函数中的相对引用与绝对引用不会导致复制后的单元区域运算结果有什么差异

D. 二者没有根本的差别，都差不多

31. 语句“Dim sx as Double”表示（　）。

A. 定义“sx”为双精度变量　B. 定义“sx”为二维数组变量

C. 定义“sx”为带有两个字符的变量　D. 定义“sx”为可变函数

32. 在 Excel2007/2010/2013 等版本中，一个工作表由（　）组成。

A. 265 行×65536 列　B. 255 列×65536 行

C. 16384 列×1048576 行　D. 65536 列×1048576 行

33. 在 Excel 工作表的单元格 C5 中有公式“=A5+B5”，将 C5 单元格的公式复制到 C7 单元格内的公式是（　）。

A. =A5+B5　B. =A7+B7　C. =A5+B7　D. A7+B5

34. 在 Excel 工作簿中，同时选择多个相邻的工作表，可以在按住（　）键的同时依次单击各个工作表的标签。

A. Tab　B. Alt　C. Ctrl　D. Esc

35. 在 Excel 提供的财务函数中，下列（　）属于年金现值函数。

A. NPV()　B. IRR()　C. PV()　D. FV()

36. 在 Excel 中（　）种组合键可以在所选的多个单元格中输入相同的数据。

A. Alt+Shift　B. Shift+Enter　C. Ctrl+Enter　D. Alt+Enter

37. 在规划求解中，可变单元格最多可以指定（　）个。

A. 200　B. 255　C. 256　D. 254

38. 在进行分类汇总前一般需要进行如下准备工作（　）。

A. 加载宏，分类汇总是宏功能中的一种，如果不加载宏则无法运行

B. 卸载宏，因为宏程序的存在会影响分类汇总的运行

C. 数据透视，如果不进行数据透视则无法进行数据分类

D. 数据排序，其关键字必须和分类汇总一致方能实现目标

39. 在利用 Excel 的 FV()函数计算年金终值时，若“type”参数中输入“0”，则计算的是（　）。

A. 普通年金　B. 永续年金　C. 预付年金　D. 递延年金

40. 在输入函数之前必须先输入（　）。

A. +　B. -　C. *　D. =

41. 在下列函数名称中，是倍率余额递减法折旧函数的是（　）。

A. SLN　B. SYD　C. DDB　D. VBD

42. 在下列函数名称中，是净现值函数的是（　）。

A. PV　B. FV　C. IRR　D. NPV

43. 在下列函数名称中，是年数总和法折旧函数的是（　）。

A. SLN　B. SYD　C. DDB　D. VBD

44. 在下列函数名称中，是双倍余额递减法折旧函数的是（　）。

A. SLN　B. SYD　C. DDB　D. VBD

45. 在下列函数名称中，是直线折旧函数的是（　）。

A. SLN　B. SYD　C. DDB　D. VBD

46. Range("B1").Value = "中财公司销售情况分析表"，说法正确的是（　）。

A．表示选中 B1 单元格并输入“中财公司销售情况分析表”

B．只是选中 B1 单元格

C．不选中 B1 单元格，但是，给 B1 赋值

D．选中 B1 单元格，但不赋值

二、多选题

1．Excel 的标题栏右端，有三个按钮（　　）。

A．最小化按钮　　B．还原按钮（或最大化按钮）　　C．保存按钮

D．链接按钮　　E．关闭按钮

2．Excel 的特点有（　　）。

A．强大的表格处理功能　　B．丰富的函数　　C．强大的绘图功能

D．丰富的分析工具　　E．强大的宏功能

3．Excel 中导入外部数据的时候，可以导入的数据有（　　）。

A．Access 数据库　　B．网页数据　　C．文本数据

D．图片数据　　E．任意数据

4．INDEX((A1:C5,D6:F9),2,3,2)的运算结果和（　　）结果相等。

A．INDEX（A1:C5,2,3）　　B．INDEX(D6:F9,2,3)　　C．F7（单元格）

D．INDEX（f1：f10，7）　　E．$F$7（单元格）　　F．C5

5．PMT()表示的是一个时间价值函数，它等于（　　）之和。

A．PPMT()　　B．MPMT()　　C．IPMT()

D．PMMT()　　E．PV()　　F．FV()

6．SUM(C3:f4)=(　　)。

A．SUM(C3:C4)+SUM(F3:F4)　　B．C3+F4　　C．SUM(C3:F3)+SUM(C4:F4)

D．C3+D3+E3+F3+C4+D4+E4+F4　　E．SUM(C3,C4,D3,D4)

7．VLOOKUP()函数可以用于查找数据，有关说法正确的是（　　）。

A．查找的数据必须位于数据区的第一列当中

B．查找的数据如果出现了两次，则以第一个找到的为准

C．最后一个参数一般用 FALSE,才能保证找到准确的值

D．找到需要查找的值之后再确定取第几列的值

E．需要查找的值必须是单元引用

F．需要查找的值一定是文本

8．单元区域是指由若干个单元组成的区域，下列表述中正确的是（　　）。

A．连续区域（：冒号）第一个和最后一个单元引用中间用冒号“：”连接，表示由若干个连续单元组成组成的区域。

B．连续区域（空格）两个单元引用间用空格连接，表示两个单元引用的公共单元区域

C．合集区域（，逗号）单元引用间用逗号“，”连接，表示互不相连的单元组成的区域

D．合集区域（：冒号）第一个和最后一个单元引用中间用冒号“：”连接，表示由若干个连续单元组成组成的区域

E．交集区域（，逗号）单元引用间用逗号“，”连接，表示互不相连的单元组成的区域

F．交集区域（空格）两个单元引用间用空格连接，表示两个单元引用的公共单元区域

9．关于“单变量求解”工具说法正确的是（　　）。

A．“单变量求解”需要加载宏才能使用

B．“单变量求解”可以解决目标值确定的时候，求单个变量的解

C．“单变量求解”可以数据关系已经用公式定义，只要某一个变量确定，其他数值都能计算出来的情况，如目标利润确定的时候，求销售增长率

D．“单变量求解”无需加载宏，直接就可以使用

10．关于“方案管理器”的表述正确的有（　　）。

A．可以选择不同的预设方案显示其运行结果

B．可以为某些单元格设定多个不同的值，保存于方案当中

C．可以设定“结果单元格”观察所关心的单元格的结果

D．Excel 中没有“方案”工具

E．在 Excel 中，方案管理器位于“数据”菜单下

11．关于函数 DGET(database,field,criteria)表述正确的是（　　）。

A．criteria 条件区域必须包含字段名，否则无法查找

B．数据区域中必须包含相关的数据字段名

C．数据源中只要有数据就可以，无需包含字段名

D．条件区必须含有需要查找的值，无需包含字段名

E．根据条件找到相关记录后，再根据 field 字段的值确定提取某字段的值

F．该函数是从数据清单或者数据库中提取符合给定条件且唯一存在的值

12．关于控件滚动条的设置正确的说法有（　　）。

A．其值必须为非负整数

B．控件可以链接到单元格，保证其变动和控件值的变动保持一致

C．可以设置最大值和最小值，最大值可以是无穷大，最小值可以是无穷小，如 0.00001

D．步长和页步长是指进行相关操作时滚动的单位数

E．最大值为 30000

F．没有最大值和最小值之分

13．规划求解可以解决的问题有（　　）。

A．整型问题　　B．线性问题　　C．非线性问题　　D．文本型

14．函数参数可以是以下几种类型（　　）。

A．数值　　B．逻辑值　　C．单元引用　　D．错误值

E．^

15．函数通常由以下部分组成（　　）。

A．函数名　　B．等号　　C．括号　　D．参数

E．加号　　F．减号

16．绘图原则有（　　）。

A．取值目标性原则　　B．数据源取值原则　　C．含头取值原则

D．选择连续区域　　E．数据格式相同原则

17．建立自定义函数时（　　）。

A．必须以 SUB 函数名（参数 1，参数 2，，参数 n）开头

B．必须以 Function 函数名（参数 1，参数 2，，参数 n）开头

C．必须自定义函数名和参数之间的数据计算关系

D．必须以 END SUB 结束

E．必须以 END FUNCTION 结束

18．工作表分割对于查看一张庞大的表是有利于数据之间的对照和比较分析，可以进行如下分割（　　）。

A．对角线分割

B．任意角度的斜线分割，如 15° 分割，30° 分割

C．水平分割，将工作表的工作区分为上下两个部分

D．垂直分割，将工作表的工作区分为左右两个部分

E．只能按照预定的特定角度分割，以 15° 的倍数增加

F．只能按照预定的特定角度分割，以 45° 的倍数增加

19．可以作为相关函数参数的有（　　）。

A．9090909099（数值）　　B．错误值，如#value 等

C．销售任务已完成！　　D．其他函数

E．单元引用　　F．比较运算表达式

20．模拟运算表能够做到的有（　　）。

A．一次运算就可以计算出所有的结果

B．提供一种显示和比较方式

C．可以给两个参数输入不同的值

D．可以是针对直接的公式，也可以针对间接相关的公式

E．公式必须在左上角预先输入

F．行和列预设数据分别代替公式中的某个单元格

21．属于 Excel 运算符的是（　　）。

A．<　　B．&　　C．^

D．*　　E．%

22．数据透视表的数据源（　　）。

A．可以是存放在 Excel 中的数据清单或者数据库

B．可以是外部数据源

C．可以是经过多重合并计算数据区域

D．决不能是另一个数据透视表

E．可以是另一个数据透视表

F．只能是存放在 Excel 中的数据清单或者数据库

23．通过 Excel 建立财务管理分析图，能够比较直观地进行分析，常见的分析图有（　　）。

A．面积图　　B．柱形图　　C．条形图

D．折线图　　E．面积图　　F．饼图

24．下列表述中正确的是（　　）。

A．TRUE=1　　B．TRUE=0　　C．FALSE=1　　D．FALSE=0

25．下列表述中正确的是（　　）。

A．rate：每期利率

B．nper：年金处理中的总期数

C．pmt：每期固定支付或收入的数额，即年金

D．type 参数值为 1 时表示后付年金，为 0 时表示先付年金

26．下列表述中正确的是（　　）。

A．PMT 是年金函数　　B．PMT 是年金中的本金函数

C．IPMT 是年金函数　　D．IPMT 是年金中的利息函数

E．PPMT 是年金中的本金函数　　F．PPMT 是年金中的利息函数

27．下列单元引用属于混合引用的是（　　）。

A．$A$8　　B．A$8　　C．$8A　　D．$A8

E．8A

28．下列属于比较运算符的有（　　）。

A．+　　B．-　　C．*　　D．<

E．>　　F．>=

29．选择单元区域的方法有（　　）。

A．在表的左上角 A 与 1 交界处，有一个全表选择框，单击该框选择全表

B．单击行（列）头选中一行（列）

C．单击单元区域的左上角单元，按住鼠标左键拖动鼠标至右下单元，松开鼠标，该区域被选中

D．单击单元区域的一个角上的单元格，然后按 Shift 键，再单击对角单元格，则该区域被选中。

E．选择多个相邻列的时候，可以选择最前面的一列然后按下数百哦左键向后拖动即可

30．引用同一个工作簿的其他工作表单元区域的时候（　　）。

A．直接输入该单元区域的地址，如 A1:F10，无须指明具体的工作表

B．一般情况下，如果没有给单元区域命名，则需要指明具体工作表的名称，并用“！”表示前面是工作表名，后面是单元区域

C．如果已经给该单元区域命名，则可以在本工作簿的其他任意单元格中引用其名称，而无须指明其所在的工作表

D．一般情况下，如果没有给单元区域命名，则需要指明具体工作表的名称，并用“：”表示前面是工作表名，后面是单元区域

E．一般情况下，如果没有给单元区域命名，则需要指明具体工作表的名称，并用“[]”表示前面是工作表名，后面是单元区域

31．有关净现值函数 NPV（rate,value1, value2, value3,）与 irr（values,guess）相比较，说法正确的是（　　）。

A．二者关于现金流量的设想，相差一个期间

B．都要求各自代表现金流量的参数所属各期长度相等

C．IRR()是将未来的现金流量折算为将来的价值

D．NPV()是将未来的现金流量折算为现在的价值

E．IRR()是将未来的现金流量折算为现在的价值

F. NPV 是将现在的现金流量折算为未来的价值

32. 下列（　　）是 Excel 错误值。

A. #DIV/0!　　B. #NAME?　　C. #REF!　　D. #VALUE

E. FALSE　　F. WRONG

33. 在规划求解中关于目标单元格说法正确的是（　　）。

A. 是工作表模型中可设置最大值，最小值或特定值得单元格。在（设置目标单元格）框中，输入你希望将其设置成最大值，最小值或特定值得引用位置或名字

B. 目标单元格中应该含有与你在（可变单元格）框中所指定的可变单元格有关的公式

C. 如果目标单元格中并未包含公式，他必定也是一个可变单元格

D. 如果你没有指定目标单元格，规划求解会通过调整可变单元格的值，找出符合所有约束条件的解决方案

E. 如果你没有指定目标单元格，规划求解会从可变单元格中找出目标单元格

34. 在规划求解中关于目标单元格说法正确的是（　　）。

A. 是工作表模型中可设置最大值，最小值或特定值得单元格。在（设置目标单元格）框中，输入你希望将其设置成最大值，最小值或特定值得引用位置或名字

B. 目标单元格中应该含有与你在（可变单元格）框中所指定的可变单元格有关的公式

C. 如果目标单元格中并未包含公式，他必定也是一个可变单元格

D. 如果你没有指定目标单元格，规划求解会通过调整可变单元格的值，找出符合所有约束条件的解决方案

35. 折旧函数有多种，但每个折旧函数必须含有的基本参数必须有（　　）。

A. cost　　B. life　　C. salvage　　D. per（或者 period）

E. rate

36. 编写宏程序，必须做到（　　）。

A. 以 SUB 开始　　B. 以 END SUB 结束　　C. 只能按上下顺序执行

D. 程序名后面必须有空括号　　E. 必须以 open（）开始　　F. 必须以 close（）结束

37. 建立宏程序，可以（　　）。

A. 在工作表中的某个单元格直接输入

B. 录制

C. 在编辑器窗口中直接输入

D. 在 word 中直接输入，然后复制到 Excel 单元格中

E. 用 VFP 建立，调试

F. 在一个工作表中输入，在另一个工作表中运行

38. 建立一个过程函数，必须（　　）。

A. 以 SUB 开始　　B. 以 END SUB 结束　　C. 以 Function 开始

D. 以 End Function 结束　　E. 函数名后面括号中必须有参数

F. 定义函数名与参数之间的关系

39. 宏程序结构主要有（　　）。

A. 数据结构　　B. 顺序结构　　C. 循环结构

D. 分支结构（条件结构）　　E. 框架结构　　F. 变量结构

三、判断题

1．（左右箭头）在滑过列头时出现，此时可以改变列宽。（ ）

2．“<,>,<>,=”都是比较运算符。（ ）

3．“&”主要用于文本之间的运算，通常是将文本连接到一起形成新的文本。（ ）

4．Excel 编辑栏的左边为名字框，右边为公式栏。（ ）

5．Excel 带有丰富的财务管理分析工具。（ ）

6．Excel 中合集区域可以用空格来表示。（ ）

7．IF()函数的第一个参数的运算结果是 false，则取第二个参数的值。（ ）

8．PMT（）=IPMT（）+PPMT。（ ）

9．PMT（rate,nper, pv,fv,type）中的 type 参数值有时是可以省略的。（ ）

10．sheet2!A1 中的“！”表示前面是引用的工作表名，后面是引用的有关单元区域。（ ）

11．SUM（sheet5!A1:B5）中的“！”表示函数 sum()引用是工作表“sheet5”中的“A1:B5”区域。（ ）

12．VLOOKUP（）函数中的最后一个参数是一个数值值。（ ）

13．VLOOKUP 是文本函数。（ ）

14．程序命令的执行是由上而下逐一执行的称之为顺序结构。（ ）

15．对于模拟运算表中的结果，如果觉得数据不对的话，可以修改生成数据的一部分，从而达到理想的效果。（ ）

16．多个方案可以保存在同一个工作表上的某一个某模型中。（ ）

17．给单元区域命名，可以先选定区域，然后直接在名称框输入名称。（ ）

18．公式和函数必须以“-”号开始。（ ）

19．公式和函数必须以“=”号开始。（ ）

20．公式中的比较运算符有“&”等。（ ）

21．公式中的比较运算符有“^”等表示下面的单元格的数值大于上面单元格的数值。（ ）

22．公式中的四则运算符有“*”“^”等。（ ）

23．规划求解的可变单元格最多可以有 400 个。（ ）

24．规划求解的约束条件可以直接列示不等式，与数学上的表达方式是一样的。（ ）

25．规划求解的约束条件最多可以有 200 个。（ ）

26．函数可以进行嵌套使用，但是嵌套的层数不能无限大，尤其是低版本的 Excel 中。（ ）

27．函数是一个预先写好的特殊公式，根据一个或多个参数执行操作，并返回一个值。（ ）

28．函数只能手工输入，并不能插入。（ ）

29．绘制图表，可以根据图表向导的步骤提示，逐步完成。（ ）

30．获取外部数据后，所获取的数据不能随着外部数据源数据的变化而变化的，因为这毕竟是两个文件了。（ ）

31．建立自定义函数必须以 Function 开始，以 END Function 结束。（ ）

32．录制新宏之后再进行编辑是进行 Excel 开发的一个比较快捷的方式。（ ）

33．命名只能针对单个单元格，不可以针对某个单元区域。（ ）

34．模拟运算表是一种只需要一步就能计算出所有变化的模拟分析工具，因此，它的应用比较广泛。（ ）

35．数据透视表是一种对大量数据快速汇总和建立交叉分析表的数据分析技术和工具。（　　）

36．数据相差悬殊的两组数据也可以放在一起绘制图表，因为我们可以用次坐标轴来显示。（　　）

37．数据相差悬殊也可以放在一起绘制图表，因为我们可以用放大镜来观察比较小的数据，这是 Excel 技术上的新突破。（　　）

38．填充可以省去很多的复制性操作，方便快捷。（　　）

39．在 Excel 中“&”是文字运算符。（　　）

40. 在 Excel 中函数的各个参数如果是 false 可以用 0 来代替，参数如果是 true 可以用 1 来代替。（　　）

41．在 Excel 中函数的各个参数如果是 false 可以用 1 来代替，参数如果是 true 可以用 0 来代。（　　）

42．在 Excel 中输入公式，允许使用多层小括号，顺序是先算内层再算外层。（　　）

43．在计算长期借款的年偿还额时，我们可利用 Excel 提供的 PMT（）函数进行计算。（　　）

44．折旧函数的参数都不能为负数。（　　）

45．整型问题不可以用规划求解来解决。（　　）

# 模拟测试题（一）

一、选择题

1．从数据清单或者数据库（必须含有字段名，否则无法提取数据）中提取符合给定条件且唯一存在的值的函数是（　　）。

A．INDEX（）　　B．VLOOKUP（）　　C．DGET（）　　D．IF（）

2．假设数据区域 A2：A16 的值为 1、2、3、15，按照自然数排列，A1 的值为初始投资-50，单位为万元，则公式：“=NPV（irr(a1:a16),a2:a16）+a1”的结果应该是（　　）。

A．8　　B．4.375　　C．0.00　　D．70

3．相对引用与绝对引用最主要的区别是（　　）。

A．公式或者函数中的相对引用会随着复制位置的变化而发生相对位移的变化；绝对引用不管公式或者函数复制到本工作表的任何地方，都将指向不变的数据源区域

B．即使不复制单元格，该单元格中公式或者函数中的因为相对引用与绝对引用会导致的运算结果是不一样的,绝对引用的值一定大于相对引用的值

C．即使复制某单元格到其他区域，该单元格中公式或者函数中的相对引用与绝对引用不会导致复制后的单元区域运算结果有什么差异

D．二者没有根本的差别，唯一的差别是公式长短的问题，公式越长别人越看不懂，有利于产权保护

4．Excel 目前已经到 2013 版本，每一个工作表都具有（　　）单元格。

A．65,536 行×256 列　　B．1,048,576 行×16,384 列

C．65,536 行×16,384 列　　D．65,536 行×255 列

5．需要加载宏以后才能使用的工具是（）。

A．单变量求解　　B．方案管理器　　C．高级筛选　　D．规划求解

6．建立一个宏程序，其格式如下（　　）。

A．必须以 SUM()开头

B．必须以 SUB 程序名()的方式开头

C．必须以 SUB 程序名(参数 1，参数 2，…参数 n)开头

D．只要有程序，自然会运行的，无需特殊处理

7．Range(“D4”).Select 表示（　　）。

A．脱离 D4 单元格，与 ENTER 命令相同作用

B．表示选择 D4 单元格，D4 单元格为当前活动单元格

C．表示 D4 单元格可以被赋值，但不是当前的活动单元格

D．表示删除 D4 单元格的值

8．关于规划求解工具中的目标单元格，也就是目标函数，通常要求（　　）。

A．设置为极大值、极小值或者固定值

B．是一个空白的单元格，不能含有任何的公式或者函数

C．一定是可变单元格，否则无法计算出结果

D．一定不能是可变单元格，总是变化的话无法定为某个具体值

9．下面属于混合引用的有（　　）。

A．给一个单元格命名为“销售额”，则在其他公式中引用“销售额”的时候就是混合引用，如：=if(销售额>=5000000,“胜利完成任务！”，“需要努力！”)，其中的“销售额”就是混合引用

B．混合引用就是对单元格表示格式中加入行号或者列标二者之一前面加上美元符号$（不包含同时加上$符号），表示行或者列不受复制位置的影响，如$B3、B$3

C．混合引用就是在一个函数中不同的参数既有绝对引用又有相对引用，如：=sum($D$8,E9,F20)

D．混合引用就是对单元格表示格式中加入行号或者列标二者之一前面加上美元符号$（包含同时加上$符号），表示行或者列不受复制位置的影响，如$B3、B$3、$B$5

10．如果要录制宏程序，则应该选择（　　）选项卡上的命令，其中有录制宏命令。

A．编辑　　B．开发工具　　C．VB 编辑器　　D．视图

11．设置会计凭证中的日期大写格式的时候，需要自定义日期所在单元格格式如下（　　）。

A．[dbnum1][$-804]yyyy"年"mm"月"dd"日";@

B．[dbnum2][$-804]yyyy"年"mm"月"dd"日";@

C．[dbnum3][$-804]yyyy"年"m"月"d"日";@

D．[$-804]yyyy"年"mmm"月"ddd"日";@

12．=if(true,"销售情况良好","销售情况不理想！")的返回值是（　　）。

A．#NAME?　　B．"销售情况良好"　　C．"销售情况不理想！"　　D．#value

13．规划求解的可变单元格最多可以有（　　）个

A．1000　　B．150　　C．200　　D．2500

14．为了保护会计报表中的公式等内容，必须对相关的公式进行保护（　　）。

A．设置单元格锁定，并选择工作表保护　　B．设置单元格隐藏，并选择工作簿保护

C．设置单元格隐藏，并选择工作表保护　　D．设置单元格锁定，并选择工作簿保护

15．IRR（）中的 VALUES 参数需要满足如下要求（　　）。

A．必须都是正数，因为库存现金没有负数

B．可以全部是正数，也可以全部是负数，因为现金流量有方向性

C．必须含有正数和负数，至少是一正一负

D．必须是全部负数

16．在固定资产更新决策模型中，有关旧设备在更新为新设备时的变现收入，主要体现在决策的（　　）方面。

A．用于计算旧设备的折旧，因为它就是出售时的残值

B．用于在购买时冲减新设备的买价

C．用于计算新设备的折旧

D．对决策没有影响，判断依据和它不相关

17．对于库存超高或者超低，我们可以利用（　　）来进行设计，把整条记录自动显示出来。

A．在条件格式中定义公式

B．目测即可，无论多少数据都可以进行目测，然后填充颜色

C．使用 IF()函数即可做到

D．linest()，这就是一个线性函数

18．对销售流向进行分析，可以使用的工具是（　　）。

A．数据有效性　B．分类汇总　C．模拟运算　D．方案管理器

二、多选题

1．关于控件的设置正确的说法有（　　）。

A．控件可以链接有关的数据源，如列表框或者组合框

B．控件可以链接到单元格，保证其变动和控件值的变动保持一致

C．最小值可以是小数或者负数

D．步长和页步长是指进行相关操作时滚动的单位数

2．有关净现值函数 NPV（rate,value1, value2, value3,）与 irr（values,guess）相比较，说法正确的是（　　）。

A．二者关于现金流量的设想，相差一个期间

B．IRR 和 NPV 都要求各自代表现金流量的参数所属各期长度相等

C．IRR 是将未来的现金流量折算为将来的价值

D．NPV 是将未来的现金流量折算为现在的价值

3．关于函数 DGET(database,field,criteria)表述正确的是（　　）。

A．criteria 条件区域必须包含字段名，否则无法查找

B．数据区域中必须包含相关的数据字段名

C．数据源中只要有数据就可以，无需包含字段名

D．条件区必须含有需要查找的值，无需包含字段名

4．PMT（）表示的是一个时间价值函数，是一个关于年金的函数，它等于（　　）之和。

A．PT（）　B．PPMT（）　C．MT()　D．IPMT（）

5．折旧函数有多种，但基本的参数必须有（　　），且必须为正数

A．cost　B．life　C．salvage　D．per（或者 period）

6．INDEX((A1:C5,D6:F9),2,3,2)的运算结果和（　　）结果相等。

A．INDEX（A1:C5,2,3）　B．index(D6:F9,2,3)

C．F7（单元格）　D．index（f1：f10，7）

7．绘图的原则有（　　）。

A．含头取值原则　B．数据源取值原则

C．取值目标性原则　D．数据格式相同原则

8．模拟运算表能够做到的有（　　）。

A．一次运算就可以计算出所有的结果

B．提供一种显示和比较方式

C．可以给两个参数输入不同的值

D．可以是针对直接的公式，也可以针对间接相关的公式

9．可以作为相关函数参数的有（　　）。

A．99(数值)　B．错误值，如#value，#NAME?等

C．"销售任务已完成！"(文本值)　D．其他函数

10．获取外部数据，说法正确的有（　　）。

A．选择“数据”选项卡下的“获取外部数据”组中的命令

B．可以选择数据库，如 Access 数据库、VFP 数据库等

C．数据取来之后，将无法更新数据

D．可以刷新数据，根据数据源数据的更新来更新数据

11．关于“方案管理器”的表述正确的有（　　）。

A．可以选择不同的预设方案显示其运行结果

B．可以设定多个不同的变量的值，保存于方案当中

C．Excel 中没有“方案管理器”工具

D．“方案管理器”命令位于“模拟分析”命令的下来菜单中

12．选择单元区域的方法有（　　）。

A．选择整个工作表。在表的左上角 A 与 1 交界处，有一个全表选择框，单击该框选择全表或者按下 Ctrl+A 组合键

B．单击行（列）头选中一行（列）

C．单击单元区域的左上角单元，按住鼠标左键拖动鼠标至右下单元，松开鼠标，该区域被选中

D. 选择包含若干连续单元的矩形大区域。单击单元区域的一个角上的单元格，然后按 Shift 键，再单击对角单元格，则该区域被选中。

13．引用同一个工作簿的其他工作表单元区域的时候（　　）。

A．直接输入该单元区域的地址，如 A2:F10，无须指明具体的工作表

B．一般情况下，如果没有给单元区域命名，则需要指明具体工作表的名称，并用“！”表示前面是工作表名，后面是单元区域

C．如果已经给该单元区域命名，则可以在本工作簿的其他任意单元格中引用其名称，而无须指明其所在的工作表

D．一般情况下，如果没有给单元区域命名，则需要指明具体工作表的名称，并用“：”表示前面是工作表名，后面是单元区域

14．函数参数可以是以下几种类型（　　）。

A．数值　　B．逻辑值　　C．单元引用　　D．错误值

E．^

15．规划求解可以解决的问题有（　　）。

A．整型问题　　B．线性问题　　C．非线性问题　　D．文本型问题

E．任何生产经营问题

三、判断题

1．Excel 带有丰富的财务管理分析工具。（　　）

2．Excel 编辑栏的左边为名字框，右边为公式栏。（　　）

3．Excel 中合集区域可以用空格来表示。（　　）

4．（左右箭头）在滑过列头时出现，此时可以改变列宽。（　　）

5．“&”可用于文本数值之间的直接相连。（　　）

6．多个方案可以绝对不可以保存在同一个工作表上，但可以保存在同一个工作簿中。（　　）

7．带有宏程序的 Excel 文件可以直接另存为“Excel 启用宏的工作簿”。（　　）

8．给单元区域命名，可以先选定区域，然后选择“公式”选项卡下的“定义名称”命令，或者

直接在名称框输入名称。（ ）

9．规划求解的约束条件只是针对某个单元格（区域），不能直接针对公式。（ ）

10．命名可以是针对单个单元格，也可以是针对某个单元区域，也可以是多个单元区域（ ）

11．函数只能手工输入，方可确保无误。（ ）

12．数据相差悬殊也可以放在一起绘制图表，因为我们可以用次坐标轴来显示特殊的那一个系列的数据。（ ）

13．获取外部数据后，所获取的数据不能随着外部数据源数据的变化而变化的，因为这毕竟是两个文件了。（ ）

14．模拟运算表中“输入引用行的单元格”是指模拟区中预先的放置于行的数据须要按顺序代入公式（可以是间接相关的公式）中的单元格。（ ）

15．SUM(sheet1:sheet5!b17:d17)等于 sum(sheet1:sheet5!b17, sheet1:sheet5!c17, sheet1:sheet5!d17)。（ ）

16．建立自定义函数必须以 Function 开始，以 END Function 结束。（ ）

17．用宏程序我们可以打开顺次很多其他的 Excel 文件（里面的数据格式相同，例如各期的总账数据），并在打开的文件中进行计算，将计算的结果再复制之后回到主文件中粘贴下来，这样可以在财务管理中节省很多的时间与精力。（ ）

18．后付的时候，PMT（rate,nper, pv,fv,type）中的 type 有时是可以省略的。（ ）

19．模拟运算表只能应用于双变量分析，不能应用于单变量分析。（ ）

20．对于模拟运算表中的结果，如果觉得数据不对的话，可以删除其中的一部分数据。（ ）

四、填空题

1．编写了一段宏程序如下：

```
Function Tax(sales，rate)
Tax=salse*rate
End function
```

然后在 A1,A2 中分别输入了 10000 和 17%，在 B1 中输入:“=Tax(a1,a2),则 B1 的值是（ ）（直接写出数值就可以了，不保留小数）

2．（ ）是一种对大量数据快速汇总和建立交叉分析表的数据分析技术和工具。

3．VLOOKUP()函数中的最后一个参数是一个（ ）值（指明数据类型就可以，如文本、数值、逻辑、引用、日期、货币等），指明函数返回时是精确匹配还是近似匹配。

4．应用模拟运算表，需要选择（ ）选项卡上的命令。

5．在 Excel 中，新建工作表最多可以有（ ）个。

6．模拟运算表模型的应用公式（或者函数）应该位于模拟运算区的（ ）（位置）。

7. IF()函数的第一个参数可以是一个公式或者函数，其运算结果必须是（ ）（用英文大写字母来表示），则取第二个参数的值。

8．在 Excel 中，函数的嵌套不能超过（ ）（英文状态下用阿拉伯数字填写）层。

9．填充可以省去很多的复制性操作，方便快捷，需要选择某个选项卡（此处略去）下的（ ）组中的“填充”命令才能进行填充。

10．程序命令的执行是由上而下逐一执行的称之为（ ）结构。

# 模拟测试题（二）

一、选择题

1．属于 Excel 文件常见组成部分的是（　　）中。

A．菜单条　　B．标题栏　　C．名字框　　D．工具栏

E．公式栏

2．可以作为相关函数参数有（　　）。

A．10000（数值）　　B．B3　　C．“祖国不可分裂！”(文本)

D．TRUE　　E．#NAME

3．退出 Excel 可以选择的方法有：（　　）

A．同时按下 Alt 和 F4 两键

B．单击右上角的按钮

C．单击左上角的控制框，出现一下拉菜单，选择 × 关闭(C)　Alt+F4

D．选择[文件]菜单的[退出]命令

E．以上答案部分正确，部分不正确

4．要用函数 VLOOKUP(lookup_value,table_array,col_index_num,range_lookup)进行查找，如下图，则 F11 中输入的可能是（　　），能得到正确结果。

| | A | B | C | D | E | F |
|---|---|---|---|---|---|---|
| 2 | 产品名称 | 期初库存量 | 本月入库数 | 本月退货数 | 存货盘盈/盘亏 | 期末库存量 |
| 3 | 12寸鸿运扇 | 256 | 2145 | 26 | 1 | 2376 |
| 4 | 10寸鸿运扇 | 135 | 2568 | 35 | -2 | 2666 |
| 5 | 柜式空调 | 547 | 1569 | 0 | -3 | 2113 |
| 6 | 窗式空调 | 659 | 1879 | 25 | 2 | 2515 |
| 7 | 三层冰箱 | 23 | 645 | 41 | 3 | 630 |
| 8 | 双层冰箱 | 655 | 864 | 12 | 4 | 1511 |
| 9 | …… | | | | | |
| 10 | | | 数据输入区 | | 数据输出区 | |
| 11 | | | | | 库存量： | 2113 |
| 12 | | 产品名称： | 柜式空调 | | | 0 |

A．=VLOOKUP(C12，A3:F8，6,FALSE)

B．=VLOOKUP(C12，A2:F8，6,FALSE)

C．VLOOKUP(C12，A3:F8，6,FALSE)

D．=VLOOKUP("柜式空调",A3:F8,6,FALSE)

E．=VLOOKUP(柜式空调,A3:F8,6,FALSE),注意,没有单元格被命名为“柜式空调”

5．财务管理人员在编辑报表时，通常会运用如下的格式工具。

①（　）　　②12（　）　　③B（　）

④（　）　　⑤U（　）　　⑥（　）

备选答案如下：A. 字体尺寸工具　B. 黑体工具　C. 斜体工具　D. 下划线工具　E. 左对齐工具　F. 置中对齐工具　G. 右对齐工具　H. 列置中工具　I. 货币符号工具　J. 百分比符号工具　K. 字体颜色工具　L. 边框线工具　M. 分割千分位工具　N. 录制宏　O. 图表向导

二、填空

1．如下图，在 B3 中输入：“=sum(A1:B2)”，将公式复制到 F5 当中，则公式变为（　　　　），所的到的数值是多少（　　）。

| | A | B | C | D | E | F |
|---|---|---|---|---|---|---|
| 1 | 1 | 20 | 58 | | | |
| 2 | 35 | 42 | 64 | | | |
| 3 | | 98 | | 22 | 36 | 41 |
| 4 | | | | 23 | 78 | 64 |

2．对于函数 DGET(B3:D8,3,C10:C11)而言，其函数名为（　　），参数为（　　　）。

3．（　　）是 visual basic for applications 的简称，也是一种高级计算机语言。

三、判断题

1．建立宏程序必须以 SUB 开始，以 END SUB 结束。　（　　）

2．单元引用可以分为相对引用、绝对引用、混合引用。　（　　）

3．Excel 中合集区域可以用空格“␣”来表示。　（　　）

4．✛在滑过列头时出现，此时可以改变列宽。　（　　）

5．公式必须以“=”号开始。　（　　）

6．“<”、“>”和“+”、“&”都是公式中的四则运算符。　（　　）

7．选择“工具”菜单上的“方案”命令，便会出现“方案管理器”对话框。　（　　）

8．绘制图表，可以点击工具栏上的图表向导，然后根据步骤提示，完成图表的建立。　（　　）

9．命名可以是针对单个单元格，也可以是针对某个单元区域。　（　　）

10．SUM（sheet1:sheet5!b17:d17）求和对象为 20 个单元格。　（　　）

四、明光工厂销售处某职工利用下图中的相关数据，绘制了相关的图表，进行进行各销售网点业绩分析，其效果并不理想。

（1）请你说明原因。

（2）请说明如何具体解决这个问题。

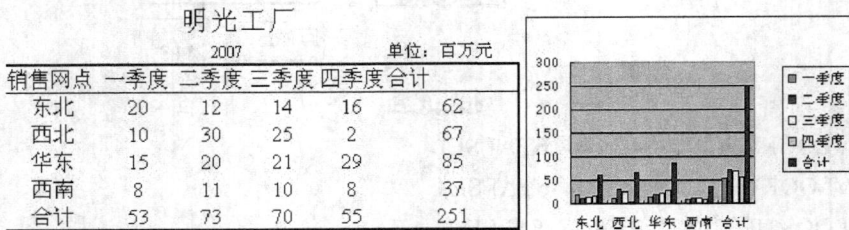

明光工厂

2007　　单位：百万元

| 销售网点 | 一季度 | 二季度 | 三季度 | 四季度 | 合计 |
|---|---|---|---|---|---|
| 东北 | 20 | 12 | 14 | 16 | 62 |
| 西北 | 10 | 30 | 25 | 2 | 67 |
| 华东 | 15 | 20 | 21 | 29 | 85 |
| 西南 | 8 | 11 | 10 | 8 | 37 |
| 合计 | 53 | 73 | 70 | 55 | 251 |

五、根据下图，请说明如下问题。

（1）这是哪个菜单下面的什么工具？

（2）该工具有哪些功能？

（3）该工具的数据源可以来自（　　　）。

① Microsoft Excel 数据清单或数据库。

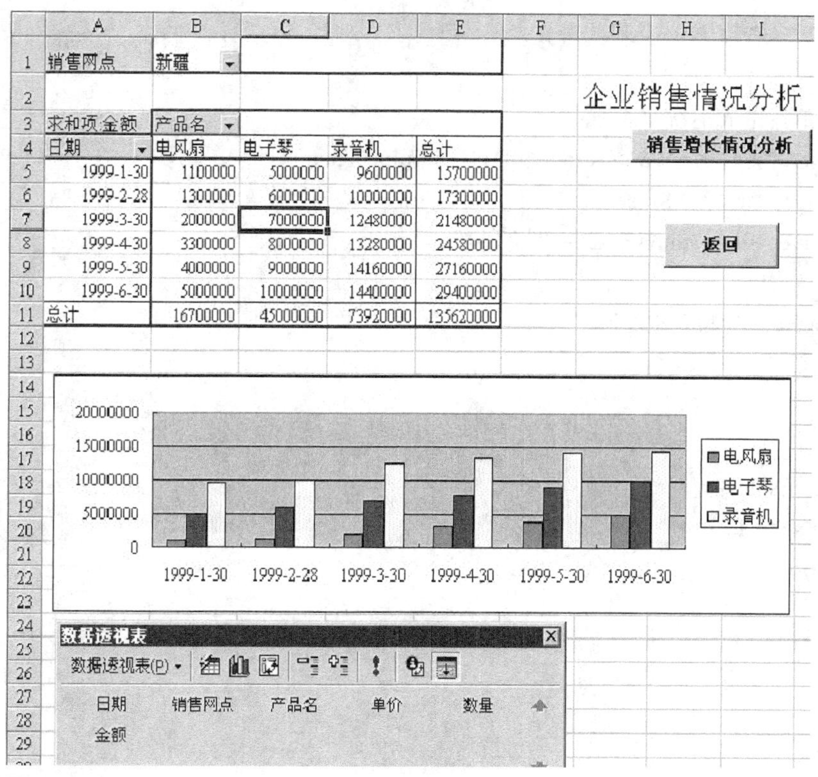

| 销售网点 | 新疆 | | | |
|---|---|---|---|---|
| | | | | |
| 求和项:金额 | 产品名 | | | |
| 日期 | 电风扇 | 电子琴 | 录音机 | 总计 |
| 1999-1-30 | 1100000 | 5000000 | 9600000 | 15700000 |
| 1999-2-28 | 1300000 | 6000000 | 10000000 | 17300000 |
| 1999-3-30 | 2000000 | 7000000 | 12480000 | 21480000 |
| 1999-4-30 | 3300000 | 8000000 | 13280000 | 24580000 |
| 1999-5-30 | 4000000 | 9000000 | 14160000 | 27160000 |
| 1999-6-30 | 5000000 | 10000000 | 14400000 | 29400000 |
| 总计 | 16700000 | 45000000 | 73920000 | 135620000 |



② 外部数据。

③ 多重合并计算数据区域。

④ 另一同类数据或图。

（4）判断：该类数据或图不能在新的工作表中产生，只能在原工作表中产生（　　）。

（5）可以根据管理需要将数据表单或数据库文件各字段进行多角度的组合（　　）。

六、某企业有固定资产一台，原值 105000 万元，预计净残值为 5000 万元，使用期限为 10 年，请你应用 Excel 提供的函数来计算每年的折旧额，要求写出相关函数表达式和最终计算结果。请写出直线法和年数总和法的公式（直接代入数据，并计算出直线法下的年折旧额）。

七、对“销售明细数据”分类汇总后，得到的结果如下图所示，请你说明：

（1）分类汇总前一般都应该进行一下什么工作？为什么？

（2）说明 1 2 3 和 +、- 的作用。

| | 日期 | 销售网点 | 产品名称 | 单价 | 数量 | 金额 | 客户 | 销售员 |
|---|---|---|---|---|---|---|---|---|
| 8 | | | | | | 6,212,000 | 大连商场 汇总 | |
| 16 | | | | | | 2,901,240 | 当代商场 汇总 | |
| 23 | | | | | | 5,825,640 | 湖南商场 汇总 | |
| 30 | | | | | | 4,228,080 | 华联商场 汇总 | |
| 37 | | | | | | 7,843,160 | 南方商场 汇总 | |
| 44 | | | | | | 3,699,760 | 双安商场 汇总 | |
| 51 | | | | | | 6,970,000 | 天山商场 汇总 | |
| 55 | | | | | | 7,190,000 | 王府商场 汇总 | |
| 59 | | | | | | 2,109,000 | 西单商场 汇总 | |
| 66 | | | | | | 8,631,200 | 湘江商场 汇总 | |
| 73 | | | | | | 3,279,920 | 欣欣商场 汇总 | |
| 80 | | | | | | 4,762,080 | 雪莲商场 汇总 | |
| 87 | | | | | | 3,967,920 | 友好商场 汇总 | |
| 88 | | | | | | 67,620,000 | 总计 | |

八、阅读以下宏程序，说明其含义。

（1）

```
Sub 销售任务完成情况（）
    If Range(“A4”).Value> Range(“B4”).Value Then
        Range(“C4”).Select
        ActiveCell.FormulaR1C1=“盈利！”
    Else
        MsgBox“继续努力！”
    End If
End Sub
```

（2）

```
Function Tax(sales)
    Tax=salse*0.17
End function
```

# 参考文献

［1］财务工作实践模型设计．刘宣杰，朱媛玲，王敏，姬霖，王国志．经济科学出版社，2014

［2］计算机财务管理——财务建模方法与技术（第三版），张瑞君．中国人民大学出版社，2013

［3］财务管理学．苏亚民，翟华云，清华大学出版社，2010

［4］电脑报 2006 合订本（上册、下册）．电脑报合订本编委会．西南师范大学出版社，2006

［5］Excel 会计信息化．刘曜．人民邮电出版社，2012

［6］Excel 在会计中的应用．姬昂，崔婕，崔杰．人民邮电出版社，2013

［7］Excel 与财务管理．曾瑞玲．厦门大学出版社，2011

［8］Excel 财务管理．杨静，罗吴平．机械工业出版社，2009

［9］Excel 2010 VBA 入门与提高．黄朝阳，李懿．电子工业出版社，2014

［10］WPS Office 2012 应用基础教程．黄汉军，谢鹤松，易建军，张南平．暨南大学出版社，2012

［11］实战 Excel 2012VBA 程序设计实务．王成春，萧雅芸．中国铁道出版社，2003

［12］Excel 在市场与销售工作中的应用．张小文，耿建业．中国青年出版社，2004

［13］Excel 高级财务管理与案例分析．Carlberg.C．中国青年出版社，2003

［14］http://baike.baidu.com/view/1036580.htm?fr=aladdin

［15］WPS Office 2012 应用基础教程．李瑛．东南大学出版社，2013

［16］Office 办公应用疑难破解．电脑报.汕头大学出版社，2005

［17］Excel 统计分析与决策．于洪彦，刘金星，张洪利.高等教育出版社，2009

［18］Excel 财务管理高级应用．施威铭研究室．中国青年出版社，2003

［19］数据、模型与决策．蒋绍忠．北京大学出版社，2013